1647 소교리

1647 소교리

초판 1쇄 인쇄 2021년 12월 3일
초판 1쇄 발행 2021년 12월 9일

지은이 정두성
펴낸이 유동휘
펴낸곳 SFC출판부
등록 제104-95-63000
주소 (06593) 서울특별시 서초구 고무래로 10-5 2층 SFC출판부
Tel (02)596-8493
Fax 0505-300-5437
홈페이지 www.sfcbooks.com
이메일 sfcbooks@sfcbooks.com
기획 · 편집 편집부
디자인편집 최건호
ISBN 979-11-87942-59-7 (03230)
값 25,000원

웨스트민스터 소교리교육서 원문분석

1647 소교리

Westminster
Shorter Catechism

정두성 지음

SFC

목차

Westminster Shorter Catechism

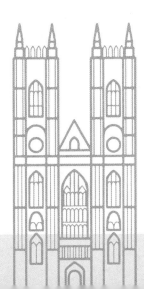

저는 오랫동안 가까이서 정두성 박사를 지켜봐 왔습니다. 그래서 그가 얼마나 성실하고 치열하게 살았는지를 잘 압니다. 그는 오래전 영국으로 건너가서 소위 맨땅에서 타국 생활을 시작했고, 현지에서 교회를 개척하여 목회했으며, 어학원을 운영하면서 많은 젊은이에게 큰 영향을 미쳤습니다. 그리고 그 바쁜 와중에도 공부를 계속하여 신학박사 학위를 받았습니다. 그가 가장 중점적으로 연구한 분야는 교리를 교회에서 어떻게 가르칠 것인가 하는 것이었습니다. 저는 그와 대화할 때마다 한국교회의 교리교육에 대한 그의 고민과 열정을 충분히 느낄 수 있었습니다. 그런 그가 교리공부와 영어공부를 동시에 할 수 있는 이 책을 출간했습니다. 저는 정두성 박사의 깊은 연구와 기법이 이 책에 잘 녹아있다고 생각합니다. 따라서 청소년들 및 청년들은 물론이거니와 장년들, 심지어 교역자들까지 이 책으로 공부한다면 개혁주의 신학의 교리적 체계를 갖출 수 있을 뿐만 아니라 덤으로 영어도 잘 익힐 수 있을 것입니다.

_**황원하**(대구산성교회 담임목사)

최근 저자 정두성 박사는 '교리교육 교수 선교사'라는 별칭을 받고 있습니다. 이런 종류의 선교사역은 매우 생소한 분야입니다. 하지만 우리 교회 성도들은 고개를 끄덕이며, 금방 이해하고 지지를 보냈습니다. 그만큼 교회 현장에서 교리를 가르치지 않는 한국교회의 이상한 현실을 목도하고 있기 때문입니다. 오히려 교리는 이단들이 더 열심히 가르치는 형국입니다. 그러나 다행히도 최근 한국교회도 교리교육에 관심을 조금씩 보이고 있는 것 같습니다. 하지만 그 정도로는 대세를 움직이기에 턱없이 부족합니다. 그런 차에 이번에 정두성 박사의 『1647 소교리』가 출간하게 되어 매우 기쁩니다. 이 책은 원문의 언어인 영어와 씨름합니다. 번역문이 아니라 원문을 다루는 만큼 그 원래의 뜻과 본질에 충실하다는 것이 큰 장점입니다. 해설 또한 명료하며, 매 해설마다 가장 적절한 성경구절이 하나 인용됩니다. 성경이 가장 명확한 해답이기 때문입니다. 특히 매 문답의 본문을 자신의 말로 번역하도록 한 것은 정말로 좋은 시도입니다. 단언컨대 이런 책은 지금까지 한국교회의 역사에 없었습니다. 앞으로 저자가 할 일이 매우 많습니다. 그의 사역을 적극 지지하며 위하여 기도합니다.

_**임경근**(다우리교회 담임목사)

성경의 번역이 계속 이뤄져야 하는 것처럼, 좋은 신조의 번역도 계속 이뤄져야 합니다. 신조에 대한 우리의 지식이 성장하고 발전하기 때문입니다. 여기 여러분들의 손에 들려 있는 책은 신조의 번역을 어떻게 해야 하는지 너무나 친절하게 하나하나 직접 설명해 보여줍니다. 그리고 독자들이 직접 신조를 번역해 볼 수 있도록 친절하게 안내합니다. 이 책의 번역은 세심하고 정확합니다. 물론 완벽하다고 말할 수는 없습니다. 완벽한 번역은 있을 수 없기 때문입니다. 하지만 저자와 자신의 번역상 차이점들을 확인하면서 우리는 오히려 '해석의 축제'를 즐기게 됩니다. 믿음의 선조들이 우리에게 물려준 가장 아름다운 신조 중에 하나인 웨스트민스터 소교리의 원문을 깊이 음미하고 직접 번역해 보는 특권을 누리고 싶은 모든 분들에게 이 책을 적극 추천합니다.

_**우병훈**(고신대학교 교의학 교수)

『1647 소교리』는 영어교사와 교리교사라는 저자의 이력이 절묘하게 어우러진 책입니다. 원문을 통해서 웨스트민스터 소교리문답을 읽고 이해하는 기쁨을 맛보려는 독자들에게 이보다 더 좋은 안내서는 없을 것입니다. 아울러 교리 설교를 준비하는 설교자들에게도 더할 나위 없이 유용한 자료가 되리라 믿습니다. 저자가 '문답의 키'라는 이름으로 친절하게 제공하는 교리 문답에 대한 요약은 그 자체를 설교의 요점으로 사용해도 손색이 없습니다.

_**조광현**(고려신학대학원 설교학 교수)

신학은 성경을 위해 봉사하고, 교리는 성경을 총괄함으로 교회에 봉사합니다. 이런 배경에서 한국의 개혁교회들은 교회의 직분을 세울 때마다 이것을 신종한다고 서약합니다. 지금 한국교회에서의 교리교육의 바람은 마치 80년대에 시작되었던 제자훈련의 바람만큼이나 뜨겁습니다. 그러나 어쩌면 교리교육의 분야는 시작에 불과한지 모릅니다. 그것은 단순히 신앙고백서나 교리문답에 답을 달고 밑줄을 긋는 수준에서 이제는 함께 연구하는 과정으로 나아가려 하고 있기 때문입니다. 바로 『1647 소교리』가 그 시작을 알리는 책이 될 것입니다. 정두성 박사는 『교리교육의 역사』, 『키워드 카테키즘』이라는 책을 내놓으면서 이미 이 분야에서 탄탄한 실력을 갖춘 저자이자 강사로 알려져 있습니다. 그는 원문을 효과적으로 학습하면서 교리문답의 풍부한 교훈을 전달하는 방법에 대해서 고민해왔습니다. 그리고 마침내 번역문이 아닌 원문을 직접 다루는 방식으로 이 책을 내놓았습니다. 이 책에서 저자는 매우 자상한 선생님의 얼굴로 독자들을 만나고 있습니다. 저자는 원문을 한 문장 한 문장, 그리고 단어 하나하나를 꼼꼼히 따져 가면서 스스로 교리를 정리할 수 있는 교리 학습서를 만들어냈습니다. 이 책이 어린이, 청소년, 청년들의 모임에서, 그리고 가정예배에서 사용될 것을 생각하면 마음이 흐뭇해집니다. 교리교육의 새로운 길을 제시할 이 책의 출간을 축하드리면서 독자들에게 일독을 권합니다.

_**임종구**(대구푸른초장교회 담임목사, 대신대학교 교회사 교수)

신학교에서 역사적 개혁파 신앙고백서와 교리문답서를 강의하는 교수로서 『1647 소교리』의 출간은 여간 반가운 일이 아닙니다. 신조에 관한 해설보다 선행되어야 할 것이 신조의 정확한 번역이기 때문입니다. 신조의 엄밀한 번역이 담보되지 않는다면 정확한 해설은 어려울 것이며, 대부분 저자 자신의 주관적인 해설로 치우칠 가능성이 큽니다. 정확한 번역을 위해서는 영어뿐만 아니라 번역어인 한글에도 능통해야 하며, 번역하려는 신앙고백서와 교리문답서의 역사적 배경과 각 문답의 의도까지 잘 알고 있어야 하기에 신조의 번역은 결코 만만한 일이 아닙니다. 하지만 저자는 이 일을 훌륭하게 해냈습니다. 물론 저자의 번역이 가장 정확하다거나 완전하다고 말하는 것은 아닙니다. 그러나 적어도 『1647 소교리』는 교리를 바르게 공부하고자 하는 모든 이들뿐만 아니라 정확한 번역을 원하는 이들에게도 역시 하나의 훌륭한 모델이 될 것이라 믿어 의심치 않습니다. 웨스트민스터 신앙고백서나 교리문답서에 관한 한, 여전히 모든 장로교단을 아우르는 공인된 번역이 없다는 것은 매우 안타까운 일입니다. 이 책이 그런 안타까움을 다소나마 해소해주는 마중물이 되기를 기대하며 기쁘게 추천합니다.

_신호섭(올곧은교회 담임목사, 고려신학대학원 교의학 겸임교수)

 몇 해 전 필자는 교리교육의 흐름을 정리한 한 권의 책에서 한국 장로교회의 교리교육의 발전을 위해서 한국 신자들이 손쉽게 활용할 수 있는 교리교육 교재의 필요성을 언급한 적이 있다.[*]

 그런데 그 후 불과 몇 년이 지나지도 않은 지금 우리는 당시 필자의 제언이 민망할 정도로 다양하고 좋은 교리교육 교재들을 많이 갖게 되었다. 특히 좋은 저자들에 의해 대표적인 교리교육서들의 해설서들이 많이 소개되었다. 뿐만 아니라 딱딱하고 어려운 교리를 이해하기 쉽도록 주제별로 요약한 책들과 심지어 교리를 삶에 녹여낸 수필 형식의 글까지 등장했다. 실로 교리 자료의 풍년이라 할 수 있을 정도이다.

 이렇게 풍부한 교리 학습 자료들 가운데 필자는 이 글을 통해 한 가지 새로운 자료를 더 한국교회에 소개하려 한다. 그것은 다른 사람이 정리해 놓은 글을 익히는 것이 아니라, 교리교육서를 스스로 학습할 수 있는 자료이다. 이를 위해 필자는 원문을 한 문장 한 문장, 그리고 단어 하나하나를 꼼꼼히 따져 가면서 우리의 교리를 정리할 수 있는 학습서를 만들었다. 웨스트민스터 소교리교육서의 영어 원문을 영문법 교재와 영어 독해집의 설명 방식을 따라 풀어보았다. 학창시절 영어 문법책이나 독해집을 공부해 본 사람이라면 누구나 쉽게 따라 올 수 있도록 정리했다. 따라서 분명히 이 책을 학습하다 보면 영어를 학습하듯이 교리를 공부할 수 있을 뿐만 아니라, 교리를 공부하면서 동시에 영어도 공부할 수 있을 것이다.

---

[*] 정두성, 『교리교육의 역사』 (서울: 세움북스, 2016), 285.

물론 가장 중요한 것은 원문분석 연구를 통해 이 교리교육서가 가르치는 핵심을 더 잘 이해할 수 있게 되는 것이다.

이 학습서는 각 문답의 해설을 문답원문, 원문분석, 번역, 문답의 키 이렇게 네 개의 구조로 구성했다. 문답원문은 대부분의 영어권 개혁교회와 장로교회가 교리표준으로 사용하는 옛 표현의 버전을 사용했다. 원문분석 부분은 각 문답의 문장과 단어들을 문법에 맞춰 풀어서 정리했다. 뿐만 아니라 교리의 틀을 이해하기 위해 꼭 알아야 할 단어의 뜻은 물론 그 단어가 문맥 속에서 나타내는 의미를 최대한 자세히 설명하려 했다. 이를 위해 유사하게 번역될 소지가 있는 단어들은 모두 찾아서 비교 정리했고, 단어의 용례와 문맥을 고려해 번역의 규칙도 나름 정했다. 이어지는 번역 부분은 당연히 앞서 정리한 원문분석의 방식을 따랐고, 원문에서 사용된 문법을 최대한 살려 저자들의 의도를 밝히는 데 초점을 두었다. 마지막 부분인 문답의 키는 각 문답에 첨부된 성경구절들을 중심으로 문답에서 가르치는 내용의 핵심들을 한 문장으로 정리했다. 이는 학습자가 각 문답의 핵심을 좀 더 쉽게 이해할 수 있도록 하기 위함이며, 동시에 교리교사가 각 문답에 해당되는 교리를 가르칠 때 제공된 키 하나하나가 강의의 틀이 될 수 있게 하기 위함이다. 뿐만 아니라 성경구절과 함께 제공된 문답의 키는 교리설교의 유용한 틀이 될 수 있을 것이다.

정두성

이 책의 사용법

이 책의 목적은 장로교회의 교리표준인 웨스트민스터 소교리교육서의 의미를 원문의 표현에 따라 정확히 이해하는 데 있다. 따라서 이 책을 사용할 때 가장 초점을 맞춰야 할 부분은 원문분석에서 설명된 내용을 잘 숙지하는 것이다. 나아가 이를 통해 이 교리교육서에서 가르치는 내용과 방식을 우리의 삶에 적용하는 것이다. 그러나 이 원문이 우리말이 아니라 영어로 되어 있을 뿐 아니라 영어도 현대적 표현이 아닌 약 400년 전의 표현들이기 때문에, 원문분석의 설명을 참고하더라도 쉽게 이해되지 않는 부분들이 많을 수 있을 것이다. 이러한 이유로 필자의 관점에서 이 책을 효율적으로 사용할 수 있는 방법을 몇 가지 제시하고자 한다.

1. 영문법에 대한 부담은 갖지 말라.

일단 원문을 읽을 수 있는 분은 읽지만, 그것이 힘든 분은 안 읽어도 된다. 다만 우리의 교리표준이 이러한 원문에 따른 것임을 알기만 하면 된다. 뿐만 아니라 원문분석의 설명도 너무 깊이 이해하려고 할 필요는 없다. 이 책에서 제시하는 번역과 설명이 철저한 문법적인 분석에서 나온 것임을 알기만 하면 된다.

2. 목차부터 살피라.

필자는 소교리교육서 107문답 전체를 문답의 순서에 따라서 '사람, 성경, 하나님, 창조, 타락, 구속, 믿음, 사랑, 소망'의 9개의 키워드로 나누어 설명한다. 그리고 그것을 이 책의 목차에 제시해 두었다. 따라서 각 문답이 어떠한 키워드로 정리되는 지를 먼저 점검한 후 내용을 공부하면 좀 더 효과적으로 이해할 수 있을 것이다.

3. '원문분석'의 목적은 번역에 대한 근거를 제시함에 있다.

이 책에서 제시하는 원문분석의 1차적인 목적은 번역의 기준과 근거를 제시하는 데 있다. 따라서 이 부분을 공부할 때는 영문법을 이해하려는 시도도 좋지만, 그보다는 번역된 내용을 확신할 수 있는 근거를 찾는 데 집중하는 것이 좋다. 그러면서 이를 원문에는 표현되어 있으나, 현대 한국어로는 번역이 다소 까다로운 내용들이 지닌 함축적이고 중의적인 의미까지 함께 익히는 자료로 사용하면 더 효과적일 것이다.

4. '문답의 키'는 각 문답의 내용을 정리한 것이다.

문답의 키의 내용은 각 문답에 대한 필자의 이해나 신학적인 설명에 따른 것이 아니다. 이 내용들은 모두 각 문답의 표현을 따라 그대로 정리한 것일 뿐이다. 따라서 이 부분은 정리된 그대로 받아들이고 이해하면 된다. 또한 혼자 공부할 때는 각 문답의 번역과 이 부분만 봐도 그 내용을 이해하는 데 충분할 것이다. 자녀를 가르치는 부모들은 자녀들과 함께 이 내용을 읽으면서 문답을 정리하고, 그에 따라 권면하면 될 것이다. 그리고 목회자들의 경우에는 이 내용을 교리 설교의 틀로 사용해도 좋을 듯하다.

5. '내 말로 번역하기'는 교리가 삶이 되도록 하기 위함이다.

원문분석과 번역, 그리고 문답의 키는 모두 수동적인 학습일 수밖에 없다. 그래서 필자는 이렇게 학습한 것을 바탕으로 각 문답을 자신의 말로 정리해 볼 수 있는 작은 공간을 마련해보았다. 이는 비록 학습은 수동적일지라도, 그 적용은 능동적이길 기대하기 때문이다. 필자는 이 공간이 각각의 성도들에게 교리가 삶이 되는 시작점이길 기대한다. 뿐만 아니라 만일 이 책을 여러 사람이 함께 사용한다면, 이 부분이 신자들이 함께 우리의 교리를 나누고 적용할 수 있는 좋은 재료가 될 것이라고 확신한다.

16

Westminster
Shorter
Catechism

사람

제1문답

7

＜제1문답＞

Question: What is the chief end of man?
Answer: Man's chief end is to glorify God, and to enjoy him for ever.

번역

문: 사람의 제일 되는 목적은 무엇입니까?

답: 사람의 제일 되는 목적은 하나님을 영화롭게 하는 것과, 그로 인해 그분을 영구히 즐거워하는 것입니다.

원문분석

Question: What is the chief end of man?

1. What is the chief end of man?

- **man** 관사 없이 사용된 man은 인류를 의미한다. man이 여성의 반대인 남성을 의미하는 것이면 a man으로 쓰였어야 한다. 따라서 이 문답은 신자들만의 목적이 아니라, 하나님께서 창조하신 모든 인류의 목적을 설명한다. 참고로 본 교리교육서는 사람을 나타내는 표현으로 man과 함께 mankind도 사용한다. 따라서 각 단어 이해의 혼동을 피하기 위해 man은 '사람'으로, mankind는 '인류'로 번역한다.

Answer: Man's chief end is to glorify God, and to enjoy him for ever.

1. Man's chief end is to glorify God, and to enjoy him for ever.

- **Man's chief end is to glorify ~, and to enjoy ~.** 이 문장은 to glorify와 to enjoy의 두 명사보어를 취하는 2형식 문장이다. 2형식에서 문장의 주어가 목적

(aim, goal, purpose)을 나타내는 명사가 오면 보어로 to 부정사가 온다.

- **to glorify, and to enjoy** 단순히 '영광을 돌리고, 즐거워하는 것'으로 해석해서는 안 된다. to 부정사를 and를 통해 단순히 나열할 경우 일반적으로 and 바로 뒤에 오는 to는 생략된다. 따라서 '영광을 돌리는 것' 하나와 '즐거워하는 것' 하나를 동등하게 나열하려고 했다면, to glorify and enjoy라고 했어야 한다. 즉 to glorify, and to enjoy는 두 개의 동등한 동작을 단순히 나열한 것이 아니라, 독립된 두 동작을 어떠한 의도를 가지고 나란히 배치한 것이다.

- **콤마(,) and** to glorify, and to enjoy를 정확히 해석하기 위해서는 and 앞에 있는 콤마(,)도 그 용례를 따져서 적용해야 한다. 본문에서 사용된 ', and'는 앞 내용을 기반으로 뒤 내용이 연결된다는 의미가 있다. 따라서 to glorify, and to enjoy는 '영광을 돌리는 것을 통해서 즐거워하는 것'이 된다.

- **for ever** 영구히. 참고로 유사한 의미를 가진 단어들 중 eternal은 '영원한'으로, everlasting은 '영속적인'으로 번역한다.

문답의 키[1]

1. 이 목적은 하나님께서 사람을 창조하신 목적이다. 하나님에 의해 사람에게 부여된 목적이지, 사람이 스스로 추구하는 목적이 아니다.

   "그런즉 너희가 먹든지 마시든지 무엇을 하든지 다 하나님의 영광을 위하여 하라"(고전10:31)

2. 이 목적은 모든 인류에게 부여된 목적이지, 단지 그리스도인들에게만 부여된 목적이 아니다.

   "이는 만물이 주에게서 나오고 주로 말미암고 주에게로 돌아감이라 그에게 영광이 세세에 있을지어다 아멘"(롬11:36)

3. 신자는 창조주를 알기에 창조주가 자신을 창조하신 목적대로 살지만, 불신자

---

1. 이 책의 '문답의 키'는 1856년 Rev. James R. Boyd에 의해 출판된 *The Westminster Shorter Catechism, with Analysis, Scriptural Proofs, Explanatory and Practical Inferences, and Illustrative Anecdotes*의 "What Truths are embraced in this Answer?" 부분의 형식과 내용을 참고했다.

는 자신이 존재하는 목적대로 살지 않는다. 심지어 그들은 하나님을 창조주로 인정하지 않기에 그가 자기에게 부여하신 존재 목적을 알지도 못한다.

"우리 주 하나님이여 영광과 존귀와 권능을 받으시는 것이 합당하오니 주께서 만물을 지으신지라 만물이 주의 뜻대로 있었고 또 지으심을 받았나이다 하더라"(계4:11)

4. 하나님의 사람 창조의 목적은 하나님에 대한 것과 사람에 대한 것으로 구분해 볼 수 있다.

5. 하나님에 대한 사람 창조의 목적은 하나님의 영광을 적극적으로 알리는 것이다. 우리가 하나님을 영광스런 분으로 만들어 드리는 것이 아니라, 하나님께서 영광스런 분이시라는 것을 알리는 것이다. 하나님은 스스로 영광스러운 분이시다. 우리가 하나님을 영광스럽게 할 수 있다는 것은 그 자체로 신성모독이다. 우리의 존재 목적은 하나님의 영광에 기쁨으로 반응하는 것이다.

"우리가 살아도 주를 위하여 살고 죽어도 주를 위하여 죽나니 그러므로 사나 죽으나 우리가 주의 것이로다" (롬14:8)

6. 사람 자신에 대한 하나님의 사람 창조의 목적은 하나님을 영원히 즐거워하는 것이다. 이는 우리의 삶의 모든 기쁨이 우리 자신이 아니라, 하나님께로부터 온다는 것을 말과 행동으로 항상 고백하는 것을 말한다.

"오직 네 하나님 여호와께서 택하실 곳에서 네 하나님 여호와 앞에서 너는 네 자녀와 노비와 성중에 거주하는 레위인과 함께 그것을 먹고 또 네 손으로 수고한 모든 일로 말미암아 네 하나님 여호와 앞에서 즐거워하되(신12:18)"

"하늘에서는 주 외에 누가 내게 있으리요 땅에서는 주 밖에 내가 사모할 이 없나이다 내 육체와 마음은 쇠약하나 하나님은 내 마음의 반석이시요 영원한 분깃이시라"(시 73:25, 26)

내 말로 번역하기

문:

답:

16

Westminster
Shorter
Catechism

성경

제2~3문답

47

<제2문답>

> Question: What rule hath God given to direct us how we may glorify and enjoy him?
>
> Answer: The Word of God, which is contained in the Scriptures of the Old and New Testaments, is the only rule to direct us how we may glorify and enjoy him.

번역

문: 하나님께서는 우리가 어떻게 그를 영화롭게 하고 즐거워할 수 있는지를 지도하기 위해 어떠한 법칙을 우리에게 주셨나요?

답: 하나님의 말씀은 신약과 구약의 성경전서에 포함되어 있는데, 그것은 우리가 어떻게 그를 영화롭게 하고 즐거워할 수 있는지를 지도하는 유일한 법칙입니다.

원문분석

Question: What rule hath God given to direct us how we may glorify and enjoy him?

1. What rule hath God given to direct us how we may glorify and enjoy him?

- **hath given** hath는 has의 옛 표현이다. 따라서 hath given은 현재완료형인 has given의 옛 표현이라 할 수 있다. 현재완료형은 현재를 기준으로 과거에 완료된 사건의 결과가 현재 영향을 미치는 경우에 사용한다. 따라서 이는 하나님께서 어떠한 법칙을 주신 것은 과거에 완료된 사건을 말하는 것이며, 그 법칙이 주어진 결과를 현재 우리가 누리고 있다는 의미이다.

- **we** 제1문답에서의 man과 대조되는 대상을 말한다. 제1문답에서 man은 하나님께서 창조하신 모든 인류를 말하는 것이지만, 제2문답에서 we는 인류 중에 하나님께서 어떻게 하나님을 영화롭게 하고 즐거워할지를 지도하기 위해 어떠

한 법칙을 준 사람들만을 지칭하는 표현이다. 또한 이는 현재 이 교리교육서를 가르치거나 배우고 있는 사람들만을 한정하는 표현이다.

- **to direct us how we may glorify and enjoy him** to direct는 목적을 나타내는 to 부정사의 부사적 용법이다. 여기서 direct는 4형식 틀로 사용되어 us를 직접목적어로, how이하 명사절을 간접목적절로 받고 있다. 따라서 해석은 "우리가 어떻게 그를 영화롭게 하고 즐거워할 수 있을지를 지도하기 위해"가 된다.

Answer: The Word of God, which is contained in the Scriptures of the Old and New Testaments, is the only rule to direct us how we may glorify and enjoy him.

1. The Word of God, which is contained in the Scriptures of the Old and New Testaments, is the only rule to direct us how we may glorify and enjoy him.

- 주어는 The Word of God이고 is가 동사 그리고 그 이하가 명사 보어가 되는 2형식 문장이다.

- **, which** 문장 중간에 콤마(,)로 감싸져 있는 부분인 which is contained in the Scriptures of the Old and New Testaments는 계속적 용법의 관계대명사절이다. 여기서 Which는 The Word of God을 선행사로 받는 주격관계대명사이다.

- **Scriptures** 한 권의 전체 성경을 말하는 The Bible과는 구분되어야 한다. Scriptures는 성경의 66권 각 권들을 모두 지칭하는 표현이다. 따라서 Scriptures는 '성경'이 아니라 '성경전서'로 해석되어야 한다.

- **, which is contained in the Scriptures of the Old and New Testaments,** '그것은 구약과 신약의 성경전서에 포함되어 있는데'

- **the only rule to direct us how we may glorify and enjoy him** to direct는 the only rule을 수식하는 형용사적인 용법의 to 부정사이다. to direct us how we may glorify and enjoy him이 질문과 답문에 모두 사용되었다. 그러나 두 경우에 사용된 용법은 각각 다르다. 질문에서는 부사적 용법으로 사용되었고, 답문

에서는 형용사적 용법으로 사용되었다. to direct의 의미상 주어 또한 서로 다른데, 질문에서 사용된 to direct의 의미상 주어가 God인 반면, 답문에서의 의미상 주어는 The Word of God이다.

문답의 키

1. 사람에게는 믿음과 순종의 법칙이 필요하다.

"여호와여 내가 알거니와 사람의 길이 자신에게 있지 아니하니 걸음을 지도함이 걷는 자에게 있지 아니하니이다"(렘10:23)

2. 성령의 감동하심을 받은 사람에 의해 기록된 성경은 하나님의 말씀이다.

"예언은 언제든지 사람의 뜻으로 낸 것이 아니요 오직 성령의 감동하심을 받은 사람들이 하나님께 받아 말한 것임이라"(벧후1:21)

3. 구약과 신약의 성경전서(scriptures)는 모두 하나님의 말씀이다.

"모든 성경은 하나님의 감동으로 된 것으로 교훈과 책망과 바르게 함과 의로 교육하기에 유익하니"(딤후3:16)

4. 성경은 믿음과 의무의 유일한 규칙이다.

"마땅히 율법과 증거의 말씀을 따를지니 그들이 말하는 바가 이 말씀에 맞지 아니하면 그들이 정녕 아침 빛을 보지 못하고"(사8:20)

5. 66권 전체로 구성된 한 권의 성경은 믿음과 순종의 법칙으로서 완전하고, 충분하다.

"여호와의 율법은 완전하여 영혼을 소성시키며 여호와의 증거는 확실하여 우둔한 자를 지혜롭게 하며"(시19:7)

6. 구약과 신약의 성경전서는 모두 믿음과 순종의 법칙으로서 완전하고, 충분하다

"범사에 많으니 우선은 그들이 하나님의 말씀을 맡았음이니라"(살전2:13).

7. 구약과 신약의 모든 성경전서는 우리를 하나님의 사람으로 지도하기에 충분한 법칙이 포함되어 있다.

"모든 성경은 하나님의 감동으로 된 것으로 교훈과 책망과 바르게 함과 의로 교육하기에 유익하니 이는 하나님의 사람으로 온전하게 하며 모든 선한 일을 행할 능력을 갖추게 하려 함이라"(딤후3:16, 17)

8. 하나님께서는 하나님께 영광을 돌리고, 그를 즐거워하는 것을 가르치는 유일한 법칙을 우리에게 주셨다. 우리는 믿음과 순종의 법칙으로서 필요한 모든 하나님의 말씀을 기록된 성경전서(Scriptures)로 이미 받아서 가지고 있다. 따라서 우리에게 더 이상 새로운 성경(Scripture)은 필요하지 않다.

"오직 이것을 기록함은 너희로 예수께서 하나님의 아들 그리스도이심을 믿게 하려 함이요 또 너희로 믿고 그 이름을 힘입어 생명을 얻게 하려 함이니라"(요20:31)

9. 우리는 모든 구약과 신약의 성경전서(Scriptures)를 하나님의 말씀으로 받아야 한다.

"이러므로 우리가 하나님께 끊임없이 감사함은 너희가 우리에게 들은 바 하나님의 말씀을 받을 때에 사람의 말로 받지 아니하고 하나님의 말씀으로 받음이니 진실로 그러하도다 이 말씀이 또한 너희 믿는 자 가운데에서 역사하느니라"(롬3:2)

내 말로 번역하기

문:

답:

〈제3문답〉

Question: What do the Scriptures principally teach?
Answer: The Scriptures principally teach what man is to believe
concerning God, and what duty God requires of man.

번역

문: 성경전서는 주로 무엇을 가르치나요?

답: 성경전서는 주로 사람이 하나님에 대하여 무엇을 믿어야 할 지와, 하나님께서
사람에게 어떠한 의무를 요구하시는지를 가르칩니다.

원문분석

Question: What do the Scriptures principally teach?

1. What do the Scriptures principally teach?

- Scriptures 신약과 구약을 구성하는 66권 각 권들 모두를 말한다. 'What does~?'가 아니라 'What do~?'인 것도 이를 분명히 나타낸다. 따라서 Scriptures는 '성경'이 아니라 '성경전서'로 해석해야 한다. 따라서 이는 성경 전체가 무엇을 말하는지 보다는 66권이 공통적으로 무엇을 주로 가르치고 있는지를 물어보는 질문이다. 또한 이는 성경 66권 모두가 공통적으로 무엇인가를 주로 가르치고 있다는 사실을 암시한다.

Answer: The Scriptures principally teach what man is to believe concerning God, and what duty God requires of man.

1. The Scriptures principally teach what man is to believe concerning God, and what duty God requires of man.

- **what man is to believe concerning God** 명사절로서 teach의 목적절이다.

- **man** 관사(the, a)없이 사용되었다. 제1문답에서와 같이 하나님께서 창조하신 모든 사람을 의미한다.

- **is to believe** be to 용법으로 의무를 나타낸다.[2]

- **concerning God** '하나님에 대하여'로 해석하는 것이 자연스럽지만 about God 과는 분명히 구별해서 이해해야 한다. about God이 God을 묘사할 수 있는 주변 정보를 말한다면, concerning God는 God 자체를 말하는 것이다.

- **what duty God requires of man** 명사절로서 teach의 목적절이다.

- **콤마(,) and** 두 명사절을 연결하는 and앞에 콤마(,)가 있다. 이는 두 목적절이 독립적으로 각각의 의미를 가지는 것이 아니라, 뒤에 따라오는 목적절이 앞의 목적절에 어떠한 관련성을 가지고 연결되어 있음을 보여주는 표시이다. 즉 '사람이 하나님의 대하여 무엇을 알아야 하는지'와 '하나님께서 사람에게 어떠한 의무를 요구하시는지'가 각각 독립된 두 개의 정보가 아니라, 서로 긴밀히 연계된 두 개의 정보라는 뜻이다. 이를 문맥을 통해 살펴보면, 모든 성경전서가 주로 가르치는 것이 하나님에 대한 믿음과 하나님께서 요구하시는 의무로 크게 두 가지인데, 이 두 가지를 and로 나열하면서 그 앞에 콤마(,)를 찍은 것은 먼저 언급한 하나님에 대한 믿음이 행해야 할 의무에 우선한다는 것을 나타낸다고 할 수 있다. 다시 말해 이는 하나님에 대한 사람의 행위가 결코 하나님에 대한 믿음을 우선할 수 없다는 것을 나타내는 장치인 것이다. 그러나 이는 단지 믿음과 행위의 순서를 논리적으로 구별한 것이지, 믿음과 행위를 실제로 양분하고, 행위를 믿음에 비해 다소 저급한 것으로 표현한 것으로 보아서는 안 된다.

문답의 키

1. 성경 66권은 모두 하나님에 대한 지식 그리고 사람의 의무와 행복은 물론 그 외에 다양한 많은 것들을 가르친다.

"화 있을진저 외식하는 서기관들과 바리새인들이여 너희가 박하와 회향과 근채의 십

---

2. be to 용법에 대한 좀 더 자세한 설명은 제60문답의 원문분석을 참고하라.

일조는 드리되 율법의 더 중한 바 정의와 긍휼과 믿음은 버렸도다 그러나 이것도 행하고 저것도 버리지 말아야 할지니라"(마23:23)

2. 성경 66권은 모두 우리가 하나님에 대해서 무엇을 알아야 할지를 가르친다.
"곧 백성의 남녀와 어린이와 네 성읍 안에 거류하는 타국인을 모으고 그들에게 듣고 배우고 네 하나님 여호와를 경외하며 이 율법의 모든 말씀을 지켜 행하게 하고"(레31:12)

3. 성경 66권은 모두 하나님께서 요구하시는 의무를 가르친다.
"대답하여 이르되 네 마음을 다하며 목숨을 다하며 힘을 다하며 뜻을 다하여 주 너의 하나님을 사랑하고 또한 네 이웃을 네 자신 같이 사랑하라 하였나이다 예수께서 이르시되 네 대답이 옳도다 이를 행하라 그러면 살리라 하시니"(눅10:27~28)

4. 성경 66권은 모두 하나님에 대한 요구 뿐 아니라, 사람에 대한 요구도 함께 가르친다. 성경 66권 모두가 가르치는 하나님의 요구의 핵심은 사랑이다.
"예수께서 이르시되 네 마음을 다하고 목숨을 다하고 뜻을 다하여 주 너의 하나님을 사랑하라 하셨으니 이것이 크고 첫째 되는 계명이요 둘째도 그와 같으니 네 이웃을 네 자신 같이 사랑하라 하셨으니 이 두 계명이 온 율법과 선지자의 강령이니라"(마22:37~40)

6. 성경 66권 중 어느 한 권도 하나님에 대하여 알아야 하는 것과 하나님께서 요구하시는 의무를 가르치는 데 부족함 없이 충분하다.
"모든 성경은 하나님의 감동으로 된 것으로 교훈과 책망과 바르게 함과 의로 교육하기에 유익하니 이는 하나님의 사람으로 온전하게 하며 모든 선한 일을 행할 능력을 갖추게 하려 함이라"(딤후3:16, 17)

내 말로 번역하기
문:
답:

16

Westminster
Shorter
Catechism

하나님

제4~6문답

<제4문답>

> Question: What is God?
>
> Answer: God is a Spirit, infinite, eternal, and unchangeable, in his being, wisdom, power, holiness, justice, goodness, and truth.

번역

문: 하나님께서는 어떤 분이신가요?

답: 하나님께서는 영이신데, 그의 존재, 지혜, 능력, 거룩함, 정의, 선함, 그리고 진실함에 있어서 무한하시고, 영원하시고, 불변하십니다.

원문분석

Question: What is God?

1. What is God?

- **God** '하나님'을 뜻할 때는 관사를 붙이지 않는다.

- **What ~?** God의 존재를 What으로 묻고 있다. 이는 하나님의 속성에 대한 포괄적인 질문으로 이해하면 될 것이다.

Answer: God is a Spirit, infinite, eternal, and unchangeable, in his being, wisdom, power, holiness, justice, goodness, and truth.

1. God is a Spirit, infinite, eternal, and unchangeable, in his being, wisdom, power, holiness, justice, goodness, and truth.

- **God is a Spirit** Spirit이 대문자로 시작한다. 이는 이 단어가 '정신'이나, '기운'등을 의미하는 추상명사가 아니라, 하나의 고유명사라는 것을 나타낸다. 일반적으

로 고유명사 앞에는 관사를 붙이지 않는다. 그런데 여기서는 Spirit앞에 부정관사(a)가 있다. 'a Spirit'과 같은 형태는 고유명사를 보통명사화 하는 방식이다. 예를 들어 He is a Kim으로 '그는 김씨 집안의 사람이다'를 나타내는 것과 같다. 따라서 'a Spirit'은 '영적'이라는 추상적인 상태를 말하는 것이 아니라, '영적인 존재'라는 것을 나타내는 것임을 알 수 있다. 즉 하나님께서는 실제 존재하시는 영이라는 의미이다.

- infinite, eternal, and unchangeable a Spirit을 설명해주는 추가 정보에 해당한다. 'which is infinite, eternal, and unchangeable'에서 'which is'가 생략된 형태이다. 관계대명사 which는 계속적 용법으로 '~인데, 그것은 ~'의 틀로 해석한다.

- in his being, wisdom, power, holiness, justice, goodness, and truth 'infinite, eternal, and unchangeable'의 범위를 한정해 준다. 따라서 뜻은 '그의 존재, 지혜, 능력, 거룩함, 정의, 선하심, 그리고 진리에서 무한하고, 영원하고, 불변하다'가 된다.

문답의 키

1. 하나님께서는 영이시다. 여기서 영적인 존재라는 것은 유령 같은 것을 말하는 것이 아니라, 사람의 이해를 넘어서는 방식으로 실재하는 존재라는 뜻이다.

"하나님은 영이시니 예배하는 자가 영과 진리로 예배할지니라"(요4:24)

2. 하나님께서는 그의 존재와 완전함에 있어서 무한하시다. 하나님은 사람의 이해를 넘어서 존재하시는 분이시다.

"네가 하나님의 오묘함을 어찌 능히 측량하며 전능자를 어찌 능히 완전히 알겠느냐"(욥11:7)

3. 하나님께서는 그의 존재와 완전함에 있어서 영원하시다. 여기서 영원하다는 뜻은 오랜 시간 유지된다는 의미가 아니라, 시간 안에 제한되지 않는다는 뜻이다. 다시 말해 시간을 초월한다는 뜻이다.

"산이 생기기 전, 땅과 세계도 주께서 조성하시기 전 곧 영원부터 영원까지 주는 하나

님이시니이다"(시29:2)

4. 하나님께서는 그의 존재와 완전함에 있어서 변함이 없으시다. 변화는 시간 속에 한정 된 존재에게만 발생하는 현상이다. 하나님께서는 시간 속에 한정되시는 분이 아니시기에 그에게 있어서 변화는 있을 수 없다.

"나 여호와는 변하지 아니하나니 그러므로 야곱의 자손들아 너희가 소멸되지 아니하느니라"(말3:6)

5. 하나님의 지혜는 무한하다. 여기서 무한하다는 것은 단지 끝이 없이 계속된다는 것이 아니라, 사람과 같이 어떠한 한계에 한정되지 않는다는 뜻이다.

"우리 주는 위대하시며 능력이 많으시며 그의 지혜가 무궁하시도다"(시147:5)

6. 하나님의 능력은 무한하다. 이는 하나님의 능력이 사람이 측량할 수 있는 수준을 넘어선다는 뜻이다.

"주께서는 못 하실 일이 없사오며 무슨 계획이든지 못 이루실 것이 없는 줄 아오니"(욥42:2)

7. 하나님께서는 지극히 거룩하시다. 이는 하나님 자체가 거룩함의 본질이라는 뜻이다. 다시 말해 하나님의 성품이 거룩함의 기준이라는 뜻이다. 뿐만 아니라 이는 하나님께서 그의 피조물들과 명백히 구별되는 분이시라는 것을 말한다.

"주여 누가 주의 이름을 두려워하지 아니하며 영화롭게 하지 아니하오리이까 오직 주만 거룩하시니이다 주의 의로우신 일이 나타났으매 만국이 와서 주께 경배하리이다 하더라"(계15:4)

8. 하나님께서는 지극히 공의로우신 분이다. 이는 하나님께서 공의의 유일한 기준이 되신다는 뜻이다. 즉 하나님의 선하신 뜻 자체가 바로 공의이다.

"그 가운데에 계시는 여호와는 의로우사 불의를 행하지 아니하시고 아침마다 빠짐없이 자기의 공의를 비추시거늘 불의한 자는 수치를 알지 못하는도다"(습3:5)

9. 하나님께서는 지극히 선하시며 자비로우시다.

"여호와께서 그의 앞으로 지나시며 선포하시되 여호와라 여호와라 자비롭고 은혜롭고 노하기를 더디하고 인자와 진실이 많은 하나님이라"(출34:6)

10. 하나님께서는 진리 안에서 무한하시다. 이는 하나님의 뜻이 바로 진리 자체라는 것을 의미한다.

"그는 반석이시니 그가 하신 일이 완전하고 그의 모든 길이 정의롭고 진실하고 거짓이 없으신 하나님이시니 공의로우시고 바르시도다"(신32:4)

내 말로 번역하기

문:

답:

<제5문답>

> Question: Are there more Gods than one?
> Answer: There is but one only, the living and true God.

번역
문: 한 분보다 더 많은 하나님들이 있나요?
답: 오직 한 분만 계신데, 그분은 살아있고 참되신 하나님입니다.

원문분석
Question: Are there more Gods than one?

1. Are there more Gods than one?
- **Gods** 하나님을 뜻하는 God은 원칙상 관사가 붙을 수 없으며, 복수로 사용할 수도 없다. 그런데 여기서는 복수 형태인 Gods가 사용되었다. 이는 유일하신 창조자 하나님을 말하는 것이 아니라, 그 하나님에 대한 사람의 그릇된 호기심(sinful curiosity)을 표현한 것이다.

Answer: There is but one only, the living and true God.

1. There is but one only, the living and true God.
- **There is but one only ~** 'There is A.'구문은 1형식 문장으로, there은 유도부사이다. 'is'는 2형식의 '~이다'가 아니라 '존재하다/있다'라는 뜻이다. 이 구문에서 주어는 be동사 뒤에 나오는 명사이다. 따라서 해석은 'A는 있다'가 된다.
- **but one only** but은 only와 같은 뜻으로 강조를 위해 사용되었다.
- **the living and true God** (who is) living and true God에서 'who is'가 생략된 형태이다. 'one'에 대한 추가 정보를 제공하는 관계대명사절이다. 계속적용법

으로 해석한다. 유일하신 한 분 하나님(God)에 대해 살아있고(living) 참되신 (true) 분이라고 추가해서 설명을 붙인 이유는 생명이 없고(dead) 거짓된 신들 (gods)과 구별하기 위함이다.

문답의 키

1. 하나님께서는 오직 한 분이시다.

"그러므로 우상의 제물을 먹는 일에 대하여는 우리가 우상은 세상에 아무 것도 아니며 또한 하나님은 한 분밖에 없는 줄 아노라"(골8:4)

2. 하나님께서는 살아계시고 참된 유일한 하나님이시다.

"오직 여호와는 참 하나님이시요 살아 계신 하나님이시요 영원한 왕이시라 그 진노하심에 땅이 진동하며 그 분노하심을 이방이 능히 당하지 못하느니라"(렘10:10)

3. 사람은 자기 안에 있는 본성의 빛(the light of nature)에 의해 신을 찾는다.[3]

"이는 하나님을 알 만한 것이 그들 속에 보임이라 하나님께서 이를 그들에게 보이셨느니라 창세로부터 그의 보이지 아니하는 것들 곧 그의 영원하신 능력과 신성이 그가 만드신 만물에 분명히 보여 알려졌나니 그러므로 그들이 핑계하지 못할지니라"(롬1:19, 20)

4. 타락한 사람은 본능적으로 여러 신들을 찾는다.

"너는 나 외에는 다른 신들을 네게 두지 말라"(출20:3)

내 말로 번역하기

문:

답:

---

3. WCF 1.

<제6문답>

> Question: How many persons are there in the Godhead?
> Answer: There are three persons in the Godhead: the Father, the Son, and the Holy Ghost; and these three are one God, the same in substance, equal in power and glory.

번역
문: 하나님의 신격 안에 몇 개의 위격이 있나요?

답: 하나님의 신격 안에는 세 개의 위격이 있는데, 아버지, 아들, 성령으로, 이 셋은 한 하나님이시며, 본질에서 동일하시고, 능력과 영광에서 동등하십니다.

원문분석
Question: How many persons are there in the Godhead?

1. How many persons are there in the Godhead?
- **persons** persons와 are there는 복수 표현으로 질문 자체에서 이미 두 개 이상의 위격이 있음을 암시하고 있다. 'persons'가 있다는 것은 인격적인 존재들이 있다는 뜻이다. 일반적으로 'person'을 '위(位)'로 번역한다. 그러나 쉽게 이해할 수 있도록 정리해야 한다는 교리교육서의 특성상 'person'은 인격적인 존재라는 것을 부각시킬 수 있는 '위격'으로 번역하는 것이 바람직하다고 본다.
- **the Godhead** 항상 정관사(the)를 붙이고, '하나님의 신격'으로 번역한다. 또한 'the Godhead'는 그 자체로 삼위일체를 나타내기도 한다. 반면에 정관사 없이 소문자로 시작하는 'godhead'는 일반적인 신들을 포함한 신성이나 신격(divinity)을 의미한다.

Answer: There are three persons in the Godhead: the Father, the Son, and the Holy Ghost; and these three are one God, the same in substance, equal in power and glory.

1. 'There are three persons in the Godhead

- **three persons** 원칙적으로 person의 복수는 persons가 아니라 people이다. 따라서 세 사람을 말할 때는 'three persons'가 아니라 'three people'이라고 해야 한다. 신격 안에 '3 persons'가 있다는 것은 세 분의 하나님이 있다는 것이 아니라, 구별된 3개의 위격이 있다는 뜻이다.

2. : the Father, the Son, and the Holy Ghost

- **콜론(:)** 여기서 사용된 콜론(:)은 앞에서 언급한 'three persons'의 목록을 나열한다는 의미이다.

- **the Father, the Son, and the Holy Ghost** 신격 안에 있는 세 위격은 'the Father, the Son, and the Holy Ghost'다. 한국 교회는 이를 성부, 성자, 성령으로 번역한다. 그러나 분명한 것은 영(Ghost)에만 성(Holy)이 있다는 것이다. 세 위격의 정확한 이름은 '성부, 성자, 성령'이 아니라 '아버지, 아들, 그리고 성령'이다.[4]

3. ; and these three are one God, the same in substance, equal in power and glory

- **세미콜론(;)** 여기서 사용된 세미콜론(;)은 앞서 언급한 세 위격인 '아버지, 아들, 그리고 성령'에 대해 추가적인 정보를 제공하겠다는 뜻이다.

- **these three are one God, the same in substance, equal in power and glory** 'these three are one God, ' 'these three are the same in substance, ' 'these three are equal in power and glory'의 세 문장을 하나의 주어로 같이 묶어서

---

4. 성경과 신조, 그리고 카테키즘에도 성부, 성자, 성령이라는 표현은 없다. 성경과 신조, 그리고 카테키즘은 하나님의 각 위의 이름을 아버지, 아들, 성령으로 소개하고 있다.

표현했다.

- **these three are one God** 세 위격의 존재에 대한 설명으로 '세 위격은 한 하나님이시다'라는 뜻이다.
- **these three are the same in substance** 세 위격의 본질에 대한 설명으로 '세 위격은 그 본질에 있어서 동일하다'라는 뜻이다.
- **these three are equal in power and glory** 세 위격의 능력과 영광에 대한 설명으로 '세 위격은 능력과 영광에 있어서 동등하다'라는 뜻이다.

문답의 키

1. 하나님의 신격에는 3개의 위격이 있다. 하나님의 신격에 있는 3개의 위격은 아버지, 아들, 성령이다.

"[하늘에] 증언하는 이가 셋이니 [곧 아버지와 말씀과 성령이시라 또 이 셋은 하나이니라]"(요일5:7)[5]

2. 아버지는 하나님이시다.

"본래 하나님을 본 사람이 없으되 아버지 품 속에 있는 독생하신 하나님이 나타내셨느니라"(요1:18)

3. 아들은 하나님이시다.

"아들에 관하여는 하나님이여 주의 보좌는 영영하며 주의 나라의 규는 공평한 규이니이다"(히1:8)

4. 성령은 하나님이시다.

"베드로가 이르되 아나니아야 어찌하여 사탄이 네 마음에 가득하여 네가 성령을 속이고 땅 값 얼마를 감추었느냐 땅이 그대로 있을 때에는 네 땅이 아니며 판 후에도 네 마음대로 할 수가 없더냐 어찌하여 이 일을 네 마음에 두었느냐 사람에게 거짓말한 것이

---

5. [ ] 부분은 웨스트민스터 소교리교육서의 근거 구절로 사용된 KJV에는 있으나, 개역개정에는 없다.

아니요 하나님께로다"(행5:3, 4)

5. 아버지, 아들, 성령은 각각 독특한 위격으로 서로 분명히 구별된다.
   "예수께서 세례를 받으시고 곧 물에서 올라오실새 하늘이 열리고 하나님의 성령이 비둘기 같이 내려 자기 위에 임하심을 보시더니 하늘로부터 소리가 있어 말씀하시되 이는 내 사랑하는 아들이요 내 기뻐하는 자라 하시니라"(요3:16, 17)

6. 아버지, 아들, 성령은 본질에 있어서 동일하시다.
   "나와 아버지는 하나이니라 하신대"(요10:30)

7. 아버지, 아들, 성령은 그 능력에 있어서 동등하시다.
   "아버지께서 죽은 자들을 일으켜 살리심 같이 아들도 자기가 원하는 자들을 살리느니라"(요5:21)

8. 아버지, 아들, 성령은 그 영광에 있어서 동등하시다.
   "그러므로 너희는 가서 모든 민족을 제자로 삼아 아버지와 아들과 성령의 이름으로 세례를 베풀고"(마28:19)

10. 한 신격 안에서 아버지, 아들, 성령은 각각의 위격으로 구별되나, 그 존재나 본질, 그리고 능력과 영광에 있어서 구분되지 않고 신비하게 연합하신 한 하나님이시다.
   "주 예수 그리스도의 은혜와 하나님의 사랑과 성령의 교통하심이 너희 무리와 함께 있을지어다"(고후13:13)

내 말로 번역하기
문:
답:

창조

제7~12문답

<제7문답>

Question: What are the decrees of God?
Answer: The decrees of God are his eternal purpose, according
to the counsel of his will, whereby, for his own glory,
he hath foreordained whatsoever comes to pass.

번역
문: 하나님의 작정들은 무엇인가요?
답: 하나님의 작정들은 그의 뜻의 협의를 따른 그의 영원한 목적인데, 그것으로서
하나님께서는 자신의 영광을 위하여 발생하는 모든 것들을 미리 정하셨습니다.

원문분석
Question: What are the decrees of God?

1. What are the decrees of God?
- **What ~?** 하나님의 작정을 what으로 묻고 있다. 즉 작정의 본질에 대한 질문이다.
- **the decrees of God** '하나님의 작정들'이다. 하나님의 작정을 복수로 묻고 있다.
  이는 하나님께서 많은 것들을 작정하셨다는 것을 질문 자체에서 암시하는 표현
  이다.
- **What are the decrees of God?** 이 질문은 하나님께서 무엇들을 작정하셨는지
  를 묻는 것이 아니라, 하나님께서 여러 가지를 작정하셨다는 것이 의미하는 것
  이 무엇인지를 묻는 것이다.

Answer: The decrees of God are, his eternal purpose, according to the
counsel of his will, whereby, for his own glory, he hath foreordained
whatsoever comes to pass.

1. The decrees of God are his eternal purpose

- **The decrees of God are his eternal purpose** 하나님의 작정들이 그의 영원한 목적이라는 것은 하나님께서 하신 모든 작정들이 그의 영원한 목적이라는 말이다. 다시 말해 하나님께서 하신 작정들 중에 어느 하나도 그의 영원한 목적이 아닌 것은 없다는 뜻이다.

- **eternal** '영원한'이라는 뜻이다. '영원하다(eternal)'는 '끝이 없이 오래'라는 의미가 아니다. '영원한(eternal)'은 '무한한(infinite)'이나 '한계가 없는(unlimited)'과는 분명히 다르다. '영원하다'라는 뜻은 '시간 속에 포함되지 않는, 시간을 넘어선'이라는 뜻이다. 따라서 이 단어는 오직 시간 속에 매이지 않는 하나님께만 사용될 수 있다.

- **his eternal purpose** '시간을 초월하는 하나님의 목적'이다. 이는 하나님의 모든 작정들(The decrees of God)은 하나님께서 시간을 창조하기 전, 오직 영원만 존재할 때 이미 완벽히 세우신 목적이라는 것을 나타낸다.

2. according to the counsel of his will

- **'according to + 명사'** '명사에 의하면,' 혹은 '명사에 따라서'의 뜻으로 근원이나 출처를 밝힐 때 사용한다.

- **the council of his will** 직역하면 '그의 뜻의 협의' 혹은 '그의 뜻의 결심'이다. 이를 앞부분의 내용과 연결하면 하나님의 작정들은 하나님 자신의 뜻의 결심에 따른 그의 영원한 목적이 된다. 여기서 분명한 것은 하나님의 작정들은 모두 하나님의 뜻을 따른 것이라는 점이다. 그렇다면 'according to his will'이라고 하면 되는데, 왜 'according to the council of his will'이라고 한 것인가? 여기에는 크게 두 가지의 이유가 있다. 하나는 어떠한 뜻을 가진 것과 그것을 실행하기로 결정하는 것이 다르기 때문이다. 따라서 '그의 뜻의 결심'은 하나님께서 뜻하신 것을 뜻으로만 묵혀 두지 않으시고 그것들을 구체적으로 실행하기로 결심하셨다는 것이다. 이러한 면으로 볼 때 하나님의 작정들은 모두 실행하기로 결심하신 하나님의 뜻인 것이다. 또한 이는 모든 작정들이 아버지 하나님의 단독 사역이 아니라, 삼위 하나님의 거룩하신 협의를 통해 드러난 하나님의 뜻이기 때

문이다. 하나님의 뜻은 삼위의 거룩한 협의를 거쳐 결정된다. 그리고 이렇게 결정된 하나님의 뜻이 바로 하나님의 작정들인 것이다. 'council'은 이 두 가지 의미를 다 포함하지만, 한국어로는 이를 한 번에 표현할 수 있는 단어가 없다. 따라서 우리는 '그의 뜻의 협의'와 '그의 뜻의 결심' 중 한 가지를 선택해야 한다. 이 둘 중 그 의미가 조금 더 포괄적인 '그의 뜻의 협의'가 조금 더 적절한 것으로 여겨진다.

3. , whereby, for his own glory, he hath foreordained whatsoever comes to pass.

- whereby 관계부사로 앞에 콤마(,)가 없으면 한정용법으로 '그로써…하는'의 뜻으로 사용되고, 앞에 콤마(,)가 있으면 계속용법으로 '그로써' 혹은 '그것에 의해'의 뜻이 된다. 본 문답에서 whereby의 의미는 '하나님의 뜻의 협의에 근거한 영원한 목적인 작정들에 의해' 정도가 된다.
- for his own glory 문자 그대로 '자기 자신의 영광을 위해'다. 하나님께서는 오직 자기 자신의 영광을 위해 모든 것을 작정하셨다.

4. he hath foreordained whatsoever comes to pass.

- foreordain '미리 정하다'라는 뜻이다. 그런데 이 단어는 종종 '예정하다'로 번역되기도 한다. 물론 foreordain은 단어 자체로만 보면 '미리 정하다'와 '예정하다'로 둘 다 번역이 가능하다. 그러나 장로교 교리를 다룰 때는 foreordain을 '예정하다'로 번역하면 안 된다. 왜냐하면 하나님의 예정은 작정과 구별되는 특별한 뜻이 있기 때문이다.[6] 그리고 그 뜻을 나타내는 영어 단어인 predestinate(예정하다)이 별도로 있기 때문이다. 따라서 하나님의 작정을 다루는 부분에서 사용된 foreordain은 '미리 정하다'로 번역하는 것이 바람직하다.
- he hath foreordained 현재완료 시제이다. 이는 과거에 이미 완료된 사건의 결과가 현재에 영향을 미친다는 것을 의미한다. 현재완료 시제의 기준시점은 현재

---

6. 예정(predestination)은 하나님의 작정의 일부로서 인격적인 존재인 천사와 사람을 대상으로 일부는 영원한 생명으로 선택하시고, 나머지는 영원한 사망 가운데 내버려 두신 것을 말한다.

이다. 제7문답은 하나님의 작정들을 현재의 시점으로 보고 있다. 이를 통해 과거에 하나님께서 작정하신 것이 분명한 사실이라는 점과 더불어 그 작정들의 효력이 작정하신 그대로 현재 우리에게 분명하게 드러나고 있다는 것을 표현한 것이다.

- whatsoever comes to pass '일어나는 모든 일' 혹은 '발생하는 모든 것'

문답의 키

1. 하나님께서는 스스로 어떠한 목적들과 작정들을 세우셨다.
   "모든 일을 그의 뜻의 결정대로 일하시는 이의 계획을 따라 우리가 예정을 입어 그 안에서 기업이 되었으니"(엡1:11)

2. 하나님께서는 영원전에 그의 마음에 어떠한 목적들을 세우셨다.
   "곧 영원부터 우리 주 그리스도 예수 안에서 예정하신 뜻대로 하신 것이라"(엡3:11)

3. 하나님의 작정들은 하나님의 독자적인 목적, 즉 오직 하나님 자신의 의지의 협의만을 따른다.
   "그런즉 하나님께서 하고자 하시는 자를 긍휼히 여기시고 하고자 하시는 자를 완악하게 하시느니라"(롬9:18)

4. 하나님께서는 오직 자신의 영광을 위해 작정들을 세우셨다.
   "또한 영광 받기로 예비하신 바 긍휼의 그릇에 대하여 그 영광의 풍성함을 알게 하고자 하셨을지라도 무슨 말을 하리요"(롬9:23)

5. 하나님의 작정들에 영향을 주는 외부적인 요소는 하나도 없다. 모든 작정들의 유일한 근거는 하나님 자신의 기쁘신 뜻이다.
   곧 창세 전에 그리스도 안에서 우리를 택하사 우리로 사랑 안에서 그 앞에 거룩하고 흠이 없게 하시려고 그 기쁘신 뜻대로 우리를 예정하사 예수 그리스도로 말미암아 자기의 아들들이 되게 하셨으니(엡1:4, 5)

6. 하나님께서는 앞으로 일어날 모든 일들을 미리 정해 놓으셨다.

"우리는 그가 만드신 바라 그리스도 예수 안에서 선한 일을 위하여 지으심을 받은 자니 이 일은 하나님이 전에 예비하사 우리로 그 가운데서 행하게 하려 하심이니라"(엡 2:10)

7. 하나님께서 스스로 미리 정해 놓으신 것들 중에 자신의 협의와 목적에 부합하지 않는 것은 하나도 없다.

"하나님의 권능과 뜻대로 이루려고 예정하신 그것을 행하려고 이 성에 모였나이다"(행 9:28)

내 말로 번역하기
문:
답:

＜제8문답＞

Question: How doth God execute his decrees?

Answer: God executeth his decrees in the works of creation and
　　　　　providence.

번역

문: 하나님께서는 어떻게 그의 작정들을 수행하시나요?

답: 하나님께서는 창조와 섭리의 사역들 안에서 그의 작정들을 수행하십니다.

원문분석

Question: How doth God execute his decrees?

1. How doth God execute his decrees?

- **How** how(어떻게)로 묻고 있다. 이는 하나님께서 작정들을 수행하시는 방법에
  대한 질문이다.

- **How doth God execute~?** 현재형으로 묻고 있다. 이는 크게 세 가지의 의미를
  갖는다. 먼저 앞 문답에서 하나님께서 미리 정하셨다는 표현을 현재완료형(he
  hath foreordained)으로 나타내므로 작정의 효력이 현재에도 동일하게 영향을
  미친다는 의미를 그대로 이어 받는다는 것을 나타낸다. 또한 이는 하나님께서
  작정을 수행하시는 것은 어떠한 특정한 시간에 한정된 것이 아니라는 것을 말
  해준다. 그리고 하나님의 작정의 수행을 현재형으로 다루는 또 하나의 이유는
  하나님께서 자신이 작정하신 모든 것을 실행하는 것은 그 자체가 사실이며 불
  면의 진리라는 것을 강하게 드러내기 위함이다.

- **execute** 공적으로 계획된 것을 수행할 때 사용하는 단어이다. 특히 법률로 정해
  진 것을 법이 정하는 방식에 따라서 수행하는 것을 나타낼 때 사용하는 단어이
  다. 이는 하나님의 작정들이 수정될 수 없는 공적인 법률과도 같다는 것을 암시

해준다.

- execute his decrees 하나님께서는 발생하는 모든 것을 작정하셨고, 작정하신 모든 것을 수행하신다.

Answer: God executeth his decrees in the works of creation and providence.

1. God executeth his decrees

- God executeth ~ 하나님의 작정 수행을 현재형으로 설명한다. 이는 하나님의 작정 수행은 어떠한 한 시간대에 국한된 것이 아니라는 것을 말해준다. 즉 하나님의 작정은 과거에 수행되었으며, 현재에도 수행되고 있으며, 미래에도 당연히 수행될 것이라는 것을 나타낸다.

2. in the works of creation and providence.

- in in은 범위를 나타내는 전치사이다. 이를 통해 하나님의 작정들이 수행되는 범위를 알려준다.
- in the works of creation and providence 하나님께서 작정들을 수행하시는 범위는 창조와 섭리의 사역들이다. 창조의 사역을 행하실 때와 섭리의 사역을 행하실 때 하나님께서는 작정하신 모든 것들을 수행하신다. 이는 창조와 섭리가 모두 하나님께서 작정하신 것들에 대한 실행이라는 뜻이다.
- the works 복수형태이다. 왜 works(사역들)로 표현되었는지는 따져볼 필요가 있다. 창조와 섭리의 두 가지 사역을 말하는 것이니 복수로 표현된 것은 당연하다. 그런데 여기서 생각해 볼 것은 창조와 섭리가 각각 단회적인 사역을 말하는 것인지, 아니면 모두가 복수의 사역인지, 그것도 아니면 둘 중 하나는 단회적인 사역이지만, 나머지 하나는 복수의 사역인지이다. 어느 것이든 이 문답의 표현으론 다 성립한다. 그러나 이 세 가지는 하나님의 작정의 수행을 이해함에 있어서 큰 차이가 있다. 이 문제에 대한 해답은 이어지는 문답들을 통해 확인할 수 있다.

문답의 키

1. 하나님께서는 창조의 사역으로 자기의 작정을 수행하신다.

   "우리 주 하나님이여 영광과 존귀와 권능을 받으시는 것이 합당하오니 주께서 만물을 지으신지라 만물이 주의 뜻대로 있었고 또 지으심을 받았나이다 하더라"(계4:11)

2. 하나님께서는 섭리의 사역들로 자기의 작정들을 수행하신다.

   "여호와께서 그의 보좌를 하늘에 세우시고 그의 왕권으로 만유를 다스리시도다"(시 103:19)

3. 하나님께서 자신의 뜻을 행하시는 섭리적인 사역들은 창조주 하나님 자신의 권한이다.

   "땅의 모든 사람들을 없는 것 같이 여기시며 하늘의 군대에게든지 땅의 사람에게든지 그는 자기 뜻대로 행하시나니 그의 손을 금하든지 혹시 이르기를 네가 무엇을 하느냐고 할 자가 아무도 없도다"(단4:35)

4. 신자는 자신에게 일어나는 모든 일들이 하나님의 작정들을 수행하시는 섭리적인 사역이라는 것을 믿어야 하고, 확신해야 한다.

   "그런즉 내게 작정하신 것을 이루실 것이라 이런 일이 그에게 많이 있느니라"(욥23:14)

5. 인류 중에 누가 참 신자가 되는지는 사람의 선택이 아니라, 전적으로 하나님의 작정에 달려 있다. 인류 중 오직 하나님께서 작정을 적용하시는 사람만이 참 신자가 된다.

   "모든 일을 그의 뜻의 결정대로 일하시는 이의 계획을 따라 우리가 예정을 입어 그 안에서 기업이 되었으니"(엡1:11)

내 말로 번역하기

문:

답:

<제9문답>

> Question: What is the work of creation?
> Answer: The work of creation is, God's making all things of nothing, by the word of his power, in the space of six days, and all very good.

번역

문: 창조의 사역은 무엇입니까?

답: 창조의 사역은 하나님께서 무로부터, 그의 능력의 말씀으로, 6일간의 시간 안에 모든 것들을 만드시고, 또한 모두를 매우 선한 상태가 되게 하시는 것입니다.

원문분석

Question: What is the work of creation?

1. What is the work of creation?

- What ~? 창조의 사역이 무엇을 말하는지를 묻는다.
- What is ~? 창조의 사역을 단수로 묻고 있다. 이는 하나님의 창조의 사역은 복수의 사역이 아니라, 단회적인 사건이란 것을 암시한다.

2. the work of creation

- the work 창조는 저절로 되는 것이 아니라, 누군가가 한 일이다.

Answer: The work of creation is, God's making all things of nothing, by the word of his power, in the space of six days, and all very good.

1. The work of creation is ~

- The work of creation is ~ 하나님의 창조 사역을 현재시제로 설명한다. 이는 하

나님의 창조 사역이 객관적인 사실이라는 것에 초점을 둔 설명방식이다.

2. God's making all things

- God's making ~ 동명사 구문이다. God's는 동명사 making의 의미상 주어이다. 따라서 이 구문은 God's와 making을 소유격과 명사가 아닌 주어와 동사로 해석해야 한다. '하나님의 모든 것들을 만드심'이 아니라 '하나님께서 모든 것들을 만드시는 것'으로 해석해야 한다.

동명사인 making은 그 자체로는 자기의 시제를 나타낼 수 없고, 메인 동사의 시제에 의존한다. 단순 동명사인 making은 메인 동사의 시제와 일치한다. 즉 making의 시제는 메인 동사인 is의 시제를 따라 현재이다. 따라서 God's making all things는 '하나님께서 모든 것을 만드신 것'으로 해석하면 안 되고, '하나님께서 모든 것들을 만드시는 것'으로 해석해야 한다. 참고로 '하나님께서 모든 것들을 만드신 것'으로 해석이 되려면 'God's having made all things'가 되어야 한다.

3. of nothing, by the word of his power, in the space of six days

- 하나님께서 모든 것들을 만드신 방법들을 설명하는 부사구들이다.
- of nothing 무(無)로부터
- by the word of his power 그의 능력의 말씀으로
- in the space of six days 6일이라는 시간 동안

4. , and all very good.

- 콤마(,) and 앞 내용과 연결시키고는 있지만, 앞에 있는 부사구들과 동등하게 나열되는 것은 아니다. 여기서 and는 앞의 내용에 별개로 하나의 정보를 더 추가한다는 것을 알리는 역할을 한다.
- God's making all things, and all very good 앞부분과 뒷부분의 주어와 동사는 모두 God's making이다. 그러나 앞부분은 주어(God's)+동사(making)+목적어(all things)로 구성된 3형식이지만, 뒷부분은 주어(God's)+동사(making)+목적어(all)+목적보어(very good)로 구성된 5형식이다. 또한 같은 making이라는 동

사를 사용했으나, 3형식인 앞부분은 '무엇인가를 만들다'라는 의미인 반면, 5형식인 뒷부분은 '무엇을 어떠한 상태가 되게 하다'라는 의미가 더욱 강하다. 따라서 뒷부분의 해석은 '또한 하나님께서 모든 것을 매우 선한 상태가 되게 하시는 것'이 된다.

문답의 키

1. 하나님께서는 모든 것을 만드셨다.

"만물이 그로 말미암아 지은 바 되었으니 지은 것이 하나도 그가 없이는 된 것이 없느니라"(요1:3)

2. 하나님께서는 무로부터 모든 것을 만들어 내셨다.

"믿음으로 모든 세계가 하나님의 말씀으로 지어진 줄을 우리가 아나니 보이는 것은 나타난 것으로 말미암아 된 것이 아니니라"(히11:3)

3. 하나님께서는 모든 것을 그의 말씀으로 만드셨다.

"여호와의 말씀으로 하늘이 지음이 되었으며 그 만상을 그의 입 기운으로 이루었도다"(시33:6)

4. 하나님께서는 모든 것을 6일 동안 창조하셨다.

"이는 엿새 동안에 나 여호와가 하늘과 땅과 바다와 그 가운데 모든 것을 만들고 일곱째 날에 쉬었음이라 그러므로 나 여호와가 안식일을 복되게 하여 그 날을 거룩하게 하였느니라"(출20:11)

5. 하나님께서는 모든 것을 아주 좋게 만드셨다.

"하나님이 지으신 그 모든 것을 보시니 보시기에 심히 좋았더라 저녁이 되고 아침이 되니 이는 여섯째 날이니라"(창1:31)

내 말로 번역하기

문:

답:

<제10문답>

Question: How did God create man?
Answer: God created man male and female, after his own image, in knowledge, righteousness, and holiness, with dominion over the creatures.

번역

문: 하나님께서는 사람을 어떻게 창조하셨나요?

답: 하나님께서는 사람을 피조물들에 대한 통치권을 가진 남자와 여자로 창조하셨는데, 그들은 지혜와 의와 거룩함에서 그의 형상을 따랐습니다.

원문분석

Question: How did God create man?

1. How did God create man?

- How ~? 하나님께서 사람을 창조하신 방법을 묻는 질문이다. 이는 사람의 기원이 하나님의 창조라는 것을 전제하는 질문이다.
- How did ~? 과거형으로 묻고 있다. 이는 하나님께서 사람을 창조하신 것을 역사적인 사실로 인정하는 표현이다. 또한 하나님의 사람 창조는 단회적인 사건으로 이미 완료되었다는 것을 나타낸다.
- man 모든 인류를 말한다. (제1문답 원문분석을 참고하라)

Answer: God created man male and female, after his own image, in knowledge, righteousness, and holiness, with dominion over the creatures.

1. God created man male and female.

- God created man male and female 5형식 구문이다. 목적어인 man과 명사 목적보어인 male and female은 일치 관계이다. 따라서 하나님께서 사람을 남자와 여자로 만드신 것은, 남자와 여자 외에는 다른 존재가 없다는 것을 의미한다. 모든 사람을 남자와 여자로 창조하신 분은 하나님이다. 누군가는 남자로 창조되고, 누군가는 여자로 창조되는 것이 사람 창조에 대한 하나님의 뜻이다.

2. after his own image

- after '~을 뒤따라,' '~을 닮아'라는 의미이다.
- , after his own image, , (who were) after his own image, 에서 who were가 생략된 형태이다.
- '자기 자신의 형상을 따라서'

3. in knowledge, righteousness, and holiness,

- in in은 범위를 나타내는 전치사이다. 따라서 이는 사람이 닮은 하나님의 형상의 범위를 말해준다.
- in knowledge, righteousness, and holiness '지혜, 의로움, 거룩함에서'

4. with dominion over the creatures.

- with dominion with + 명사는 '명사를 소유한 상태'를 말한다.
- over '~의 전면에 걸쳐서' 혹은 '~의 곳곳에'의 의미로 사용되었다.
- with dominion over the creatures '피조물들에 대한 통치권을 가지고' 'God created man male and female, after his own image, in knowledge, righteousness, and holiness, with dominion over the creatures.'에서 중간에 콤마(,)로 싸여서 삽입된 부분을 빼면 'God created man male and female with dominion over the creatures.'가 된다. 그리고 이 부분을 해석하면 '하나님께서는 사람을 피조물들에 대한 통치권을 가진 남자와 여자로 창조했다'가 된다.

문답의 키

1. 하나님께서 인류를 창조하셨다.

   "여호와 하나님이 땅의 흙으로 사람을 지으시고 생기를 그 코에 불어넣으시니 사람이 생령이 되니라"(창1:7)

2. 하나님께서는 오직 한 인류를 창조하셨다.

   "여호와 하나님이 아담에게서 취하신 그 갈빗대로 여자를 만드시고 그를 아담에게로 이끌어 오시니 아담이 이르되 이는 내 뼈 중의 뼈요 살 중의 살이라 이것을 남자에게서 취하였은즉 여자라 부르리라 하니라"(창2:22, 23)

3. 하나님께서는 한 인류를 남자와 여자로 창조하셨다.

   "하나님이 자기 형상 곧 하나님의 형상대로 사람을 창조하시되 남자와 여자를 창조하시고"(창1:27)

4. 하나님께서는 자기의 형상을 따라 인류를 창조하셨다.

   "하나님이 자기 형상 곧 하나님의 형상대로 사람을 창조하시되 남자와 여자를 창조하시고"(창1:27)

5. 하나님의 형상은 인류의 지혜안에 있다.

   "새 사람을 입었으니 이는 자기를 창조하신 이의 형상을 따라 지식에까지 새롭게 하심을 입은 자니라"(골3:10)

6. 하나님의 형상은 인류의 의로움에 있다.

   "내가 깨달은 것은 오직 이것이라 곧 하나님은 사람을 정직하게 지으셨으나 사람이 많은 꾀들을 낸 것이니라"(전7:29)

7. 하나님의 형상은 인류의 거룩함에 있다.

   "하나님을 따라 의와 진리의 거룩함으로 지으심을 받은 새 사람을 입으라"(엡4:24)

8. 하나님께서는 인류를 피조물을 다스릴 권세를 가진 존재로 창조하셨다. 이 피조물을 다스릴 권세는 신자만이 받은 사명이 아니다. 이는 모든 인류의 사명이다.

"하나님이 그들에게 복을 주시며 하나님이 그들에게 이르시되 생육하고 번성하여 땅에 충만하라, 땅을 정복하라, 바다의 물고기와 하늘의 새와 땅에 움직이는 모든 생물을 다스리라 하시니라"(창1:28)

9. 하나님께서는 인류를 창조하신 후 능력을 평가하시고 피조물을 다스리는 권세를 주신 것이 아니다. 피조물을 다스릴 존재로 인류를 창조하신 것이다. 인류가 피조물을 다스릴 권세와 사명을 갖게 된 것은 전적으로 하나님께서 미리 정하신 것이다. 하나님의 기쁘신 뜻이다.

"하나님이 이르시되 우리의 형상을 따라 우리의 모양대로 우리가 사람을 만들고 그들로 바다의 물고기와 하늘의 새와 가축과 온 땅과 땅에 기는 모든 것을 다스리게 하자 하시고"(창1:26)

내 말로 번역하기

문:

답:

<제11문답>

> Question: What are God's works of providence?
> Answer: God's works of providence are, his most holy, wise,
> and powerful preserving and governing all his
> creatures, and all their actions.

번역

문: 하나님의 섭리의 사역들은 무엇들입니까?

답: 하나님의 섭리의 사역들은 그가 그의 모든 피조물들과 그들의 모든 행위들을 가
장 거룩하고 지혜롭고 능력 있게 보존하고 통치하는 것입니다.

원문분석

Question: What are God's works of providence?

1. What are God's works of providence?

- **What are ~?** 섭리의 사역은 복수로 질문한다. 하나님의 섭리의 사역은 단회적
인 사역이 아니라 다수의 사역이라는 것을 나타낸다. 뿐만 아니라 섭리의 사역
은 현재형으로 질문한다. 하나님의 섭리의 사역은 과거, 현재, 미래의 전 시대를
걸쳐서 일어나는 사역이라는 것을 나타낸다.
- **God's works of providence** '하나님의 섭리의 사역들'

Answer: God's works of providence are, his most holy, wise, and powerful
preserving and governing all his creatures, and all their actions.

1. God's works of providence are

- **God's works of providence are ~** 하나님의 섭리적인 사역은 복수의 사역이며,

언제나 현재적인 사역이다.

2. his most holy, wise, and powerful preserving and governing

- his most holy, wise, and powerful preserving and governing 이 부분을 해석할 때 가장 많이 하는 실수가 '그의 가장 거룩하고, 지혜롭고, 능력 있는 보존과 통치'처럼 각 품사를 보이는 데로 해석해서 끼워 맞추는 것이다.

이 구문은 2형식의 명사 보어 구문으로 두 개의 동명사인 preserving과 governing이 보어로 사용되었다. 그리고 his는 동명사 보어인 preserving과 governing의 의미상 주어이다. 따라서 이 구문은 동명사의 의미상 주어를 살려 '그가 보존하고 통치하는 것'의 틀로 해석해야 한다.

그리고 또 하나 생각해야 할 것은 비록 영어 문장의 구조는 동명사인 preserving과 governing을 수식하기 위해 형용사인 holy, wise, and powerful 이 사용되었다 하더라도, 이를 한국어로 번역할 때는 한국어의 구조에 따라서 각각의 표현을 맞춰야 한다는 것이다. 다시 말해 preserving과 governing이 비록 동명사의 형태이지만 동사처럼 해석되기 때문에 이를 수식하는 holy, wise, and powerful 또한 부사처럼 해석해야 한다는 것이다. 이러한 원리로 이 구문은 '그가 가장 거룩하고, 지혜롭고, 능력 있게 보존하고 통치하는 것'으로 해석되어야 한다.

3. all his creatures, and all their actions.

- all his creatures, and all their actions 동명사인 preserving과 governing의 목적어로 왔다.
- all his creatures '그의 모든 피조물들'
- all their actions '그것들의 모든 행위들'[7]

---

7. 웨스트민스터 소교리교육서에서는 동작을 나타내는 표현으로 behavior(71문답)와 action(11문답)과 motion(81문답)이 사용되고 있다. 문맥을 고려하고, 동시에 각 문답의 혼동을 피하기 위해 behavior는 '행동'으로, action은 '행위'로, motion은 '활동'으로 구분해서 번역했음을 밝힌다.

문답의 키

1. 하나님께서는 그가 창조하신 모든 것을 보존하신다.

   "모든 사람의 눈이 주를 앙망하오니 주는 때를 따라 그들에게 먹을 것을 주시며"(시 145:15)

2. 하나님께서는 그가 창조하신 모든 것을 다스리신다.

   "여호와께서 그의 보좌를 하늘에 세우시고 그의 왕권으로 만유를 다스리시도다"(시 103:19)

3. 하나님께서는 그가 창조하신 모든 것들의 행위를 지도하시고 다스리신다.

   "사람이 마음으로 자기의 길을 계획할지라도 그의 걸음을 인도하시는 이는 여호와시니라"(잠16:9)

4. 하나님의 섭리의 사역들은 모두가 지극히 거룩하다.

   "여호와께서는 그 모든 행위에 의로우시며 그 모든 일에 은혜로우시도다"(시145:17)

5. 하나님의 섭리의 사역들은 모두가 지극히 지혜롭다.

   "이도 만군의 여호와께로부터 난 것이라 그의 경영은 기묘하며 지혜는 광대하니라"(사 28:29)

6. 하나님의 섭리의 사역들은 모두가 지극히 능력 있다.

   "그가 그의 능력으로 영원히 다스리시며 그의 눈으로 나라들을 살피시나니 거역하는 자들은 교만하지 말지어다 (셀라)"(시96:7)

내 말로 번역하기

문:

답:

<제12문답>

> Question: What special act of providence did God exercise towards man in the estate wherein he was created?
>
> Answer: When God had created man, he entered into a covenant of life with him, upon condition of perfect obedience; forbidding him to eat of the tree of the knowledge of good and evil, upon pain of death.

번역

문: 사람이 창조되었던 그 상태에서 하나님께서는 어떤 특별한 섭리적 행위를 그를 향하여 행사하셨나요?

답: 하나님께서는 사람을 창조하신 후에 죽음의 고통을 경고로 선악에 관한 지식나무를 먹지 못하게 하시면서, 완전한 순종을 조건으로 사람과 하나의 생명의 언약을 맺으셨습니다.

원문분석

Question: What special act of providence did God exercise towards man in the estate wherein he was created?

1. What special act of providence did God exercise towards man?

- **What special act of providence did ~?** 과거형 질문이다. 이는 과거에 이미 완료된 사건에 대한 것을 다룬다는 의미이다. 따라서 이는 하나님께서 과거에 어떤 특별한 섭리적인 행위를 수행하셨을 뿐 아니라, 그 행위는 이미 완료되었다는 사실에 근거해서 그것이 무엇인지를 묻는 것이다.

- **exercise** '어떠한 권력이나 권위를 행사하다'라는 뜻이다. 따라서 하나님께서 어떤 특별한 행위를 하셨다는 것은 하나님께서 자신의 권력과 권위를 이용해

어떠한 특별한 행위를 사람에게 행했다는 것을 말한다.

- **towards man** man은 모든 인류를 말한다. 그리고 toward(s)는 무엇이 향하는 방향을 나타낸다. 따라서 towards man은 하나님께서 수행하신 특별한 섭리적인 행위의 방향이 모든 인류라는 것을 나타낸다. 즉 하나님의 특별한 섭리적인 행위는 그 대상을 모든 인류로 하나님께서 자신의 권위를 드러내신 것이며, 권력을 실행하신 것이다.

2. in the estate wherein he was created

- **estate** '어떠한 상태'
- **wherein** 관계부사로 그 안에(in which)의 뜻이다. 콤마(,) 없이 사용된 wherein은 한정용법으로 '~하는' 혹은 '~된'으로 앞의 명사를 수식한다.
- **in the estate wherein he was created** '그가 창조된 그 상태에서'로 그가 태초에 창조되었을 그 당시의 상태를 말한다.

Answer: When God had created man, he entered into a covenant of life with him, upon condition of perfect obedience; forbidding him to eat of the tree of the knowledge of good and evil, upon pain of death.

1. When God had created man, he entered into a covenant of life with him.

- **When God had created ~, he entered into ~.** 종속절(When God had created man)+주절(he entered into a covenant of life with him)의 복문이다.
- **God had created** 'had + pp'의 형태로 과거완료 시제이다. 이는 종속절의 이 사건이 주절의 사건보다 먼저 발생했다는 것을 나타낸다. 다시 말해 종속절의 사건이 완전히 끝난 후, 주절의 사건이 발생했다는 의미이다.
- **enter into** enter는 '~로 들어가다'라는 뜻이다. 그러나 enter into는 일반적으로 '~을 시작하다' 혹은 '~을 착수하다'라는 뜻이다. 그리고 enter into가 조약이나 계약에 해당하는 것들을 목적어로 받으면 '(조약, 계약을) 맺다'라는 뜻이 된다.
- **a covenant of life** 여기서 사용된 부정관사(a)는 하나(one)를 의미하는 것으로

해석해야 한다. 왜냐하면 하나님께서 최초의 사람과 맺으신 생명의 언약은 하나뿐이기 때문이다. 부정관사(a)를 하나로 해석해야만 다른 생명의 언약이 존재하지 않는다는 것이 더욱 분명해진다.

- he entered into a covenant of life with him '그(하나님)는 그(사람)와 하나의 생명의 언약을 맺으셨다' 혹은 '그는 그와 생명의 언약을 하나 맺으셨다.'

2. upon condition of perfect obedience

- upon condition of ~ '~을 조건으로'라는 뜻을 가진 부사구이다.
- upon condition of perfect obedience '완전한 순종을 조건으로'

3. ; forbidding him to eat of the tree of the knowledge of good and evil,

- **세미콜론(;)** 앞서 언급한 perfect obedience가 나타내는 것이 무엇인지 좀 더 구체적으로 풀어주겠다는 의미이다.
- forbidding him to eat of ~ 'forbid A to B'는 'A가 B 하는 것을 금하다'라는 뜻이다.
- eat of ~ '~을 먹다'라는 뜻이다.
- forbidding forbid의 현재분사 형태이다. 주어는 문장 전체의 주어인 God과 동일하며, 시제 또한 전체 문장의 본동사인 entered into와 동일하게 과거이다. 분사구문의 용법으로는 동시동작이다. 따라서 이는 하나님께서 사람과 하나의 생명의 언약을 맺으시면서 선과 악의 지식의 나무를 먹는 것을 금했다는 뜻이다.

4. upon pain of death

- upon pain of death 형태상으로는 앞서 사용한 표현인 'upon condition of perfect obedience'와 같은 틀을 사용하면서 중간의 'condition of' 부분을 생략한 것으로 보면 된다. 그러나 이는 문맥의 흐름으로 볼 때, 의미상 'upon the condition of pain of death'(죽음의 고통을 조건으로)라기 보다는 'upon the warning of pain of death'(죽음의 고통을 경고로)로 보는 것이 더욱 적절해 보인다.

문답의 키

1. 행위언약은 하나님의 특별한 섭리적인 행위이다.

   "여호와 하나님이 그 사람에게 명하여 이르시되 동산 각종 나무의 열매는 네가 임의로 먹되 선악을 알게 하는 나무의 열매는 먹지 말라 네가 먹는 날에는 반드시 죽으리라 하시니라"(창2:16, 17)

2. 하나님께서는 아담과 한 언약을 맺으셨다.

   "그들은 아담처럼 언약을 어기고 거기에서 나를 반역하였느니라"(호6:7)

3. 인류에 대한 하나님의 특별한 섭리적인 행위는 인류가 창조된 그 상태에 있을 때 수행되었다.

   "이것이 천지가 창조될 때에 하늘과 땅의 내력이니 여호와 하나님이 땅과 하늘을 만드시던 날에 … 여호와 하나님이 땅의 흙으로 사람을 지으시고 생기를 그 코에 불어넣으시니 사람이 생령이 되니라 …… 여호와 하나님이 그 사람에게 명하여 이르시되 동산 각종 나무의 열매는 네가 임의로 먹되……"(창2:4-17)

4. 행위언약에서 요구하는 조건(terms)은 온전한 순종이었다.

   "동산 중앙에 있는 나무의 열매는 하나님의 말씀에 너희는 먹지도 말고 만지지도 말라 너희가 죽을까 하노라 하셨느니라"(창3:3)

5. 하나님께서는 행위언약 파기에 대한 대가로 사망의 고통을 경고하셨다.

   "선악을 알게 하는 나무의 열매는 먹지 말라 네가 먹는 날에는 반드시 죽으리라 하시니라"(창2:17)

내 말로 번역하기

문:

답:

타락

제13~19문답

16

47

<제13문답>

> Question: Did our first parents continue in the estate wherein they were created?
>
> Answer: Our first parents, being left to the freedom of their own will, fell from the estate wherein they were created, by sinning against God.

번역

문: 우리의 최초의 부모는 그들이 창조된 그 상태에 계속 머물렀나요?

답: 우리의 최초의 부모는 비록 그들의 의지의 자유에 놓여 있었음에도 불구하고 하나님에 대항하여 죄를 지음으로 창조된 그 상태로부터 타락했습니다.

원문분석

Question: Did our first parents continue in the estate wherein they were created?

1. Did our first parents continue in the estate wherein they were created?

- continue in '~에 지속적으로 머무르다' 혹은 '(어떠한 상태에) 머물다.'

- Did ~? 사실 여부를 묻는 질문이다. 그런지 혹은 그렇지 않은지를 묻는 것이다. 따라서 이 질문은 우리의 최초의 부모인 아담과 하와가 그들이 창조된 그 선한 상태에 계속 머물렀는지 아니면 그들이 그 상태를 떠나 어떠한 변화가 있었는지를 확인하고자 하는 것이다.

- the estate wherein they were created '그들이 창조된 그 상태'

Answer: Our first parents, being left to the freedom of their own will, fell from the estate wherein they were created, by sinning against God.

1. Our first parents, being left to the freedom of their own will, fell

- **Our first parents fell.** 전체 문장은 Our first parents(주어) fell(동사)의 1형식 구조이다. '우리의 첫 번째 부모는 타락했다.'

- **being left to the freedom of their own will** 'Even though they were left to the freedom of their own will'의 분사구문이다. '비록 그들이 그들의 의지의 자유에 놓여 있었지만'이다.

- **leave** '무엇인가를 남겨두고 떠나다'라는 뜻이다. 그래서 leave가 수동으로 쓰이면 주어가 어떤 존재에 의해 남겨지게 되는 것이 된다. 따라서 우리의 최초의 부모가 자유의지에 놓여 있다는 표현은 그들이 스스로의 힘으로 자유의지를 가질 수 있었던 것을 말하는 것이 아니라, 누군가가 그들이 자유롭게 의지를 사용할 수 있도록 해 주었다는 의미를 내포하는 것이다.

2. fell from the estate wherein they were created

- **fell** 자동사 fall의 과거형으로 떨어졌다는 뜻이다. 이 단어가 죄와 관련하여 사용되면 '타락하다'라는 뜻이 된다.

- **from the estate wherein they were created** '그들이 창조되었던 그 상태로부터'이다.

- **fell from the estate wherein they were created** 결국 타락이란 최초의 창조된 상태로부터 떨어져 나간 것을 말한다. 하나님께서 선하게 창조하신 상태를 유지하지 못하고 그 상태에서 떨어져 나간 것이 바로 타락이다.

3. by sinning against God.

- **by sinning** by ~ing은 '~함으로써'이다. 이는 '주어가 스스로의 의지를 가지고 어떠한 행동을 함으로써'라는 뜻으로 본동사의 원인이 되는 주어의 행동을 구체적으로 나타내는 표현이라고 할 수도 있다.

- **by sinning against God** '하나님을 대항하여 죄를 지음으로'

문답의 키

1. 하나님께서는 우리의 최초의 부모에게 스스로 자유롭게 생각하고 행동할 수 있
   도록 해 주셨다.
   "여호와 하나님이 여자에게 이르시되 네가 어찌하여 이렇게 하였느냐 여자가 이르되
   뱀이 나를 꾀므로 내가 먹었나이다"(창3:13)

2. 죄로 인해 사람은 최초의 창조된 상태로부터 떨어져 나갔다.
   "그러므로 한 사람으로 말미암아 죄가 세상에 들어오고 죄로 말미암아 사망이 들어왔
   나니 이와 같이 모든 사람이 죄를 지었으므로 사망이 모든 사람에게 이르렀느니라"(롬
   5:12)

3. 타락(Fall)이란 하나님께서 창조하신 최초의 상태에 계속 머물지 못하고, 거기
   에서 떨어져 나간 것을 말한다. 즉 원래의 창조된 상태를 잃어버린 것이 바로
   타락이다. 또한 최초에 부여받은 하나님의 형상이 오염된 것이 바로 타락이다.
   "모든 사람이 죄를 범하였으매 하나님의 영광에 이르지 못하더니"(롬3:23)

내 말로 번역하기

문:

답:

<제14문답>

> Question: What is sin?
>
> Answer: Sin is any want of conformity unto, or transgression of,
> the law of God.

번역

문: 죄는 무엇인가요?

답: 죄는 하나님의 율법에 대한 순응에 조금이라도 부족한 것이나, 그것을 위반하는 모든 것들입니다.

원문분석

Question: What is sin?

1. What is sin?

- **What is sin?** 죄의 본질을 묻는 2형식 문장이다.

- **sin** 죄(명사), 죄짓다(동사)

Answer: Sin is any want of conformity unto, or transgression of, the law of God.

1. Sin is any want of conformity unto, or transgression of, the law of God.

- 'Sin is any want of conformity unto the law of God.'과 'Sin is any transgression of the law of God.'을 or로 연결하면서 중복된 단어들을 생략한 형태이다.

- 'A or B'의 형태는 A나 B 둘 중에 하나만 가능해도 전체가 참이라는 뜻이다.

2. Sin is any want of conformity unto the law of God.

- **any** 일반적으로 의문문과 부정문에 사용하여 some과 같이 '얼마 정도'의 뜻을

나타낸다. 그러나 any가 긍정문에 사용되면 '어떤~ 이라도, ' '모든, ' '무엇이든' 의 뜻으로 사용된다.

- want want가 명사로 쓰이면 '결핍, ' '부족'을 의미한다.
- conformity (to) (명령, 규칙 등에) 순응이나 복종을 의미한다. conformity(순응)가 자신의 마음과는 상관없이 외부적인 규율에 자신을 적용시키는 태도를 말한다면, obedience(순종)는 마음의 동의와 더불어 권위로 주어지는 규율을 기꺼이 따르려는 마음가짐을 말한다고 할 수 있다.
- Sin is any want. 2형식 명사 보어 문장이다. '죄는 조금이라도 부족한 것이다.'
- of conformity unto the law of God '하나님의 율법에 대한 순응에 있어서'

3. Sin is any transgression of the law of God.
- transgression 위반, 범죄, (종교적) 죄
- Sin is any transgression. 2형식 명사 보어 문장이다. '죄는 모든 위반이다.'

문답의 키

1. 하나님의 법을 무시하는 것이 죄이다.

   "하나님을 알되 하나님을 영화롭게도 아니하며 감사하지도 아니하고 오히려 그 생각이 허망하여지며 미련한 마음이 어두워졌나니"(롬1:21)

2. 하나님의 법을 순응하는 데 조금이라도 부족함이 있으면 죄를 짓는 것이다.

   "무릇 율법 행위에 속한 자들은 저주 아래에 있나니 기록된 바 누구든지 율법 책에 기록된 대로 모든 일을 항상 행하지 아니하는 자는 저주 아래에 있는 자라 하였음이라"(갈3:10)

3. 하나님의 법에 반하여 행하는 모든 것들이 죄이다.

   "죄를 짓는 자마다 불법을 행하나니 죄는 불법이라"(요일3:4)

내 말로 번역하기

문:

답:

<제15문답>

Question: What was the sin whereby our first parents fell from the estate wherein they were created?

Answer: The sin whereby our first parents fell from the estate wherein they were created, was their eating the forbidden fruit.

번역
문: 우리의 최초의 부모가 창조된 상태로부터 타락한 그 죄는 무엇이었나요?

답: 우리의 최초의 부모가 창조된 상태로부터 타락한 그 죄는 그들이 금지된 열매를 먹은 것이었습니다.

원문분석
Question: What was the sin whereby our first parents fell from the estate wherein they were created?

1. What was the sin~?
- **What was the sin~?** 과거형 질문이다. 과거에 완료된 사건에 대한 정보를 묻는 형태이다. 즉 과거에 지은 죄가 무엇인지 묻고 있다.
- **the sin** sin 앞에 정관사 the가 붙은 것은 이 죄가 우리가 매일 범하는 모든 죄들을 말하는 것이 아니라, whereby 이하로 나오는 내용에만 해당되는 죄이기 때문이다. 따라서 이러한 경우는 정관사 the를 '그'로 해석해주어야 한다.

2. whereby our first parents fell from the estate wherein they were created?
- **whereby** 관계부사로 앞에 콤마(,)가 없으면 한정용법으로 '그로써…하는'의 뜻으로 사용되고, 앞에 콤마(,)가 있으면 계속용법으로 '그로써' 혹은 '그것에 의해'라는 뜻이 된다. 본 문답에 사용된 whereby는 한정적 용법으로 whereby 이하의 문장이 앞에 있는 the sin을 한정한다.

- the sin whereby our first parents fell '우리의 최초의 부모가 타락한 그 죄'
- from the estate wherein they were created '그들이 창조된 그 상태로부터'

Answer: The sin whereby our first parents fell from the estate wherein they were created, was their eating the forbidden fruit.

1. their eating the forbidden fruit.
- eating 동명사로 2형식 문장에서 보어로 사용되었다.
- their 소유격으로 동명사 eating의 의미상 주어로 사용되었다. 따라서 their eating은 '그들의 먹음'이 아니라, '그들이 먹은 것' 혹은 '그들이 먹는 것'으로 해석해야 한다.

문답의 키

1. 인류 중 최초로 죄를 지은 사람은 인류의 조상인 아담이다. 아담을 통해 죄가 세상에 들어왔다.
  "그러므로 한 사람으로 말미암아 죄가 세상에 들어오고 죄로 말미암아 사망이 들어왔나니 이와 같이 모든 사람이 죄를 지었으므로 사망이 모든 사람에게 이르렀느니라"(롬 5:12)

2. 아담이 최초로 지은 죄는 하나님께서 금하신 나무의 열매를 먹은 것이다.[8]
  "여자가 그 나무를 본즉 먹음직도 하고 보암직도 하고 지혜롭게 할 만큼 탐스럽기도 한 나무인지라 여자가 그 열매를 따먹고 자기와 함께 있는 남편에게도 주매 그도 먹은지라"(창3:6)

내 말로 번역하기
문:
답:

---

8. 죄(sin)를 수용함으로 아담과 하와 안에 있는 하나님의 형상이 뒤틀렸다. 이것이 바로 타락(fall)이다. 타락하여 하나님의 형상이 뒤틀린 아담과 하와는 하나님의 말씀에 죄악된 호기심을 갖게 되었다. 아담과 하와는 하나님께서 금하신 나무의 열매를 먹음으로서 마음의 죄를 행동(transgression)으로 드러냈다. 그 결과 이들에게 이미 경고된 죽음의 형벌(the penalty of death)이 내려졌다.

<제16문답>

> Question: Did all mankind fall in Adam's first transgression.?
> Answer: The covenant being made with Adam, not only for himself, but for his posterity; all mankind, descending from him by ordinary generation, sinned in him, and fell with him, in his first transgression.

번역

문: 모든 인류가 아담의 첫 번째 범죄에서 타락했나요?

답: 언약이 아담 자신 뿐 아니라 그의 후손들을 위해서도 그와 맺어졌기에, 일반적인 출생을 통해 그로부터 내려온 모든 인류는 그의 첫 번째 범죄에서 그 안에서 죄를 지어 그와 함께 타락했습니다.

원문분석

Question: Did all mankind fall in Adam's first transgression?

1. Did all mankind fall~?

- **mankind** '인류' 본 교리교육서는 하나님께서 창조하신 인간(human being)을 총칭하는 표현으로 man과 mankind를 사용한다. 두 단어 이해의 혼동을 피하기 위해 man은 '사람'으로, mankind는 '인류'로 번역한다.

- **all mankind fall** 모든 인류의 타락을 말하고 있다. 창조된 사람들 중에는 한 사람도 이 질문에 예외가 될 수 없다.

- **Did all mankind fall~?** 모든 인류가 타락했는지를 과거형으로 묻고 있다. 현재 이 땅에 살고 있는 사람들을 포함하여 아담의 후손으로 이 땅에 태어난 모든 인류의 타락을 과거형으로 묻고 있다.

- **Did ~?** 인류의 타락한 상태를 묻는 것이 아니라, 모든 사람이 타락하게 된 행위

를 묻는 것이다.

2. in Adam's first transgression

- **in** 전치사 in을 통해 질문하고자 하는 타락의 시간적 범위를 제한한다.
- **transgression** '위법, ' '범죄 행위'의 뜻으로 죄(sin)를 구체적인 생각, 특히 행동으로 드러내는 것을 말한다. 죄인(a sinful man)이라고 항상 죄를 짓는 것(transgression)은 아니다. 그러나 모든 범죄 행위(transgression)의 근원은 죄(sin)이다. 참고로 죄인이 범죄 행위를 하지 않도록 설득할 뿐 아니라, 선을 행하도록 지도하는 것이 바로 성령의 내적 사역(the inward work of the Holy Spirit)이다.
- **Adam's first transgression** 아담의 첫 번째 범죄라는 표현은 이 범죄 이후에 두 번째, 세 번째의 범죄도 있을 수 있다는 사실을 암시한다. 아담의 범죄 중 인류의 타락과 직접적인 관련이 있는 것은 그가 지은 첫 번째 죄이다.

Answer: The covenant being made with Adam, not only for himself, but for his posterity; all mankind, descending from him by ordinary generation, sinned in him, and fell with him, in his first transgression.

1. The covenant being made with Adam, not only for himself, but for his posterity;

- **The covenant being made with Adam** 분사구문 중 독립분사구문에 해당된다. 독립분사구문은 분사구문의 주어가 주절의 주어와 다를 때 분사 앞에 주어를 써 주는 것을 말한다. 전체 문장의 주어는 all mankind이나, 분사구문의 'being made ~'의 주어는 The Covenant이다.

   'The covenant being made with Adam ~'은 'Because the covenant was made with Adam'(언약이 아담과 맺어 졌기 때문에)을 분사구문으로 표현한 것이다.

- **not only for himself, but for his posterity** 'not only A but also B' 구문이다. 이는 'A 뿐만 아니라 B도'라는 뜻으로 A와 B를 동시에 언급하면서도 B를 더욱 강조하는 표현이다. 참고로 'A as well as B'는 'B뿐만 아니라 A도'로 A를 강조한다. 따라서 not only for himself, but for his posterity는 '그 자신을 위함 뿐 아니라, 그의 후손들을 위해서'인데, '그 자신을 위함'보다 '그의 후손을 위함'이 더욱 강조되는 것이다.

2. **; all mankind, descending from him by ordinary generation, sinned in him,**
- **세미콜론(;)** 여기서 사용된 세미콜론(;)은 큰 쉼표로 이해하면 된다. 문장 속에 쉼표가 여러 개 반복되는 경우 내용의 혼동을 피하기 위해서나 문장 구조를 분명히 나타내기 위해 꼭 들어가야 할 쉼표가 있는 경우 세미콜론(;)을 사용하여 다른 쉼표들과 혼동을 피한다.

　　분사구문을 사용하여 내용을 전달하는 경우 종속절에 해당하는 분사구문을 먼저 쓰고 이어서 주절을 쓰는 경우는 주절의 주어 앞에 콤마(,)를 찍어서 종속절과 주절을 구분해 주는데, 여기서 사용된 세미콜론(;)이 바로 이 역할을 하는 큰 콤마(,)로 쓰인 것이다.

　　세미콜론(;)이 큰 콤마(,)로 사용되는 또 다른 용례는 Seoul, South Korea; London, England; New York, USA(한국의 서울, 영국의 런던, 미국의 뉴욕) 등이 있다.

3. **, descending from him by ordinary generation,**
- **콤마(,)** descending from him by ordinary generation을 감싸고 있는 두 개의 콤마(,)는 이 내용이 앞의 all mankind를 설명하는 추가 정보로 삽입된 것이라는 것을 나타내는 장치이다.
- **descend from** '~로부터 내려오다.'
- **by ordinary generation** '일반적인 출생으로, ' 참고로 이 교리교육서는 '객관적으로 잘 알려진' 혹은 '일반적으로 통용되는'의 의미로 commonly(18문, 99문)와 ordinary(16문, 88문)를 사용한다. 두 단어의 혼동을 피하기 위해 commonly

는 '보통'으로, ordinary는 '통상적인'으로 번역한다. 그렇지만 by ordinary generation의 경우는 한국어의 어법상 '통상적인 출생으로' 보다는 '일반적인 출생으로'가 표현상 적절한 것으로 여겨진다.

- descending from him (who have been) descending from him에서 관계대명사와 be동사인 'who have been'이 생략된 형태이다. 'Who have been'이 생략된 것으로 보는 이유는 모든 인류가 아담 이후에 과거의 모든 그의 후손들 뿐 아니라, 현재 우리들 또한 포함하고 있기 때문이다.

- descending from him by ordinary generation 이 부분은 종종 '일반적인 출생으로 그의 자손이 된' 혹은 '생육법으로 그에게서 난'으로 번역된다. 그러나 원문이 표현하는 의미는 그것이 아니다. descend가 '~의 자손이 되다' 혹은 '~에게서 나다'로 사용되려면 'be descended from'으로 쓰여야 한다. 즉 수동으로 사용되어야 한다. 따라서 원문도 'being descended from him by ordinary generation'이어야 한다.

그런데 원문은 수동태가 아니라 능동태이다. 능동태 descend from은 '~로부터 내려오다'라는 뜻이다. 따라서 descending from him by ordinary generation은 원문이 표현한 그대로 '일반적인 출생을 통해 그로부터 내려온'으로 해석해야 마땅하다.

4. all mankind sinned in him, and fell with him, in his first transgression.

- all mankind sinned in him, and fell with him 주어인 all mankind가 서술어로 sinned와 fell의 두 동사를 받고 있다. 그리고 이 둘은 콤마(,) and로 연결되어 있다. 여기서 콤마(,)는 두 동사가 단순하게 나열된 것이 아니라는 것을 암시한다. 보통 이런 경우는 앞 동사의 행동과 뒷 동사의 행동이 서로 긴밀히 연결되어 있다는 것을 나타낸다. 즉 죄를 짓은 것과 타락한 것이 각각 독립된 두 행동이 아니라, 죄를 지은 것과 타락하는 것은 서로 뗄 수 없는 관계라는 것이다.

- , in his first transgression 앞서 설명했듯이 이는 인류의 죄와 타락을 아담의 첫 번째 죄에만 국한해서 다루고 있다는 것을 나타내는 표현이다. 그리고 앞에 있는 콤마(,)는 이 부사구가 바로 앞에 있는 동사인 fell에만 영향을 미치는 것이

아니라는 것을 나타내는 표이다. 즉 이 부사구가 문장 전체에 영향을 미친다는 의미이다.

문답의 키

1. 선악과를 따 먹은 것은 아담이 지은 최초의 죄지, 아담의 유일한 죄가 아니다. 타락 이후에 아담의 모든 생각과 행동은 그가 이 세상에 있는 동안에는 언제나 악했다.

   "내 속 곧 내 육신에 선한 것이 거하지 아니하는 줄을 아노니 원함은 내게 있으나 선을 행하는 것은 없노라 내가 원하는 바 선은 행하지 아니하고 도리어 원하지 아니하는 바 악을 행하는도다"(롬7:18, 19)

2. 행위언약은 하나님께서 아담뿐 아니라 그의 모든 후손들과 함께 맺으신 언약이다.

   "그러나 아담으로부터 모세까지 아담의 범죄와 같은 죄를 짓지 아니한 자들까지도 사망이 왕 노릇 하였나니 아담은 오실 자의 모형이라"(롬5:14)

3. 모든 인류는 아담과 하와의 후손들이다. 예수 그리스도도 아담의 후손으로 이 땅에 오셨다.

   "예수께서 가르치심을 시작하실 때에 삼십 세쯤 되시니라 사람들이 아는 대로는 요셉의 아들이니 요셉의 위는 헬리요 …… 그 위는 에노스요 그 위는 셋이요 그 위는 아담이요 그 위는 하나님이시니라"(눅3:23-38)

4. 아담과 하와가 금지된 열매를 따 먹은 범죄는 인류가 짓는 다른 모든 죄와는 달리 그 죄의 죄책과 형벌이 일반적인 출생을 통해 그로부터 내려온 모든 인류에게 전가된다는 점에서 특별했다.

   "그런즉 한 범죄로 많은 사람이 정죄에 이른 것 같이 한 의로운 행위로 말미암아 많은 사람이 의롭다 하심을 받아 생명에 이르렀느니라 한 사람이 순종하지 아니함으로 많은 사람이 죄인 된 것 같이 한 사람이 순종하심으로 많은 사람이 의인이 되리라"(롬5:18, 19)

5. 아담과 하와의 모든 후손들은 아담 안에서 죄를 지었다.

"그러므로 한 사람으로 말미암아 죄가 세상에 들어오고 죄로 말미암아 사망이 들어왔나니 이와 같이 모든 사람이 죄를 지었으므로 사망이 모든 사람에게 이르렀느니라"(롬 5:12)

6. 모든 사람이 아담과 함께 타락했다.

"아담 안에서 모든 사람이 죽은 것 같이 그리스도 안에서 모든 사람이 삶을 얻으리라"(고전15:22)

내 말로 번역하기
문:
답:

<제17문답>

Question: Into what estate did the fall bring mankind?

Answer: The fall brought mankind into an estate of sin and
　　　　misery.

번역
문: 타락은 인류를 어떤 상태에 빠뜨렸나요?

답: 타락은 인류를 죄와 비참함의 상태에 빠뜨렸습니다.

원문분석
Question: Into what estate did the fall bring mankind?

1. Into what estate did the fall bring mankind?

- **the fall** 웨스트민스터 소교리교육서의 모든 문답은 각각 다 독립된 문장이다. 각각의 문답이 앞뒤로는 논리적으로 연결된다 할지라도, 문장 자체는 서로 연결되지 않는다. 모든 문장이 그 자체로 분명한 의미를 가진 정확하고 완전한 문장을 이룬다. 심지어 같은 문답 안에서 질문과 대답 또한 각각의 문장으로 분명히 구분된다. 이것이 바로 웨스트민스터 대교리교육서와 소교리교육서의 문장 구성 원리이다.[9] 이러한 이유로 the fall에서 사용된 정관사 the는 앞 문답들에서 언급한 어떤 것을 한정하는 의미가 될 수 없다. 그렇기 때문에 the fall을 '그 타락'으로 해석해서는 안 된다. 또한 The fall을 '그 타락'으로 해석하는 것은, 여기서 언급하는 '그 타락' 외에 다른 타락도 있을 수 있는 가능성을 여는 것이기에 더욱 신중해야 한다.

　　Fall이 신학적으로 사용되어 타락을 의미할 때는 정관사 the를 붙여서 사용한

---

9. 정두성, 『교리교육의역사』, (서울:세움북스, 2016), 207~08.

다. 따라서 the fall은 그 자체로 아담과 하와가 범한 최초의 죄로 인해 모든 인류가 타락한 것을 의미한다.

- **mankind** '인류' 본 교리교육서는 하나님께서 창조하신 인간(human being)을 총칭하는 표현으로 man과 mankind를 사용한다. 두 단어 이해의 혼동을 피하기 위해 man은 '사람'으로, mankind는 '인류'로 번역한다.

- **bring into** '~안으로 데려다 놓다,' '~한 상태가 되게 하다,' '~한 상태에 빠뜨리다' 등의 뜻으로 쓰인다. 여기서 사용된 into는 밖에서 안으로 장소를 이동하는 개념이 아니라, 같은 장소에 있으면서 그 상태가 다른 것으로 바뀌는 것을 의미한다. 'replace A into B'(A를 B로 대체하다)와 그 쓰임이 같다고 할 수 있다.

- **Into what estate did the fall bring mankind?** 과거형으로 묻고 있다. 타락으로 인해 인류의 상태가 어떻게 바뀐 것은 이미 사실이라는 것을 전제하고 있는 질문이다. 즉 이 질문의 의도는 인류의 상태가 바뀌었는지 그렇지 않은지가 아니라, 바뀐 상태가 어떠한지를 알고자 하는 데 초점이 있다.

Answer: The fall brought mankind into an estate of sin and misery.

1. The fall brought mankind into an estate of sin and misery.
- **The fall** The Fall(타락)이 주어이다. 타락이 인류를 죄와 비참함의 상태에 빠뜨렸다.
- **The fall brought mankind into** brought는 bring의 과거형이다. 이는 이미 완료된 상태를 의미한다. 타락이 인류를 어떠한 상태로 빠뜨리는 것은 이미 발생한 역사적인 사실이기에 그 자체는 결코 되돌릴 수 없다는 것을 암시한다.

2. an estate of sin and misery
- **an estate of sin and misery** an estate는 sin과 misery에 함께 걸린다. 죄와 비참함을 and를 통해 연결시키고 있는 것은 분명 이 둘의 의미가 다르기 때문이다. 그러나 이것을 an estate of sin and an estate of misery로 표현하지 않고 an estate of sin and misery로 표현한 것은 죄와 비참함 두 가지가 다 모든 인

류가 직면한 상태이기 때문이다. 또한 이는 죄의 상태와 비참함의 상태가 각각의 사람들에게 따로 따로 영향을 미치는 것이 아니라, 이 두 상태가 마치 하나처럼 항상 함께 나타난다는 것을 의미한다. 타락으로 죄의 상태와 비참함의 상태는 한 사람 안에서 언제나 긴밀히 연결되어 있기에, 사람의 힘으로는 둘 중 어느 것 하나도 제거할 수 없다는 뜻이다.

문답의 키

1. 아담의 타락은 모든 인류를 죄인의 상태로 빠뜨렸다.

   "한 사람이 순종하지 아니함으로 많은 사람이 죄인 된 것 같이 한 사람이 순종하심으로 많은 사람이 의인이 되리라"(롬5:19)

2. 아담의 타락은 모든 인류를 비참함의 상태로 빠뜨렸다.

   "한 사람의 범죄로 말미암아 사망이 그 한 사람을 통하여 왕 노릇 하였은즉 더욱 은혜와 의의 선물을 넘치게 받는 자들은 한 분 예수 그리스도를 통하여 생명 안에서 왕 노릇 하리로다"(롬5:17)

3. 모든 인류가 아담과 함께 죽음의 형벌을 선고 받았다.

   "아담 안에서 모든 사람이 죽은 것 같이 그리스도 안에서 모든 사람이 삶을 얻으리라"(고전15:22)

내 말로 번역하기

문:

답:

<제18문답>

> Question: Wherein consists the sinfulness of that estate whereinto man fell?
>
> Answer: The sinfulness of that estate whereinto man fell, consists in the guilt of Adam's first sin, the want of original righteousness, and the corruption of his whole nature, which is commonly called original sin; together with all actual transgressions which proceed from it.

번역

문: 사람이 타락해서 빠진 그 상태의 죄성은 어디에 있나요?

답: 사람이 타락해서 빠진 그 상태의 죄성은 보통 원죄라고 불리는 아담의 첫 번째 죄에 대한 죄책, 원래 의의 결핍, 그리고 자신의 본성 전체의 부패와 그것으로부터 나오는 모든 자범죄들에 있습니다.

원문분석

Question: Wherein consists the sinfulness of that estate whereinto man fell?

1. Wherein consists the sinfulness~?

- consist in '~에 있다,' '~에 존재하다' 참고로 consist of는 '~로 구성되다'라는 뜻이다.

- sinfulness 죄성

- Wherein consists the sinfulness~? Where does the sinfulness consist in~? 의 옛 표현이다.

- Wherein consists ~? 현재형으로 묻고 있다. 여기서 현재형은 단순히 지금 상태에 대한 관심이 아니라, 일반적인 사실을 다루고 있다는 것을 의미한다. 즉 과거,

현재, 그리고 앞으로 올 미래에서도 항상 그러한 사실에 대한 질문이다. 즉 사람의 죄성이 항상 있는 곳을 묻고 있는 것이다.

2. of that estate whereinto man fell

- **whereinto** into which의 옛 표현
- **fell** 과거형이다. 이는 현재 우리가 매일 범하는 죄들(transgressions)을 말하는 것이 아니라, 과거에 아담의 첫 번째 범죄 안에서 발생한 타락의 결과로 처하게 된 상태를 말하는 것이다.
- **whereinto man fell** fell은 자동사이다. 이는 주어가 의지를 가지고 스스로 한 행동이라는 것을 의미한다. 따라서 whereinto man fell을 해석할 때 이 의미가 분명히 드러나야 한다. 이를 '사람이 타락해서 빠지게 된'으로 번역하면 타락한 것은 사람이 스스로 한 것이라는 사실은 나타낼 수 있지만, 타락한 사람이 어떠한 상태에 빠지게 된 것인지는 그 의미가 다소 약해진다. 따라서 whereinto man fell은 '사람이 타락해서 빠진'으로 번역하는 것이 좋다.
- **that estate whereinto man fell** that은 whereinto man fell로 한정되는 바로 그것을 의미한다. 따라서 이 문장에서 that은 생략하지 말고 '그'로 번역해주어야 한다. 그러므로 that estate whereinto man fell은 '사람이 타락해서 빠진 그 상태'로 번역되어야 한다.

Answer: The sinfulness of that estate whereinto man fell, consists in the guilt of Adam's first sin, the want of original righteousness, and the corruption of his whole nature, which is commonly called original sin; together with all actual transgressions which proceed from it.

1. The sinfulness of that estate whereinto man fell, consists in the guilt of Adam's first sin, the want of original righteousness, and the corruption of his whole nature,

- **The sinfulness of that estate whereinto man fell** 문장의 주어이다. '사람이 타

락해서 빠진 그 상태의 죄성은'

- the guilt of Adam's first sin, the want of original righteousness, and the corruption of his whole nature, 죄성이 존재하는 세 군데를 A, B, and C의 구조로 동등하게 나열하고 있다.

- the guilt of Adam's first sin '아담의 첫 번째 죄의 죄책'으로 아담이 범죄한 것에 대해 아담 자신이 책임을 져야 하는 것을 말한다. 아담의 후손은 모두 아담의 첫 번째 범죄에서 안에서 그와 함께 죄를 범했기 때문에 그들도 모두 아담과 같은 생명의 언약을 깨뜨린 죄책을 갖고 있는데, 바로 이 죄책 안에 죄성이 있다.

- the want of original righteousness '원래 의의 부족' 혹은 '원의의 결핍'으로 하나님의 형상이 뒤틀리고 오염된 것이 여기에 해당된다. 타락으로 사람은 원래의 의에 문제가 생겼다. 그러나 그것을 완전히 잃은 것은 아니다. 그 의가 온전함을 잃은 것이다. 원래의 의가 결핍된 것이다. 이렇게 완전하지 않은 의에 우리의 죄성이 있다.

- the corruption of his whole nature '그의 본성 전체의 부패'로 전적타락을 말한다. 여기서 his는 앞의 man을 받는 대명사로서 문맥에 따라 '그의'뿐 아니라 '자기의' 혹은 '자신의'로도 번역할 수 있다. 아담의 본성의 모든 요소가 부패했다는 것은 인간 본성의 모든 요소가 부패했다는 뜻이다. 즉 사람의 지, 정, 의, 그리고 육체 중에 어느 하나도 부패하지 않는 것이 없다는 뜻이다. 이렇게 부패한 본성에 우리의 죄성이 있다.

2. , which is commonly called original sin

- , which 앞 문장 전체를 선행사로 받는 관계대명사 which이다. 즉 the guilt of Adam's first sin, the want of original righteousness, and the corruption of his whole nature가 모두 which의 선행사다. which 앞에 콤마(,)가 있기에 관계대명사의 계속적용법으로 봐야 한다. 그러나 관계대명사절 전체가 문장 가운데 삽입된 경우에는 한국어의 어순을 따라 한정적용법으로 해석할 수도 있다.

- which is ~ 현재형 is가 동사로 쓰여 이것이 시제에 상관없는 객관적인 사실임을 나타낸다.

- commonly '통상적으로' 혹은 '보통.' 참고로 이 교리교육서는 '객관적으로 잘 알려진' 혹은 '일반적으로 통용되는'의 의미로 commonly(18문, 99문)와 ordinary(16문, 88문)를 사용한다. 두 단어의 혼동을 피하기 위해 commonly는 '보통'으로, ordinary는 16문에서는 '일반적인'으로, 88문에서는 '통상적인'으로 번역한다.

- , which is commonly called original sin '그런데, 그것은 보통 원죄라고 불린다.'

3. together with all actual transgressions which proceed from it.

- together with 앞에 언급한 내용에 추가적인 정보를 제공할 때 사용한다. 보통 앞에 제시한 내용과 동등하지만, 다소 다른 성향의 정보를 제공할 때 쓰인다.

- all actual transgressions '모든 실제 범죄들, ' 혹은 '모든 자범죄들'

- which proceed from it which는 한정적 용법의 주격 관계대명사이다. which의 선행사는 transgressions이고, it은 original sin(원죄)이다. 따라서 이 부분은 '원죄로부터 나오는 모든 자범죄들'을 말한다.

문답의 키

1. 타락하여 죄인의 상태가 된 모든 사람에게는 죄성(sinfulness)이 있다.

"여호와께서 사람의 죄악이 세상에 가득함과 그의 마음으로 생각하는 모든 계획이 항상 악할 뿐임을 보시고"(창6:5)

2. 사람의 죄성은 크게 원죄와 자범죄 안에 있다.

"오직 각 사람이 시험을 받는 것은 자기 욕심에 끌려 미혹됨이니 욕심이 잉태한즉 죄를 낳고 죄가 장성한즉 사망을 낳느니라"(약1:14, 15)

3. 타락한 상태의 죄성은 아담의 첫 번째 죄에 대한 죄책에 있다.

"그런즉 한 범죄로 많은 사람이 정죄에 이른 것 같이 한 의로운 행위로 말미암아 많은 사람이 의롭다 하심을 받아 생명에 이르렀느니라" (롬5:8)

4. 타락한 상태의 죄성은 원래의 의의 결핍에 있다.

"기록된 바 의인은 없나니 하나도 없으며"(롬3:10)

5. 타락한 상태의 죄성은 본성의 부패에 있다.

"내가 죄악 중에서 출생하였음이여 어머니가 죄 중에서 나를 잉태하였나이다"(시51:5)

6. 타락한 본성의 죄성은 자범죄(actual transgressions)로 나타난다.

"선을 행하고 전혀 죄를 범하지 아니하는 의인은 세상에 없기 때문이로다"(전7:20)

7. 모든 자범죄들은 원죄(original sin)로부터 나온다.

"속에서 곧 사람의 마음에서 나오는 것은 악한 생각 곧 음란과 도둑질과 살인과"(막 7:21)

내 말로 번역하기

문:

답:

<제19문답>

Question: What is the misery of that estate whereinto man fell?

Answer: All mankind by their fall lost communion with God, are under his wrath and curse, and so made liable to all the miseries of this life, to death itself, and to the pains of hell for ever.

번역

문: 사람이 타락해서 빠진 그 상태의 비참함은 무엇인가요?

답: 모든 인류는 자신들 스스로의 타락에 의해 하나님과의 교제를 상실했고, 그의 진노와 저주 아래 있으며, 그로 인해 이생의 모든 비참함과 죽음 그리고 영구한 지옥의 고통을 면할 수 없게 된 상태에 놓여 있습니다.

원문분석

Question: What is the misery of that estate whereinto man fell?

1. What is the misery of that estate whereinto man fell?

- **What is the misery~?** 타락과 관련된 사람의 비참함이 무엇인지를 묻는다. 현재형으로 묻는 것은 이 비참함이 어떤 한 시점에만 해당되는 것이 아니라, 이 땅의 모든 사람에게 지속적으로 해당되는 것이기 때문이다. 참고로 앞 문답에서는 죄성이 무엇인지를 다룬 것이 아니라, 죄성이 어디에 있는지를 다뤘다.

- **the misery of that estate whereinto man fell** '사람이 타락해서 빠진 그 상태의 비참함'

Answer: All mankind by their fall lost communion with God, are under his wrath and curse, and so made liable to all the miseries of this life, to death itself, and to the pains of hell for ever.

1. All mankind by their fall lost communion with God

- **All mankind by their fall** 모든 인류는 아담의 첫 번째 범죄 안에서(in the first transgression of Adam) 타락했다. 이때 모든 인류는 아담 때문에 타락의 상태에 빠진 것이 아니라, 그들도 아담과 함께 범죄했기 때문에 타락한 것이다. 결국 인류의 타락의 책임은 아담에게만 있는 것이 아니라, 아담을 포함한 모든 인류에게 있는 것이다. by their fall이 의미하는 것이 바로 이것이다.

- **All mankind by their fall lost communion with God** 모든 인류는 자신들 스스로의 타락으로 인해 하나님과의 교제를 상실했다. 여기서 lost는 과거형으로 사건의 완전한 종결을 의미한다. 이는 조금의 여지도 없이 하나님과의 관계가 완전히 단절되었음을 나타낸다.

2. are under his wrath and curse

- **are under** are 뒤에 보어로 명사나 형용사가 온 것이 아니라, 전치사가 왔다. 이는 are가 '~이다'라는 뜻의 2형식 동사가 아니라, '~이 있다' 혹은 '~이 존재하다'라는 뜻의 1형식 동사로 사용되었다는 것을 말한다.

- **are** 현재시제 표현이다. 이는 이 내용이 시제와 상관없이 언제나 불변의 진리이며, 부인할 수 없는 객관적인 사실이라는 것을 의미한다.

- **his wrath and curse** wrath(진노)와 curse(저주)가 3인칭 단수 소유대명사인 his로 함께 묶여 있다. 이는 진노와 저주가 서로 분명히 구분되는 다른 두 가지를 말하지만, 이 둘은 결코 서로 독립적이지 않고, 상호 긴밀히 연계되어 있다는 것을 의미한다. 즉 누군가에게 진노는 있는데 저주는 없을 수 있다든지, 또 다른 누군가에게 저주는 있는데 진노가 없을 수 있다든지 하는 경우는 절대 있을 수 없다는 것을 나타낸다.

- **are under his wrath and curse** '그의 진노와 저주 아래 있다.'

3. and so made liable to all the miseries of this life

- **liable to** 'liable to + 명사'는 '~할 책임이 있는,' '~할 의무가 있는' '~을 면할 수 없는'라는 뜻이다.

- **so** '그렇게 되어,' '그래서'의 뜻으로 앞에서 제시한 내용을 함축한다.

- **and so made liable to ~** and (are) so made liable to ~ 에서 중복되는 본동사 인 are를 생략했다.

- **are made liable to all the miseries of this life** 사역동사 make의 5형식 구문 수 동태이다. '(주어는) 모든 인류가 이생의 모든 비참함을 면할 수 없게 한다'라는 뜻의 '(주어) makes all mankind liable to all the miseries of this life'가 수동 으로 전환된 문장이다. 이처럼 이를 사역동사 make의 5형식 수동태 구문으로 표현한 것은 사람이 이생에서 모든 비참함에 빠지게 되는 것이 비록 그 원인은 사람 스스로의 타락 때문이지만, 비참함에 빠지게 하는 권세와 힘은 외부에서 작용하는 것임을 분명히 나타내기 위함이다.

- **and so made liable to all the miseries of this life** '그리고 그렇게 되어 이생의 모든 비참함을 면할 수 없게 된다.'

4. and so made liable to all the miseries of this life, to death itself, and to the pains of hell for ever

- to all the miseries of this life와 to death itself 그리고 to the pains of hell for ever는 모두 made liable에 A, B, and C의 형태로 동등하게 연결되어 있다.

- **pains** pain은 주로 복수의 형태인 pains로 '고통,' '수고,' '노력'의 뜻을 나타낸다.

- **(made liable) to death itself** '죽음 자체를 면할 수 없게 된다.'

- **(made liable) to the pains of hell for ever** '지옥의 고통을 영원히 면할 수 없게 된다.'

- **for ever** for ever(영구히)는 형용사가 아니고 부사이다. 따라서 '영구히 지옥 의 형벌을 면할 수 없게 된다'로 해석된다. 그런데 본문처럼 동사가 3개의 구문 과 연결되어 있는 상태에서는 for ever를 부사로 번역하게 되면 for ever가 3개 의 구문과 모두 관련이 있는 것이 되고 만다. 따라서 이러한 오해를 피하기 위해

for ever를 3번째 구문 안에서만 유사한 의미의 형용사인 perpetual(영속하는)처럼 번역하는 것이 좋다.

- 이 부분만 문법에 맞춰 해석하면 '그리고 그렇게 되어 이생의 모든 비참함과 죽음 그리고 영구한 지옥의 고통을 면할 수 없게 된다'가 된다. 그러나 답문 전체를 해석할 때에는 문답 전체와 그 의미를 맞추는 차원에서 질문에서 언급한 상태(estate)를 첨부해서 "그로 인해 이생의 모든 비참함과 죽음 그리고 영구한 지옥의 고통을 면할 수 없게 된 상태에 놓여 있습니다."로 하는 것이 바람직하다.

5. 답문 전체의 틀은 All mankind … lost…, are under…, and (are) so made…로 All mandkind를 공통 주어로 해서 메인동사 세 개가 A, B, and C의 구조로 연결되어 있다.

문답의 키

1. 타락 이후로 모든 인류는 본질적으로 하나님을 미워한다.

"육신의 생각은 하나님과 원수가 되나니 이는 하나님의 법에 굴복하지 아니할 뿐 아니라 할 수도 없음이라"(롬8:7)

2. 타락 이후로 인류는 하나님과의 교제를 상실했다.

"하나님을 알되 하나님을 영화롭게도 아니하며 감사하지도 아니하고 오히려 그 생각이 허망하여지며 미련한 마음이 어두워졌나니"(롬1:21)

3. 스스로 타락함으로 모든 인류는 본질적으로 하나님의 진노 아래 있다.

"전에는 우리도 다 그 가운데서 우리 육체의 욕심을 따라 지내며 육체와 마음의 원하는 것을 하여 다른 이들과 같이 본질상 진노의 자녀이었더니"(엡2:3)

4. 스스로 타락함으로 모든 인류는 본질적으로 하나님의 저주 아래 있다.

"무릇 율법 행위에 속한 자들은 저주 아래에 있나니 기록된 바 누구든지 율법 책에 기록된 대로 모든 일을 항상 행하지 아니하는 자는 저주 아래에 있는 자라 하였음이라"(갈3:10)

5. 타락으로 모든 인류는 이 땅을 비참하게 살 수밖에 없게 되었다.

"사람은 고생을 위하여 났으니 불꽃이 위로 날아 가는 것 같으니라"(욥5:7)

6. 타락으로 모든 인류는 죽음에 이르게 되었다.

"죄의 삯은 사망이요 하나님의 은사는 그리스도 예수 우리 주 안에 있는 영생이니라"(롬6:23)

7. 타락으로 모든 인류는 지옥의 고통을 피할 수 없게 되었다.

"악인들이 스올로 돌아감이여 하나님을 잊어버린 모든 이방 나라들이 그리하리로다"(시9:17)

8. 모든 인류가 당면한 지옥의 고통은 영원할 것이다.

"시온의 죄인들이 두려워하며 경건하지 아니한 자들이 떨며 이르기를 우리 중에 누가 삼키는 불과 함께 거하겠으며 우리 중에 누가 영영히 타는 것과 함께 거하리요 하도다"(사33:14)

내 말로 번역하기

문:

답:

16

Westminster Shorter Catechism

구속

제20~28문답

16 47

<제20문답>

Question: Did God leave all mankind to perish in the estate of
      sin and misery?

Answer: God, having out of his mere good pleasure, from all
      eternity, elected some to everlasting life, did enter into
      a covenant of grace to deliver them out of the estate
      of sin and misery, and to bring them into an estate of
      salvation by a Redeemer.

번역

문: 하나님께서는 모든 인류를 그대로 내버려 두셔서 죄와 비참함의 상태에서 멸망하게 하셨나요?

답: 하나님께서는 자기의 참으로 선하신 기쁨을 따라 영원 전에 어떤 이들을 영속적인 생명으로 선택하신 후에, 그들을 구속자에 의해 죄와 비참함의 상태로부터 건져내서 구원의 상태에 이르게 하시려고 은혜언약을 맺으셨습니다.

원문분석

Question: Did God leave all mankind to perish in the estate of sin and misery?

1. Did God leave all mankind to perish~?

- Did God leave all mankind to perish~? 'leave A to B'는 'A를 그 상태 그대로 남겨두어 B하게 하다'라는 뜻이다. 이는 '하나님께서 모든 인류를 어떠한 상태에 그대로 남겨두셔서 멸망하게 하셨나?'의 틀로 해석할 수 있다.

- Did God leave ~? 과거 의문문이다. 하나님께서 사람이 멸망하도록 그대로 두셨는지, 아니면 멸망을 피하도록 다른 조치를 취하셨는지를 묻는 질문이다. 사

람의 멸망에 대한 하나님의 결정과 그 조치는 이미 과거에 완료되었다는 것을 암시한다.[10]

- **leave all mankind to perish** 하나님께서 직접 개입하셔서 사람을 멸망시키시는 것이 아니라, 가만히 내버려두면 사람은 스스로 멸망하게 된다는 것을 가르치려는 의도의 표현이다.

2. in the estate of sin and misery

- **in the estate of sin and misery** '죄와 비참함의 상태에서'의 뜻으로 죄와 비참함이 멸망의 결과가 될 것이라는 의미가 아니라, 이미 머물고 있는 죄와 비참함의 상태에서 모든 인류가 최종적으로 멸망하게 되는 것을 말한다. 사람은 타락함으로 이미 죄와 비참함의 상태에 있다. 하나님께서 이 상태에서 우리를 가만히 내버려 두시면 우리는 멸망하게 된다.

Answer: God, having out of his mere good pleasure, from all eternity, elected some to everlasting life, did enter into a covenant of grace to deliver them out of the estate of sin and misery, and to bring them into an estate of salvation by a Redeemer.

1. God, having out of his mere good pleasure, from all eternity, elected some to everlasting life, did enter into ~

- **God, having out of his mere good pleasure, from all eternity, elected some to everlasting life, did enter into ~** Having out of his mere good pleasure, from all eternity, elected some to everlasting life, God did enter into ~에서 분사구문의 종속절을 문장 전체의 주어인 God과 동사인 did enter into 사이에 삽입한 구조이다.
- **Having elected** 완료분사구문이다. 완료분사구문은 종속절의 시제가 주절의

---

10. 동일한 내용을 다루고 있는 대교리교육서의 30문은 이 내용을 현재시제로 다루고 있다.

시제보다 앞선다는 것을 나타낸다. 즉 선택한 것이 은혜언약을 맺은 것보다 우선한다는 뜻이다. 선택한 후에 은혜언약을 맺었다는 뜻이다.

- **having out of his mere good pleasure, from all eternity, elected** having과 elected 사이에 있는 두 개의 부사구인 out of his mere good pleasure, from all eternity는 이 부사구들의 의미가 종속절에만 영향을 준다는 것을 의미한다.

- **out of his mere good pleasure** 선택의 기원을 나타내는 부사구이다. '그의 참으로 선하신 기쁨에서부터,' '그의 참으로 선하신 기쁨을 따라'

- **from all eternity** 선택의 시간에 대한 정보를 주는 부사구이다. '영원으로부터' 혹은 '영원 전부터.' eternity(영원)는 아주 오랜 시간을 말하는 것이 아니다. 아주 오래 전을 말하는 것도 아니다. 영원은 시간의 개념을 넘어선다는 뜻이다. 시간은 하나님께서 세상을 창조하실 때 함께 창조되었다. 따라서 from all eternity는 하나님께서 세상을 창조하시기 전을 말한다. 시간이 존재하기 전, 오직 영원만 존재할 때를 말한다.

- **elected some to everlasting life** '어떤 이들을 영속적인 생명으로 선택했다.' 참고로 eternal과 everlasting의 의미를 구분하기 위해 eternal은 '영원한'으로, everlasting은 '영속적인'으로 번역하며, 비슷한 의미를 가지는 for ever는 '영구히'로 번역한다.

2. did enter into a covenant of grace

- **did enter into** ~ entered into a covenant of grace를 조동사 do의 과거형인 did를 사용하여 강조하는 표현이다.

- **enter into a covenant** '언약을 맺다'라는 뜻이다.

3. to deliver them out of the estate of sin and misery, and to bring them into an estate of salvation by a Redeemer.

- **to deliver ~, and to bring ~** to deliver와 to bring을 and로 연결하고 있다. 둘 다 목적을 나타내는 부사적 용법의 to 부정사이다. to deliver와 to bring은 and로 연결되어 있지만, 이 둘은 단순한 동등의 나열이 아니다. 만일 이 둘을 단순히

나열하려 했다면 to deliver and bring으로 사용했을 것이다. to 부정사를 and 로 연결할 때 and 뒤에 to는 일반적으로 생략하는 것이 원칙이기 때문이다. 또한 and앞에 있는 콤마(,) 또한 이 두 동사가 서로 긴밀히 연결되어 있다는 것을 나타낸다. 이런 경우는 주로 먼저 언급된 to 부정사가 뒤에 따라오는 to 부정사에게 어떠한 영향을 주는 것으로, 일반적으로 '~해서, ~ 한다' 혹은 '~하고, 그로 인해 ~ 한다'라고 해석한다.

- deliver 장소를 이동시킨다는 개념으로 불행한 곳에서 행복한 곳으로 건져낸다는 뜻이다.
- bring A into B A의 상태를 B의 상태가 되게 하다는 뜻이다.
- '그들을 구속자에 의해 죄와 비참함의 상태로부터 건져내서 구원의 상태에 이르게 하시려고'

문답의 키

1. 하나님께서는 인류 중에 어떤 이들을 영원한 생명으로 선택하셨다.

"이방인들이 듣고 기뻐하여 하나님의 말씀을 찬송하며 영생을 주시기로 작정된 자는 다 믿더라"(행13:48)

2. 하나님께서는 영원전에 선택의 목적을 세우셨다.

"곧 창세 전에 그리스도 안에서 우리를 택하사 우리로 사랑 안에서 그 앞에 거룩하고 흠이 없게 하시려고"(엡1:4)

3. 하나님의 선택은 그의 기뻐하시는 뜻의 결과이다.

"그 기쁘신 뜻대로 우리를 예정하사 예수 그리스도로 말미암아 자기의 아들들이 되게 하셨으니"(엡1:5)

4. 하나님께서는 택자들을 위해 그리스도와 은혜언약을 체결하셨다.

"주께서 이르시되 나는 내가 택한 자와 언약을 맺으며 내 종 다윗에게 맹세하기를"(시89:3)

5. 하나님의 백성들은 그리스도에 의해 그들의 죄와 비참함의 상태로부터 해방
   된다.
   "그러므로 이제 그리스도 예수 안에 있는 자에게는 결코 정죄함이 없나니"(롬8:1)

6. 하나님의 백성들은 그리스도에 의해 완전한 구원의 상태로 옮겨진다.
   "한 사람이 순종하지 아니함으로 많은 사람이 죄인 된 것 같이 한 사람이 순종하심으로
   많은 사람이 의인이 되리라"(롬5:18)

내 말로 번역하기
문:
답:

＜제21문답＞

Question: Who is the Redeemer of God's elect?

Answer: The only Redeemer of God's elect is the Lord Jesus Christ, who, being the eternal Son of God, became man, and so was, and continueth to be, God and man in two distinct natures, and one person, for ever.

번역

문: 하나님께서 선택하신 자들의 구속자는 누구인가요?

답: 하나님께서 선택하신 자들의 유일한 구속자는 주 예수 그리스도이신데, 그는 하나님의 영원한 아들이신데 사람이 되셨으며, 두 개의 구별된 본성들과 한 위격에서 그렇게 하나님과 사람이셨고, 계속하여 영구히 하나님과 사람이십니다.

원문분석

Question: Who is the Redeemer of God's elect?

1. Who is the Redeemer of God's elect?

- **Who is ~?** 현재형 질문이다. 과거, 현재, 미래를 통틀어서 언제나 진리인 사실을 묻는 질문이다.

- **the Redeemer** 구속자

- **God's elect** 하나님께서 선택하신 자들. 택자들을 의미하는 The elect는 복수 보통명사를 나타내는 'the + 형용사'의 형태이다.

- **the Redeemer of God's elect** 구속의 대상은 오직 오직 하나님께서 택하신 자들이다. 구속자는 오직 택자들의 구속자이다. 택자들의 구속자가 있고, 택하지 않는 자들의 구속자가 따로 있는 것이 아니다.

Answer: The only Redeemer of God's elect is the Lord Jesus Christ, who, being the eternal Son of God, became man, and so was, and continueth to be, God and man in two distinct natures, and one person, for ever.

1. The only Redeemer of God's elect is the Lord Jesus Christ.

- **The only Redeemer of God's elect** '택자들의 유일한 구속자'라는 뜻으로 택자들의 구속자는 오직 한 분뿐이라는 사실을 말해준다.
- **the Lord Jesus Christ** '주 예수 그리스도'
- **is** 현재형 질문과 답은 이 내용이 변하지 않는 사실이라는 것을 나타낸다.

2. , who, being the eternal Son of God, became man

- **, who** the Lord Jesus Christ를 선행사로 받는 주격관계대명사이다. who앞에 있는 콤마(,)는 who가 계속적 용법으로 사용되었음을 나타낸다. 따라서 이는 '~인데, 그는~'으로 해석한다.
- **being the eternal Son of God** 분사구문의 종속절인데 일반적인 배치와는 달리 주어(who)와 동사(became)사이에 삽입되어 있는 구조이다. 분사구문의 용법 중 동시동작에 해당된다. 보통 행동을 나타내는 경우는 '~하면서'로 번역하지만, 여기서는 상태를 나타내는 2형식 동사 be가 사용되었기 때문에 '~이면서' 혹은 '~이신데'로 해석할 수 있다. '하나님의 영원한 아들이면서, ' '하나님의 영원한 아들이신데'
- **became man** 과거형이다. 이는 사람이 되신 사건이 이미 과거에 완료되었다는 것을 분명하게 나타내 주는 표현이다.
- **man** 신이나 다른 피조물들과 구별되는 존재로서의 사람을 의미한다. 보통의 한 사람을 말하는 것이었다면 a man을 썼을 것이다. 따라서 이는 한 명의 사람이 되었다는 의미보다는 정상적이고 완벽한 사람이 되었다는 의미가 더욱 강하다고 할 수 있다.

3. and so was, and continueth to be, God and man

- **and so was ~** and so was (God and man), and continueth to be God and man을 줄여서 사용한 표현이다.

- **and so was God and man** 그리고 그렇게 하나님과 사람이셨다.

- **and continueth to be God and man** 그리고 계속해서 하나님과 사람이시다.

4. in two distinct natures, and one person, for ever.

- in two distinct natures, and (in) one person, for ever를 줄인 표현이다.

- '두 개의 구별된 본성들과 한 위격에서, 영구히.'

문답의 키

1. 하나님의 백성의 구속자는 하나님의 아들이신 그리스도이시다.

   "때가 차매 하나님이 그 아들을 보내사 여자에게서 나게 하시고 율법 아래에 나게 하신 것은 율법 아래에 있는 자들을 속량하시고 우리로 아들의 명분을 얻게 하려 하심이라"(갈4:4, 5)

2. 그리스도께서는 사람의 유일한 구속자이시다.

   "다른 이로써는 구원을 받을 수 없나니 천하 사람 중에 구원을 받을 만한 다른 이름을 우리에게 주신 일이 없음이라 하였더라"(행4:12)

3. 그리스도께서는 하나님의 아들이시다.

   "또 아는 것은 하나님의 아들이 이르러 우리에게 지각을 주사 우리로 참된 자를 알게 하신 것과 또한 우리가 참된 자 곧 그의 아들 예수 그리스도 안에 있는 것이니 그는 참 하나님이시요 영생이시라"(요일5:20)

4. 그리스도께서는 하나님의 영원한 아들이시다.

   "아들에 관하여는 하나님이여 주의 보좌는 영영하며 주의 나라의 규는 공평한 규이니이다"(히1:8)

5. 그리스도께서는 사람이 되셨다.

"이는 확실히 천사들을 붙들어 주려 하심이 아니요 오직 아브라함의 자손을 붙들어 주려 하심이라"(히2:16)

6. 그리스도께서는 하나님이시며, 동시에 사람이시다.

"크도다 경건의 비밀이여, 그렇지 않다 하는 이 없도다 그는 육신으로 나타난 바 되시고 영으로 의롭다 하심을 받으시고 천사들에게 보이시고 만국에서 전파되시고 세상에서 믿은 바 되시고 영광 가운데서 올려지셨느니라"(딤전3:16)

7. 그리스도께서는 한 인격 안에 하나님의 본성과 사람의 본성을 가지고 계신다.

"그 안에는 신성의 모든 충만이 육체로 거하시고"(골2:9)

8. 그리스도께서는 앞으로도 영구히 하나님이시며, 동시에 사람이실 것이다.

"예수는 영원히 계시므로 그 제사장 직분도 갈리지 아니하느니라"(히7:24)

내 말로 번역하기
문:
답:

<제22문답>

> Question: How did Christ, being the Son of God, become man?
> Answer: Christ, the Son of God, became man, by taking to himself a true body, and a reasonable soul, being conceived by the power of the Holy Ghost, in the womb of the virgin Mary, and born of her, yet without sin.

번역

문: 그리스도께서는 하나님의 아들이신데 어떻게 사람이 되셨나요?

답: 하나님의 아들이신 그리스도께서는 성령으로 동정녀 마리아의 태에 잉태되시고, 그녀에게서 출생하시면서 하나의 참 몸과 하나의 이성적인 영혼을 자신에게 취하심으로 사람이 되셨기에 죄가 없으십니다.

원문분석

Question: How did Christ, being the Son of God, become man?

1. How did Christ become man?

- How did ~? 과거 의문문이다. 어떻게 그리스도께서 사람이 되셨는지를 묻는다. 이 질문은 그리스도께서 사람이 되신 것은 과거에 있었던 사실이며, 또한 이미 완료된 사건임을 전제로 한 질문이다.

- become 상태의 변화를 나타내는 2형식 동사이다. 따라서 'A become B'라는 표현은 A의 상태가 B의 상태로 변한 것을 말하며, 동시에 A와 B는 서로 상태가 다르다는 것을 의미한다. 따라서 이는 Christ와 man은 분명히 상태가 다른 존재라는 것이다.

- man 한 사람의 남자 혹은 한 사람(a man)을 말하는 것이 아니라, 신이나 다른

피조물들과 구별되는 존재로 하나님께서 창조하신 한 종류의 피조물로서의 사람을 말한다.

2. being the Son of God

- '하나님의 아들이신데'로 해석하는 동시동작을 나타내는 분사구문이다. (제21 문답 원문분석을 참고하라) 참고로 'being the son of God'이 삽입된 것은 분사 구문이지만, 'the son of God'이 삽입되면 동격을 나타내는 것이다.

Answer: Christ, the Son of God, became man, by taking to himself a true body, and a reasonable soul, being conceived by the power of the Holy Ghost, in the womb of the virgin Mary, and born of her, yet without sin.

1. Christ, the Son of God, became man.

- **Christ, the Son of God,** 문장에 삽입된 the Son of God은 동격의 표현으로 앞의 Christ에 대한 추가 정보에 해당된다. 문법적으로는 Christ, (who is) the Son of God, became man.에서 who is가 생략된 형태로 볼 수 있다. 일반적인 문법에서는 생략된 부분의 시제는 문장 전체의 시제와 맞춰야 한다. 따라서 (who was) the Son of God으로 보아야 한다. 그러나 그렇게 되면 그리스도께서 하나님의 아들이신 것이 단지 과거의 사실에 불과하게 된다. 그리스도께서 하나님의 아들이신 것은 변치 않는 진리이다. 따라서 그 의미를 살리기 위해서는 현재형인 who is가 생략된 것으로 보는 것이 타당하다.

- **Christ, the Son of God, became man.** 이처럼 '관계대명사 + 주어'가 생략된 상태로 동격으로 삽입된 내용은 한정용법으로 번역하는 것이 자연스럽다. 따라서 Christ, the Son of God, became man은 '하나님의 아들이신 그리스도께서는 인간이 되셨다'로 번역한다.

2. by taking to himself a true body, and a reasonable soul,

- **by taking ~** by ~ing는 ' 함으로써' 의미로 어떠한 결과를 낳게 되는 원인으로써의 행동을 나타낼 때 사용한다. 따라서 by taking은 그리스도께서 사람이 되신 방법이 '무엇을 취하시는 것'이었다는 것을 말해준다. 또한 by ~ing는 의지를 가지고 능동적으로 행동하는 경우에 사용하는 것으로, 이는 그리스도께서 무엇인가를 취하신 것이 수동적으로 당하신 것이 아니라 자신의 의지에 따른 능동적인 행동이었다는 것을 나타낸다.

- **a true body, and a reasonable soul** 타동사 동명사인 taking의 목적어들이다. 그리스도께서는 두 가지를 취하시는 방법으로 사람이 되셨다. 이때 그가 취하신 것은 a true body(참 몸)와 a reasonable soul(이성적인 영혼)이었다.

  a true body, and a reasonable soul에서 부정관사 a는 '하나'라는 의미로 해석해주어야 한다. 왜냐하면 그리스도께서는 모든 사람들과 같이 자신도 오직 하나의 몸과 하나의 이성적인 영혼을 취하셨기 때문이다. 그래야만 그리스도께서 원래 무한한 능력의 신이시기 때문에 보통의 사람들과는 달리 여러 몸으로 나타나실 수 있으며, 또한 많은 사람의 영혼을 가질 수 있다는 오해를 피할 수 있기 때문이다. 따라서 이는 '하나의 참 몸과 하나의 이성적인 영혼'으로 해석해야 한다.

3. being conceived by the power of the Holy Ghost, in the womb of the virgin Mary, and born of her

- **being conceived ~** being은 분사구문의 부대상황 중 동시동작을 나타내는 표현이다. 그리스도께서 사람이 되시는 과정에서 하나의 참된 몸과 하나의 이성적인 영혼을 취하시면서 그에게 일어난 일들을 기록한 것이다.

- being conceived by the power of the Holy Ghost와 (being conceived) in the womb of the virgin Mary와 (being) born of her, 이렇게 3가지가 그리스도께서 사람이 되시는 과정에 그에게서 일어난 사건이다. 위 세 가지를 A, B, and C의 형태로 묶어서 표현했다. 'by taking ~'이 의지적이고 능동적인 행동이라면, 'Being ~'은 성육신 과정에서 그에게 발생한 수동적인 사건이라고 할 수 있다.

- being conceived by the power of the Holy Ghost '성령에 의해 잉태되신 것'
- (being conceived) in the womb of the virgin Mary '동정녀 마리아의 태에 잉태되신 것'
- (being) born of her '그녀에게서 태어나신 것'

4. yet without sin

- yet 보통 부정문이나 의문문에 사용하여 '아직' 혹은 '그러나'를 뜻한다. 그래서 많은 번역서들이 yet without sin을 '~나 죄는 없으시다'라고 번역하고 있다. 그러나 이러한 해석은 영문법을 잘못 이해한 결과일 뿐 아니라, 신학적으로도 큰 문제가 있다.

- yet without sin 일반적인 번역은 '성령에 의해 동정녀 마리아에게 잉태되시고, 그녀에게 출생하시면서 하나의 참 몸과 하나의 이성적인 영혼을 취하셨으나, 죄는 없으시다' 정도이다. 그런데 이 문장을 자세히 살펴보면 뭔가 이상한 점이 발견된다. 그리스도께서 일반적인 출생을 따르지 않고 참 몸과 참 영혼을 취하셨지만 죄는 없으시다는 것은 그러한 특별한 방식으로 출생하셨다 할지라도 죄가 있을 수도 있었다는 뜻이 된다.

  yet without sin은 부정문이 아니다. 부정의 의미를 가진 긍정문의 한 부분이다. 여기서 yet은 단지 바로 앞에 있는 내용에 대한 부정을 의미하는 것이 아니다. yet 앞에 있는 콤마(,)가 이를 지지해 준다. 이 문답에 사용된 yet은 문장 전체를 대상으로 한 부정적인 표현이다. 따라서 여기에서 yet은 문장 전체의 핵심 틀인 'Christ, the Son of God, became man'과 연결되는 것이다. 그래서 이는 '사람이 되셨지만 죄는 없으시다'라는 뜻이다. 그리고 중간의 내용은 그리스도께서 죄가 없으신 사람이 되실 수 있었던 그만의 특별한 출생법에 대한 정보이다. 따라서 yet without sin은 영어 문장의 순서에 따라 단순히 번역할 것이 아니라 앞서 살핀 내용들을 충분히 고려해서 한국어로 번역해야 한다.

문답의 키

1. 그리스도께서는 사람의 참 몸을 취하심으로 사람이 되셨다.

   "말씀이 육신이 되어 우리 가운데 거하시매 우리가 그의 영광을 보니 아버지의 독생자의 영광이요 은혜와 진리가 충만하더라"(요1:14)

2. 그리스도께서는 사람의 이성적인 영혼을 취하심으로 사람이 되셨다.

   "이에 말씀하시되 내 마음이 매우 고민하여 죽게 되었으니 너희는 여기 머물러 나와 함께 깨어 있으라 하시고"(마26:38)

3. 그리스도는 성령의 능력으로 잉태되었다.

   "천사가 대답하여 이르되 성령이 네게 임하시고 지극히 높으신 이의 능력이 너를 덮으시리니 이러므로 나실 바 거룩한 이는 하나님의 아들이라 일컬어지리라"(눅1:35)

4. 그리스도께서는 동정녀 마리아에게서 태어나셨다.

   "첫아들을 낳아 강보로 싸서 구유에 뉘었으니 이는 여관에 있을 곳이 없음이러라"(눅2:7)

5. 그리스도께서는 죄 없는 사람으로 태어나셨고, 일생을 죄 없는 사람으로 사셨다.

   "우리에게 있는 대제사장은 우리의 연약함을 동정하지 못하실 이가 아니요 모든 일에 우리와 똑같이 시험을 받으신 이로되 죄는 없으시니라"(히4:15)

내 말로 번역하기

문:

답:

<제23문답>

Question: What offices doth Christ execute as our Redeemer?

Answer: Christ, as our Redeemer, executeth the offices of a prophet, of a priest, and of a king, both in his estate of humiliation and exaltation.

번역

문: 우리의 구속자로서 그리스도께서는 어떠한 직무들을 수행하시나요?

답: 우리의 구속자로서 그리스도께서는 그의 낮아지신 상태와 높아지신 상태에서 왕, 선지자, 제사장의 직무들을 수행하십니다.

원문분석

Question: What offices doth Christ execute as our Redeemer?

1. What offices doth Christ execute~?

- office '직무'라는 뜻으로 맡은 직책에 따른 책임과 의무를 말한다. office는 스스로 결정한 일이 아니라, 권위를 가진 자가 맡겨 준 일이다. 그렇기 때문에 누군가가 부여받은 office는 그것을 부여한 권위자의 뜻인 것이다. 그래서 office의 책임은 그 일을 맡은 자에게 있지만, 그 권위는 일을 맡긴 자에게 있다. 이러한 원리로 하나님의 아들이신 그리스도의 직무(office)는 아버지로부터 부여받은 것으로서, 그 책임은 그리스도에게 있으나, 그 권위는 직무를 부여하신 아버지에게 있는 것이다.

- offices 그리스도께서 맡으신 것은 'an office'가 아니라, 'offices'이다. 이는 그리스도께서 다수의 직무를 맡으셨다는 뜻이다.

- execute 맡은 바 직무를 수행한다는 뜻이다. 이는 그리스도께서 하시는 일은 자기 자신의 사사로운 뜻이 아니라, 직무를 맡겨주신 아버지의 뜻을 행하시는 것

임을 나타낸다.

- **doth Christ execute~?** 현재형 의문문이다. 이는 크게 두 가지의 의미가 있다. 먼저 그리스도께서 직무들을 수행하시는 것은 그 자체가 변함이 없는 진리라는 뜻이다. 뿐만 아니라 이는 그리스도께서 자신의 직무들을 과거에 이미 완료했거나, 현재만 수행 중이거나, 아니면 다가올 미래에 수행하는 것이 아니라 언제나 모든 직무들을 수행하신다는 뜻이다.

2. as our Redeemer

- **as** 'as + 명사'로 쓰이면 전치사로 어떠한 자격을 나타낸다. as our Redeemer는 '우리의 구속자로서'의 뜻으로 그리스도께서 우리의 구속자가 되시는 자격을 말하는 것이다. 그리스도께서는 우리의 구속자로서 직무를 맡으신 것이다. 따라서 그리스도께서 맡으신 직무들은 전적으로 그가 우리의 구속자이신 자격으로만 정리되고 이해되어야 한다.

- **our Redeemer** 그리스도께서는 모든 인류의 구속자가 아니시다. 그는 오직 우리의 구속자이시다. 여기서 우리는 언약의 백성들로 신앙을 고백하고 유형교회의 회원이 된 성인들과 그의 자녀들을 의미한다. 더 좁게는 이 교리교육서를 신앙의 참 교리로 가르치고 배우는 자들을 말한다.

Answer: Christ, as our Redeemer, executeth the offices of a prophet, of a priest, and of a king, both in his estate of humiliation and exaltation.

1. Christ, as our Redeemer, executeth the offices of a prophet, of a priest, and of a king.

- **Christ, as our Redeemer, executeth ~** 현재형 질문에 현재형으로 답한다. 우리의 구속자이신 그리스도께서는 자기의 직무들을 과거와 현재, 그리고 미래에서도 항상 수행하신다는 뜻이다.

- **the offices of a prophet, of a priest, and of a king** 선지자, 제사장, 왕의 세 직무들을 동등하게 나열한다. 이는 그리스도께서 이 세 직무들을 상황에 따라 번

갈아 가면서 수행하시는 것이 아니라, 언제나 이 세 직무들을 동시에 수행하신
다는 것을 나타낸다.

the offices of a prophet, of a priest, and of a king은 그리스도께서 맡은 직
무가 선지자, 제사장, 왕을 동시에 맡은 하나의 직무라는 말이 아니다. 만일 그랬
다면 the office of a prophet, priest, and king이라고 표현했을 것이다. 그리스
도께서는 선지자의 직무를 부여받으셨고, 제사장의 직무를 부여받으셨고, 왕의
직무를 부여받으셨다. 즉 그는 우리의 구속자로서 세 가지 직책에 위임되셨다.
그래서 그가 가진 직무들은 그 각각의 직책들에 따른 구별된 세 가지의 직무들
이다.

- a prophet, a priest, of a king 그리스께서 한 명의 선지자이셨고, 한 명의 제사
장이셨고, 한 명의 왕이셨음을 말해준다. 우리의 중보자로서 그리스도께서는 한
명의 온전한 사람으로서 맡은 바 세 가지 직무들을 수행하셨다.

2. both in his estate of humiliation and exaltation

- both in his estate of humiliation and exaltation 'both A and B'는 'A와 B 모
두'라는 뜻이다. 이 표현이 'A and B'와 다른 것은 두 가지를 모두 동등하게 다
룬다는 것이다. 둘 사이를 분명히 구분하면서도 어떠한 차이도 없이 다루는 것
이다. 뿐만 아니라 이는 A와 B가 언급하고자 하는 대상의 전부라는 의미도 있
다. 따라서 both A and B가 사용되면 A와 B외에 다른 것은 절대 추가될 수 없다.

in his estate of humiliation과 in his estate of exaltation을 both A and B
구문으로 묶어서 표현하고 있는 구조이다. 즉 그의 낮아지신 상태와 그의 높아
지신 상태 두 가지를 모두 동등하게 언급하면서, 이 두 상태 외에 다른 상태는
있을 수 없다는 것을 나타낸다. 뿐만 아니라 그의 낮아지신 상태와 높아지신 상
태는 서로 분명히 구별된다는 것을 드러내는 표현이다. 만일 우리의 구속자로
서 그리스도의 낮아지신 상태와 높아지신 상태가 구별없이 함께 나타난다면
both A and B 구문이 아니라 A and B 구문으로 썼을 것이다. 즉 in his estate
of humiliation and exaltation(그의 낮아짐과 높아짐의 상태에서)라고 표현했
을 것이다.

그리스도께서는 낮아지신 상태와 높아지신 상태로 자신의 직무들을 수행하신다. 이는 그가 직무들을 수행하실 때 나타나는 상태를 말하는 것이지 실제로 그의 신분이나 자격 그리고 능력이 낮아지셨거나, 다시 높아지신 것을 의미하는 것이 아니다. 그리스도께서는 하나님의 아들로서 언제나 높으신 분이시다. 그러나 우리의 구속자로서 직무를 감당하시면서 그는 자신을 낮아지신 상태로 드러내시기도 하셨고, 반대로 높아지신 상태로 드러내시기도 하셨다.

문답의 키

1. 그리스도께서는 그의 백성들의 선지자로서 그의 직무를 수행하신다.

   "그 사람들이 예수께서 행하신 이 표적을 보고 말하되 이는 참으로 세상에 오실 그 선지자라 하더라"(요6:14)

2. 그리스도께서는 그의 백성들의 제사장으로서 그의 직무를 수행하신다.

   "여호와는 맹세하고 변하지 아니하시리라 이르시기를 너는 멜기세덱의 서열을 따라 영원한 제사장이라 하셨도다"(시110:4)

3. 그리스도께서는 그의 백성들의 왕으로서 그의 직무를 수행하신다.

   "시온 딸에게 이르기를 네 왕이 네게 임하나니 그는 겸손하여 나귀, 곧 멍에 메는 짐승의 새끼를 탔도다 하라 하였느니라"(마21:5)

내 말로 번역하기

문:

답:

〈제24문답〉

> Question: How doth Christ execute the office of a prophet?
> Answer: Christ executeth the office of a prophet, in revealing
> to us, by his Word and Spirit, the will of God for our
> salvation.

번역

문: 그리스도께서는 선지자의 직무를 어떻게 수행하시나요?

답: 그리스도께서는 그의 말씀과 영으로 우리에게 구원을 위한 하나님의 뜻을 계시
하시는 경우에 있어서 선지자의 직무를 수행하십니다.

원문분석

Question: How doth Christ execute the office of a prophet?

1. How doth Christ execute the office of a prophet?

- How doth Christ execute the office of a prophet? 현재형 질문이다. 그리스도
께서 선지자의 직무를 수행하시는 방법을 묻고 있다. 이는 그리스도께서 선지자
의 직무를 항상 수행하고 계신다는 것을 전제하는 질문이다. 과거, 현재, 그리고
미래에도 세상 끝 날까지 그리스도의 선지자 직무는 계속된다.

Answer: Christ executeth the office of a prophet, in revealing to us, by his
Word and Spirit, the will of God for our salvation.

1. Christ executeth the office of a prophet.

- Christ executeth ~ 그리스도의 선지자의 직무를 현재로 대답한다. 이는 그가
선지자의 직무를 맡은 것이 명백한 사실이라는 것과 그는 언제나 이 직무를 수

행하신다는 것을 나타낸다.

- a prophet 그리스도께서 온전한 한 사람으로 선지자의 직무를 행하신다는 것을 나타낸다.

2. in revealing to us, by his Word and Spirit, the will of God for our salvation

- in revealing ~ 'in ~ing'가 다른 단어와 연결되어 하나의 특별한 의미를 갖지 않고 독립적으로 사용될 때는 'When + 주어 + 동사'의 의미로 사용된 것이다. 그래서 'in ~ing'는 '주어가 구체적으로 어떤 행동을 할 때'라는 것을 특별히 나타내기 위해 주로 사용한다. 이러한 이유로 'in ~ing'는 어떠한 행동을 수단으로 나타내는 'by ~ing'(~함으로써)나 동시동작을 나타내는 분사구문인 '~ing'(~하면서)와 분명히 구분해서 해석해야 한다.

따라서 in revealing to us the will of God for our salvation는 '그리스도께서 구원을 위한 하나님의 뜻을 우리에게 계시하실 때'라는 뜻이 된다. 즉 이 표현은 단순히 그리스도께서 선지자의 직무를 수행하시는 행동 방식을 알려주기보다는, 그가 어떠한 경우에 이 직무를 수행하시는 지에 대한 정보를 제공하는 데 초점을 두고 있다고 할 수 있다.

'in ~ing'는 다음에 이어지는 그의 나머지 두 직무에 관한 설명에도 동일하게 사용된다. 이러한 점으로 볼 때 우리는 'in ~ing'라는 표현이 웨스트민스터 소교리교육서가 그리스도의 세 가지 직무를 설명하는 특유의 방식임을 알 수 있다. 즉 웨스트민스터 소교리교육서는 그리스도께서 그 직무들을 수행하시는 각각의 경우들로 구분하여 그의 세 가지 직무를 설명하는 것이다. 따라서 우리는 이 문답을 번역할 때 이 교리교육서의 저자들의 의도를 최대한 잘 살릴 수 있도록 해야 한다.

3. by his Word and Spirit, the will of God for our salvation

- by his Word and Spirit 여기서 사용된 'by + 명사'는 수단을 말하는 것이다. 따라서 by his Word and Spirit의 뜻은 '그의 말씀과 영으로'가 된다. 일반적으로 부사구는 문장 전체에 영향을 준다. 그러나 여기서 사용된 by his Word and

Spirit은 in revealing to us, by his Word and Spirit, the will of God for our salvation처럼 'in revealing~' 구문 속에 삽입되어 있다. 이는 이 부사구가 문장 전체가 아니라 'in revealing~'의 구문에만 영향을 준다는 것을 나타낸다. 따라서 by his Word and Spirit는 그리스도께서 선지자의 직무를 수행하시는 수단이 아니라, 그리스도께서 하나님의 뜻을 계시하시는 수단이다.

문답의 키

1. 그리스도께서는 그의 백성의 제사장으로서 그들에게 하나님의 뜻을 알려주신다.
   "이제부터는 너희를 종이라 하지 아니하리니 종은 주인이 하는 것을 알지 못함이라 너희를 친구라 하였노니 내가 내 아버지께 들은 것을 다 너희에게 알게 하였음이라"(요 15:15)

2. 그리스도께서는 그의 말씀을 통해 하나님의 뜻을 계시하신다.
   "곧 하나님께서 그리스도 안에 계시사 세상을 자기와 화목하게 하시며 그들의 죄를 그들에게 돌리지 아니하시고 화목하게 하는 말씀을 우리에게 부탁하셨느니라"(고후 5:19)

3. 그리스도께서는 그의 영을 통해 하나님의 뜻을 계시하신다.
   "보혜사 곧 아버지께서 내 이름으로 보내실 성령 그가 너희에게 모든 것을 가르치고 내가 너희에게 말한 모든 것을 생각나게 하리라"(요14:26)

4. 그리스도께서 우리에게 하나님의 뜻을 계시하시는 목적은 우리의 구원이다.
   "오직 이것을 기록함은 너희로 예수께서 하나님의 아들 그리스도이심을 믿게 하려 함이요 또 너희로 믿고 그 이름을 힘입어 생명을 얻게 하려 함이니라"(요20:31)

내 말로 번역하기

문:

답:

＜제25문답＞

Question: How doth Christ execute the office of a priest?

Answer: Christ executeth the office of a priest, in his once offering up of himself a sacrifice to satisfy divine justice, and reconcile us to God, and in making continual intercession for us.

번역

문: 그리스도께서는 어떻게 제사장의 직무를 수행하시나요?

답: 그리스도께서는 신적 공의를 만족시키고, 그로 인해 우리를 하나님께 화해시키기 위해 그가 자신을 단번에 희생제물로 드린 경우와 우리를 위해 계속해서 중보기도를 하시는 경우에 있어서 제사장의 직무를 수행하십니다.

원문분석

Question: How doth Christ execute the office of a priest?

1. How doth Christ execute the office of a priest?

- How doth Christ execute ~? 현재형 질문이다. 그리스도께서 제사장의 직무를 수행하시는 방법을 묻고 있다. 이는 그리스도께서 제사장의 직무를 항상 수행하고 계신다는 것을 전제하는 질문이다. 과거, 현재, 그리고 미래에도 세상 끝 날까지 그리스도의 제사장 직무는 계속된다.

Answer: Christ executeth the office of a priest, in his once offering up of himself a sacrifice to satisfy divine justice, and reconcile us to God, and in making continual intercession for us.

1. Christ executeth the office of a priest

- **a priest** 그리스도는 온전한 한 사람의 제사장으로 그의 직무를 수행하신다.

2. in his once offering up of himself a sacrifice

- **in his once offering up ~** 'in ~ing' 구문으로 '~할 때' 혹은 '~하는 경우에'로 해석한다.(24문답 원문분석을 참고하라.)
- **his** 동명사 offering의 의미상 주어이다. 따라서 in his offering은 '그의 드림 안에서'가 아니라 '그가 드리는 경우에' 혹은 '그가 드릴 때'로 해석해야 한다.
- **once** 단번에
- **offering up** 'offer up + 명사'는 '명사를 (신에게) 바치다'라는 뜻이다.
- **of himself a sacrifice** a sacrifice of himself(히9:26, NIV)의 옛 표현이다. 따라서 이 표현은 '그 자신이 희생제물이 되어' 혹은 '그 자신을 희생제물로' 정도로 해석할 수 있다.

3. to satisfy divine justice, and reconcile us to God

- **to satisfy ~, and reconcile ~** and를 사용하여 두 개의 to 부정사인 to satisfy와 to reconcile을 하나로 묶었다. 이러한 경우 일반적으로 and 뒤에 오는 to는 생략한다.
- **콤마(,) and** 이는 and 앞과 뒤에 있는 to 부정사가 각각의 독립된 뜻을 나타내면서도, and 뒤에 오는 to 부정사가 먼저 언급된 to 부정사에 의미상 연결되고 있다는 것을 나타낸다. 이러한 이유로 to satisfy divine justice, and reconcile us to God는 '신적 공의를 만족시키고, 우리를 하나님께 화해시키는 것'이 아니라 '신적 공의를 만족시키는 것을 통해 우리를 하나님께 화해시키는 것' 혹은 '신적 공의를 만족시키고, 그로 인해 우리를 하나님께 화해시키는 것'으로 해석해야 하는 것이다.(제1문답 해설 참고)
- **to satisfy divine justice, and reconcile us to God** 여기에 사용된 to 부정사는 목적을 나타내는 용례로 앞 내용과 연결되어 있다. in his once offering up of himself a sacrifice to satisfy divine justice, and reconcile us to God에 대한

해석은 '신적 공의를 만족시키고, 그로 인해 우리를 하나님께 화해시키기 위해 그가 자신을 단번에 희생제물로 드린 경우에'가 된다.

4. and in making continual intercession for us

- , and in making ~ in his once offering ~, and in making ~의 구조이다. 그리스도께서 자신을 희생제물로 드린 경우와 구별되게 그의 선지자 직무를 수행하시는 또 하나의 경우를 and를 통해 나열하고 있다. 'in making ~'도 앞의 'in offering~'과 같은 방식으로 '~하는 경우'로 해석한다.

- make intercession '중보기도를 하다.'

- in making continual intercession for us '우리를 위해 계속해서 중보기도를 하는 경우에'

문답의 키

1. 우리의 제사장으로서 그리스도께서는 자신을 하나님께 희생제물로 바치셨다.

"그리하면 그가 세상을 창조한 때부터 자주 고난을 받았어야 할 것이로되 이제 자기를 단번에 제물로 드려 죄를 없이 하시려고 세상 끝에 나타나셨느니라"(히9:26)

2. 우리의 제사장으로서 그리스도께서는 단 한 번 자신을 희생제물로 바치셨다.

"그는 저 대제사장들이 먼저 자기 죄를 위하고 다음에 백성의 죄를 위하여 날마다 제사 드리는 것과 같이 할 필요가 없으니 이는 그가 단번에 자기를 드려 이루셨음이라"(히7:27)

3. 우리의 제사장으로서 그리스도께서는 우리의 죄에 대한 신적 공의를 만족시키기 위해 자신을 하나님께 바치셨다.

"그는 우리 죄를 위한 화목 제물이니 우리만 위할 뿐 아니요 온 세상의 죄를 위하심이라"(요일2:2)

4. 그리스도께서는 우리를 하나님과 화해시키기 위해 자신을 바치셨다.

"또 십자가로 이 둘을 한 몸으로 하나님과 화목하게 하려 하심이라 원수 된 것을 십자가로 소멸하시고"(엡2:16)

5. 우리의 제사장으로서 그리스도께서는 우리를 위해 계속해서 중보기도 (intercession) 하신다.

"그러므로 자기를 힘입어 하나님께 나아가는 자들을 온전히 구원하실 수 있으니 이는 그가 항상 살아 계셔서 그들을 위하여 간구하심이라"(히7:25)

내 말로 번역하기

문:

답:

<제26문답>

> Question: How doth Christ execute the office of a king?
>
> Answer: Christ executeth the office of a king, in subduing us to himself, in ruling and defending us, and in restraining and conquering all his and our enemies.

번역

문: 그리스도께서는 어떻게 왕의 직무를 수행하시나요?

답: 그리스도께서는 우리를 자기에게 복종시키는 경우에 있어서, 우리를 다스리시고 방어하시는 경우에 있어서, 그리고 자기와 우리의 모든 적들을 억제하시고 정복하시는 경우에 있어서 왕의 직무를 수행하십니다.

원문분석

Question: How doth Christ execute the office of a king?

1. How doth Christ execute the office of a king?

- How doth Christ execute ~? 현재형 질문이다. 그리스도께서 왕의 직무를 수행하시는 방법을 묻고 있다. 이는 그리스도께서 왕의 직무를 항상 수행하고 계신다는 것을 전제하는 질문이다. 과거, 현재, 그리고 미래에도 세상 끝 날까지 그리스도의 왕의 직무는 계속된다.

Answer: Christ executeth the office of a king, in subduing us to himself, in ruling and defending us, and in restraining and conquering all his and our enemies.

1. Christ executeth the office of a king.

- a king 그리스도께서는 온전한 한 사람의 왕으로 그의 직무를 수행하신다.

2. in subduing us to himself, in ruling and defending us, and in restraining and conquering all his and our enemies.

- in subduing us to himself ~ 'in ~ing' 구문이다.(제24문의 원문분석을 참고하라.)
- 'in subduing ~, ' 'in ruling ~, ' 'in restraining ~' 세 개의 'in ~ing' 구문을 A, B, and C의 구조로 나열하고 있다.
- in subduing us to himself '우리를 자기에게 복종시키는 경우에 있어서'
- in ruling and defending us '우리를 다스리시고 방어하시는 경우에 있어서'
- and in restraining and conquering all his and our enemies '자기와 우리의 모든 적들을 억제하시고 정복하시는 경우에 있어서'

문답의 키

1. 우리의 왕으로서 그리스도께서는 자기의 백성들을 자신에게 복종시킨다.
   "주의 권능의 날에 주의 백성이 거룩한 옷을 입고 즐거이 헌신하니 새벽 이슬 같은 주의 청년들이 주께 나오는도다"(시110:3)

2. 우리의 왕으로서 그리스도께서는 자기의 백성들을 다스리신다.
   "대저 여호와는 우리 재판장이시요 여호와는 우리에게 율법을 세우신 이요 여호와는 우리의 왕이시니 그가 우리를 구원하실 것임이라"(사33:22)

3. 우리의 왕으로서 그리스도께서는 자기의 백성들을 지키신다.
   "우리의 방패는 여호와께 속하였고 우리의 왕은 이스라엘의 거룩한 이에게 속하였기 때문이니이다"(시89:18)

4. 우리의 왕으로서 그리스도께서는 자기의 백성들의 원수들을 제지하신다.

"진실로 사람의 노여움은 주를 찬송하게 될 것이요 그 남은 노여움은 주께서 금하시리이다"(시76:10)

5. 우리의 왕으로서 그리스도께서는 마지막 때에 모든 원수들을 파멸시키실 것이다.

"그가 모든 원수를 그 발 아래에 둘 때까지 반드시 왕 노릇 하시리니"(고전15:25)

내 말로 번역하기

문:

답:

<제27문답>

> Question: Wherein did Christ's humiliation consist?
>
> Answer: Christ's humiliation consisted in his being born, and that in a low condition, made under the law, undergoing the miseries of this life, the wrath of God, and the cursed death of the cross; in being buried, and continuing under the power of death for a time.

번역

문: 그리스도의 낮아지심은 어디에 있었나요?

답: 그리스도의 낮아지심은 그가 비천한 처지에서 출생하신 것, 율법 아래 놓이신 것, 이생의 비참함과 하나님의 진노 그리고 십자가의 저주의 죽음을 겪으신 것, 그리고 장사 지낸 바 되셔서 얼마 동안 죽음의 권세 아래 머물러 계셨던 것에 있었습니다.

원문분석

Question: Wherein did Christ's humiliation consist?

1. Wherein did Christ's humiliation consist?

- **Wherein did ~?** 과거형 질문이다. 그리스도의 낮아지심에 대해서는 과거로 묻고 있다. 이는 그리스도의 낮아지신 상태는 과거에 있었던 상태라는 뜻이다. 그리스도의 낮아지신 상태를 과거형으로 묻는 것은 현재와 미래에는 그리스도의 낮아지신 상태가 없기 때문이다.

- **Wherein did Christ's humiliation consist?** Where did Christ's humiliation consist in?의 옛 표현이다.

- consist in '~에 있다' 혹은 '~에 존재하다' 참고로 consist of는 '~으로 구성되어

있다'라는 뜻이다.

- 그리스도의 낮아지심이 어디에 있었느냐는 것은 그리스도의 낮아지신 상태가 어떠한 모습으로 나타났는지를 묻는 것이다.

Answer: Christ's humiliation consisted in his being born, and that in a low condition, made under the law, undergoing the miseries of this life, the wrath of God, and the cursed death of the cross; in being buried, and continuing under the power of death for a time.

1. Christ's humiliation consisted in his being born, and that in a low condition

- **Christ's humiliation consisted in his being born** his being born에서 being은 전치사 in의 목적어로 온 동명사이고, his는 동명사 being의 의미상 주어이다. born이 수동을 나타내는 과거분사이기 때문에 being born으로 쓴 것이다. 따라서 his being born은 '그의 탄생'이 아니라 '그가 태어나신 것'으로 해석해야 한다. 단순 동명사의 시제는 주동사의 시제를 따른다. 따라서 being born의 시제는 consisted의 시제를 따라 과거이다.

- **, and that in a low condition** 콤마(,) and는 이 부분이 앞의 in his being born과 연결된 추가 정보라는 것을 나타낸다. 'and that he was born in a low condition'에서 중복되는 정보인 'he was born'을 생략한 형태이다. 따라서 이 부분은 '그런데 비천한 처지에서'나 '그런데 그것도 비천한 처지로'로 풀이할 수 있다.

- **Christ's humiliation consisted in his being born, and that in a low condition** 문자 그대로 풀면 '그리스도의 낮아지심은 그가 태어나셨는데, 그것도 비천한 처지에 있었다' 혹은 '그리스도의 낮아지심은 그가 태어나셨지만, 비천한 처지에 있었다' 정도가 되는데, 이러한 표현은 우리말이라 하기에 힘들 정도로 어색하다. 따라서 이를 '그리스도의 낮아지심은 그가 비천한 처지에서 태어나신 것에 있었다'로 고치면 원어에 가까운 우리말 표현이 된다.

　　그리스도의 성육신 자체는 그의 낮아지신 상태가 아니다. 그리스도의 성육신은 그가 중보자의 자격을 취하신 것이다. 결국 여기서 말하는 그리스도의 낮아지심은 그가 사람으로 태어나신 것 자체를 말하는 것이 아니라, 그가 태어날 때 왕족처럼 권세를 가진 상태나 부유한 상태가 아니라, 비참한 처지의 상태였다는 것을 말하는 것이다.

2. made under the law

- **made under the law** in his being made under the law에서 중복되는 in his being을 생략한 형태이다. be made under the law는 5형식 사역동사 make의 수동태이다. 주어 made him under the law'를 'in being ~'의 구조에 맞춘 것이다. 그 순서는 다음과 같다. '주어 made him under the law'를 수동태로 바꾸면 'he was made under the law'가 된다. 그리고 이것을 'in ~ing'의 형태에 맞추면 'in his being made under the law'가 되는 것이다.

made under the law에서 그리스도께서 율법 아래 놓이게 된 것이라는 말은 그리스도께서 스스로 율법 아래 계신 것이 아니라, 어떤 권위자에 의해 그렇게 된 것이라는 뜻이다. 이것이 바로 이 문답에서 설명하는 그리스도의 낮아지심이 나타난 두 번째 경우이다. 즉 율법의 제정자 이신 그리스도께서 율법 아래 놓이신 것이 바로 그의 낮아지신 상태를 보여주는 것이다.

3. undergoing the miseries of this life, the wrath of God, and the cursed death of the cross

- **undergoing the miseries of this life ~** in his undergoing the miseries of this life, the wrath of God, and the cursed death of the cross에서 중복되는 in his를 생략한 형태이다. his는 undergoing의 의미상 주어이고, undergoing의 시제는 주동사 consisted의 시제를 따라 과거이다. 따라서 '그가 ~을 겪으신 것'으로 해석한다.
- **the miseries of this life, the wrath of God, and the cursed death of the cross** undergoing의 목적어 3개를 A, B, and C의 구조로 배열한 것이다.
- **the miseries of this life** '이생의 비참함들'

- the wrath of God '하나님의 진노'
- the cursed death of the cross '십자가의 저주 받은 죽음'
- undergoing the miseries of this life, the wrath of God, and the cursed death of the cross '이생의 비참함과 하나님의 진노 그리고 십자가의 저주 받은 죽음을 당하신 것'

4. ; in being buried, and continuing under the power of death for a time.
- 27문답의 답문 문장의 전체 구조는 A, and A′, B, C, C′, and C″; D, and D′이다.
- **세미콜론(;)** 문장 중간에 여러 번 나오는 콤마(,)나 and와 혼동 없이 문장 전체를 분석할 수 있도록 돕는 장치로, A, B, C, and D의 and와 같은 의미로 사용되었다. 따라서 세미콜론을 살려서 27문답의 답문의 구조를 정리하면 'in his being born ~, (in his being) made ~, (in his) undergoing ~; in being buried ~.'가 된다.
- **; in being** 세미콜론(;) 뒤에 in being을 적어 준 것은 이 또한 consisted in과 연결되어 낮아지심이 나타난 것 중에 하나라는 것을 분명히 밝혀주기 위해서이다. 원래는 in his being buried라고 쓰는 것이 더욱 정확하나, 앞의 표현들을 따라 his를 생략한 것으로 보인다. 참고로 동명사의 의미상 주어가 문장 전체의 주어와 같을 때는 생략가능하다.
- in being buried '그가 묻히신 것'
- **, and continuing under the power of death for a time** 콤마(,)and는 뒤에 따라오는 내용이 and 앞의 내용에 긴밀히 연결되어 있다는 것을 의미한다. 따라서 in being buried, and는 '묻히시고'가 아니고, '묻히셔서' 혹은 '장사 지낸바 되셔서'로 해석해야 한다.
- in being buried, and continuing under the power of death for a time '장사 지낸바 되셔서 얼마 동안 죽음의 권세 아래 머물러 계셨던 것에'

문답의 키

1. 그리스도의 성육신 자체는 그의 낮아지신 상태를 말하는 것이 아니다. 그리스도께서 인성을 취하심으로 사람이 되신 것은 중보자의 자격을 취득하신 것이다.

"말씀이 육신이 되어 우리 가운데 거하시매 우리가 그의 영광을 보니 아버지의 독생자의 영광이요 은혜와 진리가 충만하더라"(요1:14)

2. 그리스도의 낮아지신 상태는 하나님과 동등한 대우를 버리시고, 사람의 모습을 입음으로 자신을 하나님의 종처럼 나타내신 것에 있다.

"그는 근본 하나님의 본체시나 하나님과 동등됨을 취할 것으로 여기지 아니하시고 히려 자기를 비워 종의 형체를 가지사 사람들과 같이 되셨고"(빌2:6.7)

3. 그리스도의 낮아지신 상태는 그가 사람이 되실 때 장성한 성인이 아니라 아기로 태어나신 것에 있다.

"천사가 대답하여 이르되 성령이 네게 임하시고 지극히 높으신 이의 능력이 너를 덮으시리니 이러므로 나실 바 거룩한 이는 하나님의 아들이라 일컬어지리라"(눅1:35)

4. 그리스도의 낮아지신 상태는 낮고 천한 신분으로 출생하신 것에 있다.

"첫아들을 낳아 강보로 싸서 구유에 뉘었으니 이는 여관에 있을 곳이 없음이러라"(눅2:7)

5. 그리스도의 낮아지신 상태는 자신을 율법 아래 복종시키신 것에 있다.

"때가 차매 하나님이 그 아들을 보내사 여자에게서 나게 하시고 율법 아래에 나게 하신 것은"(갈4:4)

6. 그리스도의 낮아지신 상태는 비참한 인생을 감내하신 것에 있다.

"그는 멸시를 받아 사람들에게 버림 받았으며 간고를 많이 겪었으며 질고를 아는 자라 마치 사람들이 그에게서 얼굴을 가리는 것 같이 멸시를 당하였고 우리도 그를 귀히 여기지 아니하였도다"(사53:3)

7. 그리스도의 낮아지신 상태는 우리 대신에 하나님의 진노를 감내하신 것에 있다.

"구시쯤에 예수께서 크게 소리 질러 이르시되 엘리 엘리 라마 사박다니 하시니 이는 곧 나의 하나님, 나의 하나님, 어찌하여 나를 버리셨나이까 하는 뜻이라"(마27:46)

8. 그리스도의 낮아지신 상태는 십자가에서 저주의 죽음에 자신을 복종시키신 것에 있다.

"사람의 모양으로 나타나사 자기를 낮추시고 죽기까지 복종하셨으니 곧 십자가에 죽으심이라"(빌2:8)

9. 그리스도의 낮아지신 상태는 무덤에 장사되는 데 자신을 복종시키신 것에 있다.

"이를 내려 세마포로 싸고 아직 사람을 장사한 일이 없는 바위에 판 무덤에 넣어 두니"(눅23:53)

10. 그리스도의 낮아지신 상태는 죽음의 상태로 잠시 동안 무덤에 거하신 것에 있다.

"나가 밤낮 사흘 동안 큰 물고기 뱃속에 있었던 것 같이 인자도 밤낮 사흘 동안 땅 속에 있으리라"(마12:40)

내 말로 번역하기

문:

답:

⟨제28문답⟩

> Question: Wherein consisteth Christ's exaltation?
> Answer: Christ's exaltation consisteth in his rising again from the
> dead on the third day, in ascending up into heaven,
> in sitting at the right hand of God the Father, and in
> coming to judge the world at the last day.

번역
문: 그리스도의 높아지심은 어디에 있나요?
답: 그리스도의 높아지심은 그가 셋째 날에 죽은 자들로부터 다시 일어나시는 것과
하늘로 올라가시는 것과 하나님 아버지 우편에 앉아 계신 것과 마지막 날에 세
상을 심판하러 오실 것에 있습니다.

원문분석
Question: Wherein consisteth Christ's exaltation?

1. Wherein consisteth Christ's exaltation?
- **Wherein consisteth ~?** 그리스도의 낮아지심은 과거형으로 다뤘던 반면에 그
  리스도의 높아지심은 현재형으로 다룬다.
- **Wherein consisteth Christ's exaltation?** '그리스도의 높아지심은 어디에 있나요?'

Answer: Christ's exaltation consisteth in his rising again from the dead on the
third day, in ascending up into heaven, in sitting at the right hand of
God the Father, and in coming to judge the world at the last day.

**1. Christ's exaltation consisteth in his rising ~, in ascending ~, in sitting ~,
and in coming ~.**

- **Christ's exaltation consisteth in his ~ing** '그리스도의 높아지심은 그가 ~ing하
  는 것에 있습니다.'
- **in his rising ~, in ascending ~, in sitting ~, and in coming ~** 네 개의 동명사
  rising, ascending, sitting, coming은 모두 단순 동명사이다. 따라서 이들의 시
  제는 모두 본동사인 consisteth의 시제를 따라 현재이다.[11] A, B, C, and D의 병
  렬 구조이다.

2. in his rising again from the dead on the third day

- **in his rising** 동명사 rising은 전치사 in의 목적어고, his는 rising의 의미상 주어
  이다. 따라서 in his rising은 '그가 일어나신 것'으로 해석한다.
- **the dead** 'the + 형용사'의 형태로 복수 보통명사를 나타낸다. 따라서 the dead
  는 dead people과 같은 뜻으로 '죽은 자들'을 말한다.
- **on the third day** '삼일 째에,' 혹은 '셋째 날에'
- **in his rising again from the dead on the third day** '그가 셋째 날에 죽은 자들
  로 부터 다시 일어나신 것에'

3. in ascending up into heaven

- **in ascending up** in his ascending up에서 his를 생략했다.
- **in ascending up into heaven** '하늘로 올라가신 것에'

4. in sitting at the right hand of God the Father

- **in sitting** in his sitting에서 his를 생략했다.
- **in sitting at the right hand of God the Father** '하나님 아버지의 오른편에 앉아
  계신 것'

---

11. 웨스트민스터 대교리교육서는 51문부터 56문까지 그리스도의 높아지신 상태를 다루고 있다. 이중 그리스
도의 높아지심이 무엇인지를 묻는 51문과 그리스도의 부활과 승천을 다루는 52문과 53문은 과거 시제로,
그리스도께서 하나님 우편에 앉아 계신 것과 신자들을 위해 중보기도하시는 것을 다루는 54문과 55문은 현
재시제로, 그리고 그리스도께서 세상을 심판하러 다시 오실 것을 다루는 56문은 미래 시제로 그리스도의
높아지신 상태를 설명한다.

5. in coming to judge the world at the last day

- **in coming** in his coming에서 his를 생략했다.
- **coming** 동명사 coming의 시제는 본동사인 consisteth의 시제를 따라 현재이다. 그러나 이 문장에서는 이것을 현재가 아닌 미래의 의미로 해석해야 한다. 왜냐하면 coming이 at the last day라는 명확한 미래 표시 부사구와 함께 사용되었기 때문이다. 이는 왕래발착 동사들인 go, come, arrive, depart, start, begin, leave들은 명확한 미래 표시 부사(구, 절)와 함께 사용되면 현재시제의 형태로 미래의 의미를 나타내기 때문이다. 따라서 in coming to judge the world at the last day는 '마지막 날에 세상을 심판하러 오시는 것'이 아니라, '마지막 날에 세상을 심판하러 오실 것'이라고 해석해야 한다.

문답의 키

1. 그리스도의 높아지신 상태는 죽은 자들 가운데서 스스로 일어나신 것에 있다.
   "장사 지낸 바 되셨다가 성경대로 사흘 만에 다시 살아나사"(고전15:4)

2. 그리스도의 높아지신 상태는 하늘로 올라가신 것에 있다.
   "축복하실 때에 그들을 떠나 [하늘로 올려지시니]"(눅24:51)

3. 그리스도의 높아지신 상태는 현재 하나님 우편에 앉아 계신 것에 있다.
   "그러므로 너희가 그리스도와 함께 다시 살리심을 받았으면 위의 것을 찾으라 거기는 그리스도께서 하나님 우편에 앉아 계시느니라"(골3:1)

4. 그리스도의 높아지신 상태는 마지막에 세상을 심판하러 다시 오시는 것에 있다.
   "이는 정하신 사람으로 하여금 천하를 공의로 심판할 날을 작정하시고 이에 그를 죽은 자 가운데서 다시 살리신 것으로 모든 사람에게 믿을 만한 증거를 주셨음이니라 하니라"(행17:31)

내 말로 번역하기

문:

답:

Westminster
Shorter
Catechism

믿음

제29~38문답

<제29문답>

> Question: How are we made partakers of the redemption purchased by Christ?
>
> Answer: We are made partakers of the redemption purchased by Christ, by the effectual application of it to us by his Holy Spirit.

번역

문: 우리는 어떻게 그리스도께서 취득하신 구속의 참여자들이 되나요?

답: 그리스도께서 취득하신 구속을 그의 성령이 우리 자신에게 효력 있게 적용하는 것으로 우리는 그 구속의 참여자들이 됩니다.

원문분석

Question: How are we made partakers of the redemption purchased by Christ?

1. How are we made partakers of the redemption~?

- **How are we made partakers of the redemption~?** We are made partakers of the redemption을 의문사 how를 이용해 만든 의문문이다.

- **We are made partakers of the redemption** 5형식 사역동사 make의 현재시제 수동태이다. '주어 makes us partakers of the redemption.'(주어가 우리를 구속의 참여자들이 되게 한다)을 수동태로 바꾼 문장이다. 이러한 표현을 통해 우리가 구속의 참여자가 되는 것은 우리의 의지나 힘으로 되는 것이 아니라, 전적으로 외부의 힘에 의해 그렇게 되는 것이라는 사실을 분명히 나타내준다. 따라서 이 질문은 우리가 스스로 무엇을 통해서 구속의 참여자가 되었는지를 묻는 것이 아니라, 우리를 구속의 참여자가 되게 한 외부적인 요인에 관해서 묻는 것이다.

- **partakers of the redemption** partake는 partake in의 형태로 사용되면 '~에 참여하다'라는 뜻이다. 그러나 partake of의 형태로 사용되면 '~에 참여하다'라는 뜻도 있지만, 동시에 '자기의 몫으로 ~을 받다'라는 의미도 있다. 따라서 '구속에 참여자들이 된다는 것'은 구속을 받기 위한 어떠한 노력이나 행위에 동참한다는 것이 아니라, 구속을 배당 받을 수 있는 권리에 참여한다는 뜻이다.[12]

2. the redemption purchased by Christ

- **redemption** '구속'으로 번역하는 redemption의 의미는 보증인이 채무자의 빚을 대신 지불함으로 그의 채무를 변제시키는 것이다. 보증인을 통해 구속이 합당하게 행해지면, 이때부터 보증인은 '구속을 행한 자'라는 뜻으로 '구속자'(redeemer)로 불린다.

- **the redemption purchased by Christ** the redemption which was purchased by Christ에서 which was가 생략된 형태이다.

- **purchase** 어떠한 것을 정당한 대가를 지불하고 자기의 소유로 만드는 것을 말한다. 그래서 이 단어는 '구매하다,' '취득하다,' '획득하다' 등으로 많이 번역된다. 따라서 이 문답에 사용된 purchased는 '구매된,' '취득된,' '획득된' 등으로 번역될 수 있는데, 그 중 가장 적절한 것은 '취득된'이다. 일단 '구매된'은 용어 자체가 문장과 자연스럽게 연결되지 않는다. 반면에 '획득된'은 '그리스도에 의해 획득된'처럼 문장과 자연스럽게 연결되기는 한다. 그러나 '획득된'은 이 문답이 가르치는 구속의 의미를 다소 희석시킬 요지가 있다. 먼저 '획득된'은 장로교 교리의 다른 주제를 설명할 때 일반적으로 사용되고 있는 용어이다. '그리스도께서 율법을 성취하시고 의를 획득하셨다'라는 표현으로 이미 일반화되어 있는 용어이다. 이 경우에서 말하는 '획득'은 purchase의 의미가 아니라 obtain의 의미이다. purchase가 정당한 대가를 지불하고 어떤 것을 자기의 것으로 만드는 것을 나타낼 때 사용하는 동사라면, obtain은 스스로의 수고와 노력을 통해 무엇인가를 자기의 것으로 만들 때 사용하는 동사이다. 율법의 의는 그리스도께서 온전한 순종이라는 수고를 통해 획득하신 것이다. 반면에 구속은 그리스도께

---

12. partake에 대한 좀 더 자세한 설명은 32문답의 원문분석을 참고하라.

서 구속자로서 정당한 대가를 지불하고 취득하신 것이다. 따라서 소위 그리스도의 능동적인 순종이라고 일컫는 율법의 성취에서는 '의를 획득하신 것'으로, 그리스도의 수동적인 순종이라고 일컫는 구속의 행위를 통해 신적인 정의(Divine Justice)를 만족시키신 것에 있어서는 '구속을 취득하신 것'으로 구분해서 정리하는 것이 교리를 이해하고 가르치는 데 유익하다.
- the redemption purchased by Christ '그리스도에 의해 취득된 구속'

Answer: We are made partakers of the redemption purchased by Christ, by the effectual application of it to us by his Holy Spirit.

1. We are made partakers of the redemption purchased by Christ.
- **We are made** ~ 현재형이다. 이는 우리가 구속의 참여자가 되는 일반적인 원리를 말한다는 뜻이다. 또한 이 원리는 과거, 현재, 그리고 미래에서 모두 동일하다는 의미이기도 하다.
- **We are made partakers of** ~ 5형식 사역동사 make의 현재시제 수동태이다. 우리가 그리스도에 의해 취득된 구속의 참여자들이 되는 것은 우리의 힘이나 노력에 의한 것이 아니라, 전적으로 외부적인 권위를 따른다는 것을 의미한다.

2. by the effectual application of it to us by his Holy Spirit.
- **by the effectual application of it** by는 수동태의 행동 주체를 의미한다. 능동태가 수동태로 바뀌면 능동태의 주어는 'by + 목적격'의 형태로 문장 뒤에 위치한다. 'I love you'가 'You are loved by me'가 될 때 'by me'와 같은 것이다. 따라서 by the effectual application of it to us by his Holy Spirit 전체가 우리를 그리스도께서 취득하신 구속에 참여자들이 되게 하는 행동의 주체라 할 수 있다.
- **by his Holy Spirit** '그의 성령에 의해'라는 뜻으로, 이는 그리스도의 구속을 우리에게 효력 있게 적용시키는 주체는 우리 자신이 아니라, 우리 속에 있는 성령이라는 사실을 알려준다.
- 이 문답의 답문은 'The effectual application of the redemption purchased by Christ to us by his Holy Spirit makes us partakers of it.'(그리스도께서 취

득하신 구속을 그의 성령이 우리에게 효력 있게 적용하는 것은 우리를 그 구속의 참여자들이 되게 한다.)를 수동태로 변환하여 표현한 것이다.

문답의 키

1. 그리스도께서는 그의 백성들을 위해 스스로 구속을 취득하셨다.
"염소와 송아지의 피로 하지 아니하고 오직 자기의 피로 영원한 속죄를 이루사 단번에 성소에 들어가셨느니라"(히9:12)

2. 그리스도의 구속은 오직 믿는 자들에게만 적용된다.
"영접하는 자 곧 그 이름을 믿는 자들에게는 하나님의 자녀가 되는 권세를 주셨으니"(요1:12)

3. 그리스도의 구속은 성령에 의해 믿는 자들에게 효과적으로 적용된다.
"또 내 영을 너희 속에 두어 너희로 내 율례를 행하게 하리니 너희가 내 규례를 지켜 행할지라"(겔34:27)

4. 그리스도의 구속을 적용받은 자들은 하나님의 상속자들이 된다.
"우리를 구원하시되 우리가 행한 바 의로운 행위로 말미암지 아니하고 오직 그의 긍휼하심을 따라 중생의 씻음과 성령의 새롭게 하심으로 하셨나니 우리 구주 예수 그리스도로 말미암아 우리에게 그 성령을 풍성히 부어 주사 우리로 그의 은혜를 힘입어 의롭다 하심을 얻어 영생의 소망을 따라 상속자가 되게 하려 하심이라"(딛3:5-7)

5. 오직 성령을 받은 자만이 구속의 은혜를 깨달아 알 수 있다.
"우리가 세상의 영을 받지 아니하고 오직 하나님으로부터 온 영을 받았으니 이는 우리로 하여금 하나님께서 우리에게 은혜로 주신 것들을 알게 하려 하심이라"(고전2:12)

내 말로 번역하기

문:

답:

<제30문답>

Question: How doth the Spirit apply to us the redemption purchased by Christ?

Answer: The Spirit applieth to us the redemption purchased by Christ, by working faith in us, and thereby uniting us to Christ in our effectual calling.

번역

문: 성령은 그리스도에 의해 취득된 구속을 우리에게 어떻게 적용하시나요?

답: 성령은 우리를 효력 있게 부르실 때 우리 안에 믿음을 일으키시고, 그 믿음에 의해 우리를 그리스도와 연합시킴으로써 그리스도에 의해 취득된 구속을 우리에게 적용하십니다.

원문분석

Question: How doth the Spirit apply to us the redemption purchased by Christ?

1. How doth the Spirit apply to us the redemption purchased by Christ?

- apply to '~에 적용하다.'

- the redemption purchased by Christ 그리스도에 의해 취득된 구속(제29문 원문분석을 참고하라.)

- How doth the Spirit apply to us the redemption purchased by Christ? 성령이 우리에게 그리스도께서 취득하신 구속을 적용하시는 방법을 묻는 질문이다. 구속은 주는 것이 아니라, 그 효력을 적용시키는 것이다. 취득된 구속이 누군가에게 적용된다는 것은 구속의 효력이 그 사람에게도 영향을 준다는 뜻이다.

Answer: The Spirit applieth to us the redemption purchased by Christ, by working faith in us, and thereby uniting us to Christ in our effectual calling.

1. The Spirit applieth to us the redemption purchased by Christ.

- **The Spirit** 우리를 위해 구속을 취득하시는 분은 그리스도이시고, 그 구속을 우리에게 적용시키시는 분은 성령이시다. 29문에서는 성령을 '그리스도의 거룩하신 영'(his Holy Spirit)이라고 표현했다. 이 문답에서 성령을 'The Spirit'으로 표현한 것이 바로 여기에 있다. 'The Spirit'은 29문에서 언급한 'his Holy Spirit'을 말한다. 따라서 'The Spirit'은 앞에서 언급한 바로 그 영을 말하는 것이라는 뜻으로 '그 영'으로 해석하는 것이 정확한 해석이다. 그렇게 해야 4문답에서 언급한 'a Spirit'과 혼동이 없다. 참고로 4문답의 'a Spirit'은 삼위일체 하나님을 말한다. 그러나 'The Spirit'이 성령을 말하는 것이 정확하고, 이 문답을 29문답과 연결해서 학습하지 않을 시 '그 영'으로 된 번역이 학습자에게 혼동을 가져올 여지가 있기에, '그 영'으로 번역하지 않고, '성령'으로 번역하는 것이 바람직하다.
- **applieth to ~** 성령이 우리에게 구속을 적용시키는 행위가 현재시제로 표현된 것은 이것이 성령의 본질적인 사역이라는 것을 말해준다. 즉 이는 성령이 우리에게 그리스도께서 취득하신 구속을 적용시키시는 분이라는 것을 단정하는 표현이다.

2. by working faith in us

- **by working** by ~ing는 '~ 함으로써'로 자발적인 의지와 힘으로 어떠한 일을 하는 것을 말한다. 동시에 이는 문장의 본동사가 실현될 수 있는 동력이 되는 행동을 나타내는 표현이다.
- **work** 주로 자동사로 쓰여 '일하다, ' '작동하다'라는 뜻을 나타낸다. 그런데 work가 타동사로 쓰이면 '~을 조작하다, ' '~을 작동시키다, ' '~을 일으키다'라는 뜻으로 쓰인다. by working faith in us는 문맥과 관련성구(엡2:8)에 근거하여 '우리 안에서 믿음을 일으키심으로써' 혹은 '우리 안에서 믿음을 작동시킴으

로써'로 이해할 수 있다.

3. , and thereby uniting us to Christ in our effectual calling.

- **thereby** '그것에 의하여,' 혹은 '그것 때문에'

- **and thereby uniting** by working ~, and uniting ~의 구문이다.

- **unite us to Christ** '우리를 그리스도에 연합시키다.'

- **by working faith in us, and thereby uniting us to Christ** '우리 안에 믿음을 일으키시고, 그 믿음에 의해 우리를 그리스도에 연합시킴으로'

- **in our effectual calling** '우리의 효력 있는 부르심에서'라는 이 표현은 모든 택자들을 한 번에 부르시는 것이 아니라, 택자 한 사람 한 사람을 각각 효력 있게 부르실 때를 의미한다. 따라서 이는 '우리를 효력있게 부르실 때'라고 이해할 수 있다.

- **Our** 비록 그 시기는 서로 다르지만 모든 택자들은 결국 다 효력 있게 부름을 받는다는 뜻을 내포한 표현이다.

문답의 키

1. 하나님의 백성들에게 구속이 적용되는 수단은 오직 믿음(through faith)이다.

"이는 그리스도 예수 안에서 아브라함의 복이 이방인에게 미치게 하고 또 우리로 하여금 믿음으로 말미암아 성령의 약속을 받게 하려 함이라"(갈3:14)

2. 신자 속에 있는 믿음은 전적으로 하나님의 사역이다.

"너희는 그 은혜에 의하여 믿음으로 말미암아 구원을 받았으니 이것은 너희에게서 난 것이 아니요 하나님의 선물이라"(엡2:8)

3. 신자는 그리스도와 신비로운 한 몸으로 연합한다.

"너희는 그리스도의 몸이요 지체의 각 부분이라"(고전12:27)

4. 성령께서 우리가 선물로 받은 믿음을 작동하시므로 신자는 그리스도와 연합한다.

   "믿음으로 말미암아 그리스도께서 너희 마음에 계시게 하시옵고 너희가 사랑 가운데서 뿌리가 박히고 터가 굳어져서"(엡3:17)

5. 신자는 효력 있는 부르심이 있을 때 그리스도에게로 연합된다.

   "너희를 불러 그의 아들 예수 그리스도 우리 주와 더불어 교제하게 하시는 하나님은 미쁘시도다"(고전1:9)

내 말로 번역하기

문:

답:

<제31문답>

Question: What is effectual calling?

Answer: Effectual calling is the work of God's Spirit, whereby, convincing us of our sin and misery, enlightening our minds in the knowledge of Christ, and renewing our wills, he doth persuade and enable us to embrace Jesus Christ, freely offered to us in the gospel.

번역

문: 효력 있는 부르심은 무엇인가요?

답: 효력 있는 부르심은 하나님의 영의 사역인데, 그것에 의해 그는 우리에게 죄와 비참함을 깨닫게 하시고, 우리의 마음을 그리스도를 아는 지식으로 밝혀주시며, 우리의 의지들을 새롭게 하심으로 복음 안에서 우리에게 값없이 주어진 그리스도를 품도록 우리를 설득하시고, 또한 그렇게 할 능력을 주십니다.

원문분석

Question: What is effectual calling?

1. What is effectual calling?
- 효력 있는 부르심은 무엇인가요?

Answer: Effectual calling is the work of God's Spirit, whereby, convincing us of our sin and misery, enlightening our minds in the knowledge of Christ, and renewing our wills, he doth persuade and enable us to embrace Jesus Christ, freely offered to us in the gospel.

1. Effectual calling is the work of God's Spirit

- the work of God's Spirit '하나님의 영의 사역'

2. whereby, convincing us of our sin and misery, enlightening our minds in the knowledge of Christ, and renewing our wills he doth persuade ~

- whereby 그것에 의해서, 그로써(계속적 용법), 관계부사로 뒤에 절(주어+동사)이 따른다.

- convincing ~, enlightening ~, and renewing ~, he doth persuade ~ he doth persuade ~가 주절이고, convincing ~, enlightening ~, renewing ~이 종속절인 분사구문이다. 세 개의 분사가 A, B, and C의 형태로 동등하게 배열되어 있으며, 모두 동시동작의 용법으로 사용되어 '~하면서'로 해석된다. 따라서 이 구조는 '~을 깨닫게 하시고, ~을 밝히시며, ~을 새롭게 하시면서, 그는 ~을 설득하신다.' 혹은 '~을 깨닫게 하시고, ~을 밝히시며, ~을 새롭게 하시는 것을 통해, 그는 ~을 설득하신다.' 로 해석할 수 있다.

3. convincing us of our sin and misery

- convince A of B 'A에게 B를 확신시키다.' 혹은 'A에게 B를 깨닫게 하다.'

- convincing us of our sin and misery '우리에게 우리의 죄와 비참함을 깨닫게 하시면서'

4. enlightening our minds in the knowledge of Christ

- enlighten 밝히다, 계몽하다. illuminate도 '조명하다'로 그 의미가 비슷하다. 일반적으로 enlighten은 부족함이 있는 자들에게 더 밝은 빛을 비추어 그 부족함을 채우도록 계몽하는 개념이 강한 반면에 illuminate는 빛이 없는 곳에 처음으로 빛을 비춰서 새로운 것에 눈을 뜨게 하는 개념이 강하다. 그런데 여기에서 사용된 enlighten은 문맥상 illuminate의 개념을 반영한 것으로 여겨진다.

- in the knowledge of Christ '그리스도에 대한 지식 안에서,' 또는 '그리스도에 대한 지식 안으로'의 해석이 모두 가능하나, 함께 쓰인 enlightening이 조명하

다는 의미로 사용되었기에 후자의 해석이 더 적절하다.

- enlightening our minds in the knowledge of Christ '그리스도를 아는 지식을 가질 수 있도록 우리의 마음에 조명하시면서'

5. renewing our wills

- wills our will이 우리 공동체의 하나의 의지라면, our wills은 우리 구성원 한 사람 한 사람 각각의 모든 의지들을 말한다. 따라서 우리의 의지들을 새롭게 한다는 것은 모든 택자들의 마음을 한 번에 새롭게 한다는 것이 아니라, 택자들 한 사람 한 사람의 의지들을 각각 따로 다 새롭게 하신다는 뜻이다.
- renewing our wills '우리의 의지들을 새롭게 하면서'

6. he doth persuade and enable us to embrace Jesus Christ

- he doth persuade and enable ~ 'doth'는 조동사로 사용되어 persuade와 enable의 의미를 강조하는 역할을 한다.
- he doth persuade and enable us to embrace Jesus Christ he doth persuade us to embrace Jesus Christ and he doth enable us to embrace Jesus Christ 를 줄인 표현이다.
- persuade A to B 'A가 B하도록 설득하다'
- enable A to B 'A가 B할 수 있도록 하다' 혹은 'A가 B 할 수 있는 능력을 주다'
- to embrace Jesus Christ embrace는 껴안다, 품다, 받아들이다, 신봉하다 등의 뜻이 있다. 이것의 신학적인 의미는 예수 그리스도를 영접하게 된다는 것이다. 그런데 우리가 이 문장을 해석하면서 생각해 봐야 할 것이 있다. 만일 예수 그리스도를 영접하도록 설득하고 그러할 능력을 주시는 것을 직접적으로 표현하고 싶었다면 embrace를 사용하지 않고 가장 적절한 단어인 receive를 사용했어야 한다. 그런데도 여기에 embrace를 쓴 것은 그 만한 특별한 이유가 있기 때문이다. 따라서 우리는 이 문장을 해석할 때 이 교리교육서의 저자들의 의도를 따라 embrace의 의미를 살릴 필요가 있다. 즉 그리스도를 받아들인다는 의미를 넘어서 그를 포용하고, 품는다는 의미까지 부각시키고자 하는 저자들의 의도를 따

라서 이해해야 한다는 것이다. 이러한 이유로 to embrace Jesus Christ는 '그리스도를 영접하도록'이라기보다는 '그리스도를 품도록'으로 번역하는 것이 더욱 적절하다고 할 수 있다.

7. freely offered to us in the gospel

- freely '값없이'

- freely offered to us in the gospel who is freely offered to us in the gospel에서 who is가 생략된 형태로, '복음 안에서 우리에게 값없이 주어진'을 뜻한다.

문답의 키

1. 효력있는 부르심은 성령님의 사역이다.

   "그가 내 영광을 나타내리니 내 것을 가지고 너희에게 알리시겠음이라"(요16:14)

2. 성령의 부르심이 효력 있는 것은 이 때 죄를 깨닫게 하기 때문이다.

   "그가 와서 죄에 대하여, 의에 대하여, 심판에 대하여 세상을 책망하시리라"(요16:8)

3. 효력있는 부르심의 때에 성령은 우리의 비참함을 깨닫게 한다.

   "생명에 이르게 할 그 계명이 내게 대하여 도리어 사망에 이르게 하는 것이 되었도다"(롬7:10)

4. 효력있는 부름심의 때에 비로소 우리의 마음이 그리스도를 아는 지식으로 계몽된다.

   "그러나 너희는 택하신 족속이요 왕 같은 제사장들이요 거룩한 나라요 그의 소유가 된 백성이니 이는 너희를 어두운 데서 불러 내어 그의 기이한 빛에 들어가게 하신 이의 아름다운 덕을 선포하게 하려 하심이라"(벧전2:9)

5. 효력있는 부름심 때에 우리의 의지가 새로워진다.

"또 새 영을 너희 속에 두고 새 마음을 너희에게 주되 너희 육신에서 굳은 마음을 제거하고 부드러운 마음을 줄 것이며"(겔36:26)

6. 성령께서 효력 있게 부르실 때에 우리는 그리스도를 품도록 설득 받는다.

"나를 보내신 아버지께서 이끌지 아니하시면 아무도 내게 올 수 없으니 오는 그를 내가 마지막 날에 다시 살리리라"(요6:44)

7. 성령께서 효력 있게 부르실 때에 우리는 그리스도를 품을 수 있게 된다.

"또 내 영을 너희 속에 두어 너희로 내 율례를 행하게 하리니 너희가 내 규례를 지켜 행할지라"(겔36:27)

8. 예수 그리스도는 오직 복음 안에서만 우리 모두에게 값없이 주어진다.

"성령과 신부가 말씀하시기를 오라 하시는도다 듣는 자도 오라 할 것이요 목마른 자도 올 것이요 또 원하는 자는 값없이 생명수를 받으라 하시더라"(계22:17)

내 말로 번역하기

문:

답:

<32문답>

Question: What benefits do they that are effectually called partake of in this life?

Answer: They that are effectually called do in this life partake of justification, adoption, and sanctification, and the several benefits which in this life do either accompany or flow from them.

번역

문: 효력 있게 부르심을 받은 그들은 이생에서 어떤 은덕들에 참여하나요?

답: 효력 있게 부르심을 받은 그들은 이생에서 칭의, 양자 삼음, 성화는 물론 이생에서 그것들과 함께 혹은 그것들로부터 나오는 여러 은덕들에 참여합니다.

원문분석

Question: What benefits do they that are effectually called partake of in this life?

1. What benefits do they partake of in this life?

- **benefits** '은덕들'

- **partake of** partake는 partake in의 형태로 사용되면 '~에 참여하다'라는 뜻이 되고, partake of의 형태로 사용되면 '~에 참여하다'라는 뜻으로도 사용되면서도, 동시에 '자기의 몫으로 ~을 받다'라는 의미도 있다. 이 교리교육서는 우리가 은혜를 받기 위해 어떠한 행위에 참여하는 것이 아니라, 그 은혜의 몫을 배당 받는 권리에 참여한다는 의미로 partake를 사용하고 있다.

　이 교리교육서는 32문답과 97문답에서는 동사형인 partake of를, 29문답과 96문에서는 명사형 형태인 partakers of의 형태를 사용하고 있다. 이 중에 32문답은 그 의미상 '~에 참여하다'보다는 '~을 몫으로 받다'가 더 분명하다. 그러나 이를 '~을 받다'로 번역하게 되면 이 교리교육서에서 사용된 receive와 혼동을 초래할 수도 있다. 따라서 문서 번역의 통일성을 위해 partake of는 '~에 참여하다'로, partakers of는 '~에 참여자들'로 일괄되게 번역함을 밝힌다.

- in this life '이생에서'
- What benefits do they partake of in this life? 그들은 이생에서 어떠한 은덕들에 참여하나요?

2. they that are effectually called
- **that** they를 선행사로 받는 주격 관계대명사이다. 한정용법으로 that are effectually called가 they를 수식한다.
- **they that are effectually called** '효력 있게 부르심을 받은 그들'

Answer: They that are effectually called do in this life partake of justification, adoption, and sanctification, and the several benefits which in this life do either accompany or flow from them.

1. They that are effectually called '효력 있게 부르심을 받은 그들'

2. do in this life partake of justification, adoption, and sanctification,
- **do** 조동사로 강조용법이다. partake의 의미를 강조할 뿐 아니라, 이것의 시제가 현재라는 것을 나타낸다.
- **in this life** '이생에서'
- **partake of justification, adoption, and sanctification** '칭의, 양자 삼음, [13] 성화에 참여한다.' 칭의, 양자 삼음, 성화는 우리가 어떠한 대가를 지불하고 취득하거나, 어떠한 수고와 노력을 통해 획득하는 것이 아니라 전적으로 하나님으로부터

---

13. adoption(양자 삼음)에 대한 설명은 34문답의 원문분석을 참고하라.

받는 것이다. 칭의, 양자 삼음, 성화에 참여한다는 것은 그것들에 대한 우리의 몫을 받을 수 있는 자격을 취득한다는 뜻이다.

3. , and the several benefits which in this life do either accompany or flow from them.

- 콤마(,) and 앞에 언급했던 칭의, 양자 삼음, 성화와는 다른 종류를 추가한다는 표시이다.

- the several benefits which ~ '~하는 몇몇 은덕들'로 한정용법의 관계대명사 which 구문으로 한정되기 때문에 several benefits 앞에 the가 붙었다.

- either accompany or flow from them either A or B는 'A나 B 둘 중 아무거나 하나로' either accompany or flow from them는 '그것들과 함께 혹은 그것들로부터 나오는'으로 해석한다.

- them justification(칭의), adoption(양자 삼음), sanctification(성화)를 말한다. 따라서 이 답문은 효력 있게 부르심을 받은 자들이 받는 은덕들은 칭의, 양자 삼음, 성화는 물론 이 세 가지와 함께 혹은 이 세 가지로부터 나오는 여러 은덕들을 받는다는 의미이다.

문답의 키

1. 믿는 자들은 칭의에 참여한다.

"또 미리 정하신 그들을 또한 부르시고 부르신 그들을 또한 의롭다 하시고 의롭다 하신 그들을 또한 영화롭게 하셨느니라"(롬8:30)

2. 믿는 자들은 하나님의 가족에 참여한다.

"너희는 다시 무서워하는 종의 영을 받지 아니하고 양자의 영을 받았으므로 우리가 아빠 아버지라고 부르짖느니라"(롬8:15)

3. 믿는 자들은 성화에 참여한다.

"이 뜻을 따라 예수 그리스도의 몸을 단번에 드리심으로 말미암아 우리가 거룩함을 얻었노라"(히10:10)

4. 믿는 자들은 이생에서 필요한 모든 은덕에 참여한다.

"바울이나 아볼로나 게바나 세계나 생명이나 사망이나 지금 것이나 장래 것이나 다 너희의 것이요"(고전3:22)

내 말로 번역하기

문:

답:

<제33문답>

Question: What is justification?

Answer: Justification is an act of God's free grace, wherein he pardoneth all our sins, and accepteth us as righteous in his sight, only for the righteousness of Christ imputed to us, and received by faith alone.

번역

문: 칭의는 무엇인가요?

답: 칭의는 하나님의 값없는 은혜의 행위인데, 그 안에서 그는 우리에게 전가되고, 믿음으로만 받아들여지는 그리스도의 의만을 따라서 우리의 모든 죄를 용서하시고, 그가 보시기에 우리를 의롭다고 용납하십니다.

원문분석

Question: What is justification?

1. What is justification?

- justify '정당화하다.' '옳다고 인정해주다,' '의롭다고 입증하다'라는 뜻이다. justify는 의롭지 않은 상태를 의로운 상태로 바꾸는 것이 아니다. 즉 의화시키는 것이 아니다. justify는 변동이 없는 상태에서 정당함을 인정해주는 것이다. 의롭다고 인정해주는 것이다. justification을 '칭의'라고 하는 것이 바로 이런 이유이다.

- **What is justification?** 이 질문은 구속의 참여자들이 받는 은덕으로서 칭의가 무엇인지를 묻는 것이다.

Answer: Justification is an act of God's free grace, wherein he pardoneth all our sins, and accepteth us as righteous in his sight, only for the righteousness of Christ imputed to us, and received by faith alone.

1. Justification is an act of God's free grace.
- an act of God's free grace '하나님의 값없는 은혜의 행위'
- an act 하나님의 무수한 값없는 은혜의 행위들 중 하나라는 의미이다. 그렇다고 이를 '하나님의 값없는 은혜의 한 행위'로 해석하지는 않는다. 이는 I am a student를 '나는 한 학생이다'로 해석하지 않는 것과 같은 원리이다.

2. , wherein
- , wherein 관계대명사 in which로 이해하면 된다. 콤마(,) which의 형태는 이 관계대명사가 계속적 용법으로 사용되었다는 것을 의미한다. 따라서 이는 '~인데, 그 안에서'로 해석한다.

3. he pardoneth all our sins.
- pardon '용서하다,' '사면하다'라는 뜻이다. 죄에는 죄책과 형벌이 따른다. pardon이 죄를 용서한다는 뜻은 죄책에서 자유롭게 해 주고, 형벌을 다 받은 것으로 인정해 준다는 뜻이다. 죄인이었던 신자가 사면되는 것은 하나님의 값없는 은혜의 행위 때문이다. 이를 통해 신자는 죄책에서 자유로워지며, 형벌을 피할 수 있게 된다. 그러나 하나님께서 아무 이유 없이 죄인을 사면하시는 것은 아니다. 하나님께서 신자에게 값없는 은혜의 행위를 하시는 것에는 분명 어떠한 이유가 있다. 이는 그리스도께서 그들의 죄책과 형벌의 문제를 대신 해결하셨기 때문이다. 이것이 바로 pardon의 원리이다. 그리스도께서 우리의 죄책과 형벌의 문제를 다 해결하셨기에 하나님께서 우리를 값없이 사면하시는 것이다. 이러한 차원에서 pardon은 하나님께서 우리의 죄책과 형벌의 문제가 해결된 것을 선언하시는 것이라 할 수 있다.
- he pardoneth all our sins '그는 우리의 모든 죄들을 용서하신다.'

4. and accepteth us as righteous in his sight

- and accepteth ~ he pardoneth ~, and accepteth의 틀이다.

- accepteth us as righteous 우리를 의인이라고 평가해주시는 것이 아니다. 왜냐하면 우리는 의인이 아니기 때문이다. 비록 의인이 아니지만 우리를 의롭다고 용납해 주시는 것이다. 우리가 본질적으로 의인이 아니기에 의인이라고 평가할 수는 없지만, 우리를 의롭다고는 인정해 주신다는 것이다. 따라서 accepteth us as righteous는 지극히 거룩하신 하나님께서 우리의 본질 때문이 아니라, 우리를 의롭게 인정할 수 있도록 하는 어떤 외부적인 요인에 의해서 우리를 용납하시게 된다는 것을 암시하는 표현이다.

- in his sight '그의 목전에서,' 혹은 '그가 보시기에'라는 뜻이다. 우리를 의롭다고 받아주시는 기준은 오직 하나님께 있음을 나타내는 표현이다. 우리의 본질이 아니라, 하나님께서 정하신 법에 의해 하나님 보시기에 의로우면 그렇게 용납되는 것이다.

5. only for the righteousness of Christ imputed to us, and received by faith alone.

- only for the righteousness of Christ '오직 그리스도의 의 때문에'

- only for the righteousness of Christ (which is) imputed to us, and (which is) received by faith alone '우리에게 전가되고, 믿음으로만 받아들여지는 그리스도의 의만을 따라서'

문답의 키

1. 칭의는 분에 넘치게 주어지는 하나님의 값없는 은혜의 행위이다.
   "그리스도 예수 안에 있는 속량으로 말미암아 하나님의 은혜로 값 없이 의롭다 하심을 얻은 자 되었느니라"(롬3:24)

2. 칭의를 통해 우리의 모든 죄가 사면되었다.
   "그가 네 모든 죄악을 사하시며 네 모든 병을 고치시며"(시103:3)

3. 칭의를 통해 그리스도의 온전한 의가 신자들에게 전가된다.

"하나님이 죄를 알지도 못하신 이를 우리를 대신하여 죄로 삼으신 것은 우리로 하여금 그 안에서 하나님의 의가 되게 하려 하심이라"(고후5:21)

4. 신자는 오직 그리스도의 의를 전가 받음으로 하나님으로부터 의롭다고 인정받는다.

"한 사람이 순종하지 아니함으로 많은 사람이 죄인 된 것 같이 한 사람이 순종하심으로 많은 사람이 의인이 되리라"(롬5:19)

5. 그리스도의 의를 전가 받는 수단은 오직 믿음이다.

"곧 예수 그리스도를 믿음으로 말미암아 모든 믿는 자에게 미치는 하나님의 의니 차별이 없느니라"(롬3:22)

내 말로 번역하기

문:

답:

<제34문답>

Question: What is adoption?

Answer: Adoption is an act of God's free grace, whereby we are received into the number, and have a right to all the privileges, of the sons of God.

번역

문: 양자 삼음은 무엇인가요?

답: 양자 삼음은 하나님의 값없는 은혜의 행위인데, 그로부터 우리가 하나님의 아들들의 수에 받아들여지고, 그들의 모든 특권에 대한 권리를 갖습니다.

원문분석

Question: What is adoption?

1. what is adoption?

- adoption '양자됨'으로 번역되는 경우가 많이 있다. 그러나 '양자됨'이라는 표현은 입양되어 들어가는 사람의 입장을 나타낸 표현으로, 'being adopted'에 대한 번역이다. 또한 adoption을 '양자'로 번역하는 경우들도 많이 있다. 그러나 '양자'는 입양된 아들을 지칭하는 표현이다. 즉 an adopted son의 번역이다.

adopt는 '양자(양녀)로 삼다'라는 뜻이다. 이 단어는 양자를 삼는 자의 입장을 보여준다. 마찬가지로 이 동사의 명사형인 adoption도 양자를 삼는 입장을 살려서 이해해야 한다. 다시 말해 Adoption은 양자로 입양되는 우리의 입장이 아니라, 우리를 양자 삼으시는 하나님의 입장에서 이해되고 설명되어야 한다. 따라서 adoption은 '양자됨'이나 '양자' 보다는 '양자 삼음'이나 '양자 결연'으로 번역하는 것이 바람직한 것으로 보인다.

Answer: Adoption is an act of God's free grace, whereby we are received into the number, and have a right to all the privileges, of the sons of God.

1. Adoption is an act of God's free grace

- an act of God's free grace '하나님의 값없는 은혜의 한 행위'라는 의미이다. 하나님의 값없는 은혜의 행위는 우리가 셀 수 없을 정도로 많다. 그 중에 하나가 바로 '양자 삼음'이다. 그러나 이것을 번역할 때 'an'을 '하나'로 표시하지는 않는다. 이는 I am a student를 '나는 한 명의 학생이다'로 번역하지 않는 것과 같다.

2. , whereby we are received into the number ~

- , whereby 앞에 콤마(,)를 붙인 계속적 용법의 관계부사이다. 기본적으로 '그로써' 나 '그래서'라는 뜻이다. 이는 앞에 제시한 정보가 어떠한 결과를 도출하는지를 설명하겠다는 이정표 역할을 한다. 따라서 문맥상 '그로부터'로 번역하는 것이 내용 전개상 더욱 자연스러운 경우가 많이 있다.

3. we are received into the number, and have a right to all the privileges, of the sons of God.

- 'we are received into the number of the sons of God'과 'we have a right to all the privileges of the sons of God'의 두 문장을 겹치는 정보들 중 하나를 생략하고 한 문장으로 줄인 표현이다. 따라서 이 문장은 두 내용이 동등한 가치로 그 의미가 다 살 수 있게 번역 되어야 한다.
- we are received into the number of the sons of God '우리가 하나님의 아들들의 수에 받아들여진다.'
- we have a right to all the privileges of the sons of God '우리는 하나님의 아들들의 모든 특권을 가지고 있다.'

문답의 키

1. 양자 삼음은 하나님의 값없는 은혜의 행위이다.

   "보라 아버지께서 어떠한 사랑을 우리에게 베푸사 하나님의 자녀라 일컬음을 받게 하셨는가, 우리가 그러하도다 그러므로 세상이 우리를 알지 못함은 그를 알지 못함이라"(요일3:1)

2. 양자 삼음 안에서 신자는 하나님의 자녀들 중 하나로 받아들여진다.

   "그 기쁘신 뜻대로 우리를 예정하사 예수 그리스도로 말미암아 자기의 아들들이 되게 하셨으니"(엡1:5)

3. 양자 삼음 안에서 우리들은 하나님의 자녀들의 모든 특권을 가질 자격을 얻는다.

   "자녀이면 또한 상속자 곧 하나님의 상속자요 그리스도와 함께 한 상속자니 우리가 그와 함께 영광을 받기 위하여 고난도 함께 받아야 할 것이니라"(롬8:17)

내 말로 번역하기

문:

답:

<제35문답>

Question: What is sanctification?

Answer: Sanctification is the work of God's free grace, whereby we are renewed in the whole man after the image of God, and are enabled more and more to die unto sin, and live unto righteousness.

번역

문: 성화는 무엇인가요?

답: 성화는 하나님의 값없는 은혜의 사역인데, 그로 인해 우리는 전인이 하나님의 형상을 따라 새롭게 되고, 점점 더 죄에 대해서는 죽고, 의에 대해서는 살 수 있게 됩니다.

원문분석

Question: What is sanctification?

1. What is sanctification?

- sanctify '신성하게 하다,' '축성하다,' '정화시키다'라는 뜻이다. 이는 본질적으로 아무런 변화가 없는 상태에서 어떤 충족된 조건에 따라 의롭다고 인정해주는 '칭의'와는 달리 실제로 상태를 정화시키고 거룩하게 만들어 가는 것을 말한다.

sanctify는 타동사이다. 스스로 자기를 정화하는 것이 아니라, 누군가를 정화시켜서 거룩하게 만드는 것이다. 따라서 sanctification도 이러한 차원에서 이해되어야 한다. 즉 '성화'는 우리가 거룩해지는 것이 아니라, 우리를 거룩하게 하시는 분께 초점을 맞춰서 이해되고, 설명되어야 한다.

Answer: Sanctification is the work of God's free grace, whereby we are renewed in the whole man after the image of God, and are enabled more and more to die unto sin, and live unto righteousness.

1. Sanctification is the work of God's free grace

- **the work of God's free grace** '하나님의 값없는 은혜의 사역'

- **the work** 하나님의 유일한 사역이라는 뜻이 아니다. 이는 하나님의 사역들 중에 값없는 은혜의 사역들만을 한정한다는 뜻이다. 하나님의 사역들 중에는 진노의 사역들도 있다.

- 칭의와 양자 삼음도 성화와 같이 하나님의 값없는 은혜가 드러난 것이다. 그런데 성화는 the work of God's free grace(하나님의 값없는 은혜의 사역)인 반면, 칭의와 양자 삼음은 an act of God's free grace(하나님의 값없는 은혜의 행위)라고 되어 있다. 이 두 표현의 차이는 an act(하나의 행위)로 표현된 것은 하나님께서 한 명의 택자에게 딱 한 번만 행하는 값없는 은혜인 반면, the work(사역)는 하나님께서 반복적이고 지속적으로 행하시는 값없는 은혜라는 데 있다. 참고로 효력 있는 부르심도 the work of God's Spirit (하나님의 영의 사역)이다.

2. , whereby we are renewed ~

- **, whereby** 앞에 콤마(,)를 붙인 계속적 용법의 관계부사이다. 이 문답에서 whereby이하는 전체적으로 we are renewed ~, and are enabled to ~의 구조로, 하나님의 성화의 사역에 의해 우리에게 나타나는 두 가지의 큰 반응을 설명한다.(34문답 원문분석을 참고하라)

3. we are renewed in the whole man after the image of God

- **we are renewed** '우리는 새롭게 된다'라는 뜻이다. 수동의 표현으로 우리가 스스로 새롭게 되는 것이 아니라, 외부적인 요인에 의해 우리가 수동적으로 새로워지는 것을 말한다. 이 표현에 의하면 우리가 새로워지는 데 우리가 할 수 있는 것은 아무것도 없다. 단지 우리는 새롭게 되는 모습으로 반응할 뿐이다. 성화는

We become new(우리가 새롭게 된다)도 We renew ourselves(우리는 스스로를 새롭게 한다)도 아니라, we are renewed(우리가 새롭게 된다)라는 것을 결코 잊어서는 안 된다.

- **in the whole man** 모든 인류를 말하는 것이 아니라, 각각의 사람들의 온전한 한 인격체를 말하는 것이다. 즉 온전한 몸(body)과 영혼(soul)으로 구성된 한 인격체로서의 사람을 말하는 것이다. 여기서 in the whole man은 우리가 새로워지는 범위를 나타낸다. 즉 이는 우리의 전인(whole person)이 새롭게 된다는 뜻이다.
- **after the image of God** '하나님의 형상을 따라'라는 뜻으로 우리의 전인이 새롭게 되는 방향과 목표에 대한 정보이다.

4. and are enabled more and more to die unto sin, and live unto righteousness.

- 'and we are enabled more and more to die unto sin, and we are enabled more and more to live unto righteousness.'를 줄인 표현이다.
- **are enabled more and more to die ~** 주어 enable A to B는 '주어는 A가 B할 수 있도록 해주다'라는 뜻이다. 이는 주어가 A에게 B할 수 있는 능력을 준다는 뜻이다. A는 결코 스스로는 B할 수 없다. 그러나 주어가 A에게 B할 수 있는 능력을 주면 가능하다. 결국 이 표현은 A에게서 나타나는 모든 능력의 근원이 오직 주어라는 뜻이다.
- **more and more** '점점 더'로 성화의 점진적인 성격을 잘 나타내는 표현이다.
- **we are enabled to die unto sin** '주어 enables us to die unto sin'을 수동태 문장으로 바꾼 표현이다. 이 문답 전체에서 볼 때 여기서 주어는 the work of God's free grace이다. 즉 하나님의 값없는 은혜의 사역이 우리가 죄에 대하여 점점 더 죽을 수 있게 능력을 주신다는 뜻이다.
- **we are enabled to live unto righteousness** we are enabled to die unto sin과 동일한 구조이다. 하나님의 값없는 은혜의 사역이 우리가 의에 대하여 점점 더 살 수 있게 능력을 주신다는 뜻이다.
- 34문답의 답문에서 말하는 행동의 주체는 하나님이시다. 그러나 성화의 내용은 사람을 주어로 한 수동태 문장으로 설명하고 있다. 이는 하나님의 성화의 사역

은 언제나 신자의 삶을 통해 드러난다는 것을 암시한다. 따라서 신자의 삶은 그 자체가 하나님의 성화의 사역에 대한 반응이라는 것을 결코 잊어서는 안 된다.

문답의 키

1. 성화는 전적으로 하나님의 사역이다.

"너희 안에서 행하시는 이는 하나님이시니 자기의 기쁘신 뜻을 위하여 너희에게 소원을 두고 행하게 하시나니"(빌2:13)

2. 성화의 사역은 주로 단계별로 행해진다.

"우리가 다 수건을 벗은 얼굴로 거울을 보는 것 같이 주의 영광을 보매 그와 같은 형상으로 변화하여 영광에서 영광에 이르니 곧 주의 영으로 말미암음이니라"(고후3:18)

3. 성화는 가치 없는 자에게 값없이 주어지는 자비의 사역이다.

"우리 구주 하나님의 자비와 사람 사랑하심이 나타날 때에 우리를 구원하시되 우리가 행한 바 의로운 행위로 말미암지 아니하고 오직 그의 긍휼하심을 따라 중생의 씻음과 성령의 새롭게 하심으로 하셨나니"(딛3:4, 5)

4. 성화를 통해 죄인의 마음은 새로워진다.

"너희는 이 세대를 본받지 말고 오직 마음을 새롭게 함으로 변화를 받아 하나님의 선하시고 기뻐하시고 온전하신 뜻이 무엇인지 분별하도록 하라"(롬12:2)

5. 성화를 통해 신자는 점진적으로 새로워진다.

"또 새 영을 너희 속에 두고 새 마음을 너희에게 주되 너희 육신에서 굳은 마음을 제거하고 부드러운 마음을 줄 것이며"(겔36:26)

6. 성화를 통해 죄인은 하나님의 형상과 모양을 따라 새로워진다.

"하나님을 따라 의와 진리의 거룩함으로 지으심을 받은 새 사람을 입으라"(엡4:24)

7. 성화의 과정에서 죄인은 죄에 대하여 죽을 수 있게 된다.

"우리가 알거니와 우리의 옛 사람이 예수와 함께 십자가에 못 박힌 것은 죄의 몸이 죽어 다시는 우리가 죄에게 종 노릇 하지 아니하려 함이니"(롬6:6)

8. 성화의 과정에서 죄인은 의에 대하여 살 수 있게 된다.

"그러나 이제는 너희가 죄로부터 해방되고 하나님께 종이 되어 거룩함에 이르는 열매를 맺었으니 그 마지막은 영생이라"(롬6:22)

9. 신자는 매일 매일 죄에 대하여 죽고, 의에 대하여 산다.

"그러므로 우리가 낙심하지 아니하노니 우리의 겉사람은 낡아지나 우리의 속사람은 날로 새로워지도다"(고후4:16)

내 말로 번역하기

문:

답:

⟨제36문답⟩

> Question: What are the benefits which in this life do accompany
> or flow from justification, adoption, and sanctification?
> Answer: The benefits which in this life do accompany or flow
> from justification, adoption, and sanctification, are,
> assurance of God's love, peace of conscience, joy in
> the Holy Ghost, increase of grace, and perseverance
> therein to the end.

번역

문: 이생에서 칭의, 양자 삼음, 성화와 함께 발생하거나 그것들로부터 흘러나오는
은덕들은 무엇인가요?

답: 이생에서 칭의, 양자 삼음, 성화와 함께 발생하거나 혹은 그것들로부터 흘러나
오는 은덕들은 하나님의 사랑에 대한 확신, 양심의 평안, 성령 안에서 기쁨, 은혜
의 증진, 그리고 그 안에서 끝까지 견디는 것입니다.

원문분석

Question: What are the benefits which in this life do accompany or flow
from justification, adoption, and sanctification?

1. What are the benefits~?
- the benefits '은덕들'로 복수형이다. 이는 다양한 은덕들이 있음을 말해준다.
  정관사(the)는 모든 은덕들을 말하는 것이 아니라 뒤에 따라오는 관계대명사를
  통해 한정되는 은덕들만 여기에 해당된다는 것을 나타낸다.
- What are the benefits~? 그 은덕들이 구체적으로 무엇인지를 묻는 질문이다.

2. which in this life do accompany or flow from justification, adoption, and
   sanctification

- which in this life do accompany justification, adoption, and sanctification
  과 which in this life do flow from justification, adoption, and sanctification
  를 or 로 연결하면서 중복된 것들을 생략한 형태이다.

- **which** 사물을 선행사로 받는 주격 관계대명사이다. 한정용법으로 사용되었다.

- **in this life** '이생에서'로 칭의, 양자 삼음, 성화와 관련된 다양한 은덕들은 이생
  에서 발생하는 것임을 나타낸다. 즉 칭의, 양자 삼음, 성화는 땅에 살아있는 사람
  들에게만 해당되는 은덕들이다. 따라서 죽은 자들이나 아직 이 땅에 태어나지
  않은 자들을 위해 이러한 은덕을 구하거나 기대하는 것은 잘못이다.

- **accompany** '~와 동반하다.'

- **flow from** '~로부터 흘러나오다.'

- **which in this life do accompany justification, adoption, and sanctification**
  '이생에서 칭의, 양자 삼음, 성화와 동반하는'

- **which in this life do flow from justification, adoption, and sanctification** '이
  생에서 칭의, 양자 삼음, 성화로부터 흘러나오는'

- **do accompany or flow from** 'A이거나 B'를 말하는 A or B구문이다. 이는 A나
  B 둘 중에 어느 것 하나만 성립해도 참이 된다는 뜻이다. 물론 A와 B가 동시에
  성립할 수도 있다. 따라서 이 질문은 이생에서 칭의, 양자 삼음, 성화와 관련된
  은덕이 있는 것은 분명하다는 것과 그 은덕은 칭의, 양자 삼음, 성화와 동반해서
  나타날 수도 있고, 혹은 그것들로부터 흘러나올 수도 있다는 것이 사실임을 암
  시하고 있다.

Answer: The benefits which in this life do accompany or flow from
         justification, adoption, and sanctification, are, assurance of God's
         love, peace of conscience, joy in the Holy Ghost, increase of grace,
         and perseverance therein to the end.

1. assurance of God's love, peace of conscience, joy in the Holy Ghost, increase of grace, and perseverance therein to the end.

- assurance ~, peace ~, joy ~, increase ~, and perseverance ~. A, B, C, D, and E의 구조로 5가지의 은덕들을 동등하게 나열하고 있다.

- assurance of God's love '하나님의 사랑에 대한 확신'

- peace of conscience '양심의 평안'

- joy in the Holy Ghost '성령 안에서 기쁨'

- increase of grace '은혜의 증진'

- perseverance therein to the end '그 안에서 끝까지 견딤'으로 여기서 '그 안에서'(therein)는 칭의, 양자 삼음, 성화와 함께 혹은 그것들로부터 흘러나오는 은덕들인 '하나님의 사랑에 대한 확신'과 '양심의 평안'과 '성령 안에서 기쁨'과 '은혜의 증진'의 은덕들 안에서라는 뜻이다. 참고로 이는 구원의 서정 중 성도의 견인에 해당되는 것으로 이해하면 된다.

문답의 키

1. 신자에게는 칭의, 양자 삼음, 성화의 은덕으로 이생에서 하나님의 사랑에 대한 확신이 주어진다.
   "소망이 우리를 부끄럽게 하지 아니함은 우리에게 주신 성령으로 말미암아 하나님의 사랑이 우리 마음에 부은 바 됨이니"(롬5:5)

2. 신자는 칭의, 양자 삼음, 성화의 은덕으로 이생에서 양심의 평화를 누린다.
   "그러므로 우리가 믿음으로 의롭다 하심을 받았으니 우리 주 예수 그리스도로 말미암아 하나님과 화평을 누리자"(롬5:1)

3. 신자는 칭의, 양자 삼음, 성화의 은덕으로 어떠한 상황에서도 성령 안에서 기쁨을 누린다.
   "그러므로 너희가 이제 여러 가지 시험으로 말미암아 잠깐 근심하게 되지 않을 수 없으나 오히려 크게 기뻐하는도다"(벧전 1:8)

4. 신자는 칭의, 양자 삼음, 성화의 은덕으로 이생에서 점점 더 큰 은혜를 경험하게 된다.

"의인의 길은 돋는 햇살 같아서 크게 빛나 한낮의 광명에 이르거니와"(잠4:18)

5. 신자는 칭의, 양자 삼음, 성화의 은덕으로 이생에서 은혜 안에서 끝까지 견딜 수 있게 된다.

"내가 그들에게 복을 주기 위하여 그들을 떠나지 아니하리라 하는 영원한 언약을 그들에게 세우고 나를 경외함을 그들의 마음에 두어 나를 떠나지 않게 하고"(렘32:40)

내 말로 번역하기

문:

답:

〈제37문답〉

> Question: What benefits do believers receive from Christ at death?
>
> Answer: The souls of believers are at their death made perfect in holiness, and do immediately pass into glory; and their bodies, being still united to Christ, do rest in their graves, till the resurrection.

번역

문: 신자들은 죽을 때 그리스도로부터 어떠한 은덕들을 받나요?

답: 신자들의 영혼들은 그들이 죽을 때 거룩함으로 온전하게 되어, 즉시 영광에 들어가고, 그들의 육신들은 여전히 그리스도에 연합된 채로 부활의 때까지 계속 그들의 무덤에서 쉽니다.

원문분석

Question: What benefits do believers receive from Christ at death?

1. What benefits do believers receive from Christ at death?

- at death '죽음의 때에'

- What benefits do believers receive from Christ at death? 이 질문은 그 자체에서 신자들이 죽음의 때에 그리스도로부터 여러 은덕들을 받는다는 사실을 전제하고 있다.

Answer: The souls of believers are at their death made perfect in holiness, and do immediately pass into glory; and their bodies, being still united to Christ, do rest in their graves, till the resurrection.

1. The souls of believers are made perfect, and do pass~; and their bodies do rest~.

- 세미콜론(;) 답문 전체의 구조는 A and A'; B의 틀이다. 여기서 세미콜론(;)은 큰 and의 의미로 문장을 크게 두 개로 나누는 역할을 한다. A와 A' 사이에 있는 and와 혼동을 피하기 위해 사용되었다. 신자의 영혼에서 나타나는 은덕들은 A 와 A'로, 그리고 신자의 몸에서 나타나는 은덕들은 B로 다룬다.

2. The souls of believers are at their death made perfect in holiness,

- The souls of believers '신자들의 영혼들'로 신자들 각각의 독립된 영혼들 모두 를 말한다. 신자의 영혼들 중 한 영혼도 예외일 수 없다.

- are made perfect 5형식에서 사역동사 make 문장인 '(Christ) makes the souls of believers perfect in holiness'를 수동태로 바꾼 것이다. 신자가 죽음을 맞을 때 그리스도께서 신자의 영혼을 완전히 거룩하게 만드신다는 사실을 신 자의 입장에서 표현한 것이다. 신자가 죽을 때 그가 거룩함으로 완전해지는 것 은 전적으로 그리스도께서 베푸시는 은덕이다. 이 사실을 분명히 나타내기 위 해 'The souls of believers at their death become perfect in holiness'가 아닌 'The souls of believers are at their death made perfect in holiness'로 표현 한 것이다.

- their 영혼들(souls)이 아니라, 신자들(believers)을 받는 대명사이다. 따라서 at their death는 '영혼들이 죽을 때'가 아니라 '신자들이 죽을 때'를 의미한다. 하 나님께서는 사람의 영혼을 불멸하도록 창조하셨다. 신자든 불신자든 모든 사람 의 영혼은 죽지 않는다.

- perfect in holiness 거룩함으로 완전해진다는 것은 죄의 요소들을 벗고 본질적 으로 거룩하게 된다는 뜻이다.

- '신자들의 영혼들은 그들이 죽을 때 거룩함으로 완전해진다'

3. , and do immediately pass into glory

- , and do immediately pass into glory The souls of believers do at their death immediately pass into glory가 콤마(,) and로 앞 문장과 연결되면서 중복되는 주어인 The souls of believers와 동일한 때를 나타내는 부사구인 at their death가 생략된 형태이다.

- **immediately pass into glory** '즉시 영광에 들어간다.'
- **콤마(,) and** 이 내용이 단순히 독립적인 하나의 동등한 정보가 아니라 and 앞의 내용에 긴밀히 연계되어 있다는 뜻이다. 따라서 '~하고'가 아니라 '~하여' 혹은 '~되어'로 해석해야 한다.

4. and their bodies, being still united in Christ, do rest in their graves

- **being still united to Christ** their bodies를 주어로 하는 분사구문으로, 동시동작을 나타내는 용법으로 사용되었다. 따라서 '여전히 그리스도에 연합된 채로'로 해석한다.
- **their bodies do rest in their graves** '그들의 몸은 그들의 무덤들에서 쉰다.'
- '그들의 몸은 여전히 그리스도에 연합된 채로 그들의 무덤들에서 쉰다.'

5. till the resurrection

- **till the resurrection** '부활의 때까지 쭉'이다. 여기서 말하는 부활은 앞에서 언급한 죽은 신자들에게만 한정된 부활을 말하는 것이 아니다. 만일 이것이 죽음을 맞은 신자들만의 부활이라면 till their resurrection이라고 표현했을 것이다. the resurrection은 모든 죽은 자들의 부활을 말한다. 따라서 till the resurrection은 세상의 마지막 날에 모든 죽은 자들이 부활하게 되는 그 때까지를 말한다.

문답의 키

1. 신자가 죽음을 맞을 때 그의 영혼은 온전히 거룩해진다.

"하늘에 기록된 장자들의 모임과 교회와 만민의 심판자이신 하나님과 및 온전하게 된 의인의 영들과"(히12:23)

2. 죽음 이후 신자의 영혼은 즉시 영광에 이른다.

"예수께서 이르시되 내가 진실로 네게 이르노니 오늘 네가 나와 함께 낙원에 있으리라 하시니라"(눅23:43)

3. 죽은 후 무덤에 있는 신자의 몸은 여전히 그리스도와 연합되어 있다.

"우리가 예수께서 죽으셨다가 다시 살아나심을 믿을진대 이와 같이 예수 안에서 자는 자들도 하나님이 그와 함께 데리고 오시리라"(살전4:14)

4. 신자의 몸은 죽은 후 무덤에 쉬면서 부활을 기다린다.

"그들은 평안에 들어갔나니 바른 길로 가는 자들은 그들의 침상에서 편히 쉬리라"(사 57:2)

5. 신자의 몸은 마지막 날에 무덤으로부터 들림을 받을 것이다.

"주께서 호령과 천사장의 소리와 하나님의 나팔 소리로 친히 하늘로부터 강림하시리니 그리스도 안에서 죽은 자들이 먼저 일어나고"(살전4:16)

6. 사람이 죽는 것은 영혼과 육이 분리되어 각각 장소를 이동하는 것이지, 사라지는 것이 아니다.

"예수께서 이르시되 내가 진실로 네게 이르노니 오늘 네가 나와 함께 낙원에 있으리라 하시니라"(눅23:43)

내 말로 번역하기

문:

답:

<제38문답>

Question: What benefits do believers receive from Christ at the resurrection?

Answer: At the resurrection, believers, being raised up in glory, shall be openly acknowledged and acquitted in the day of judgment, and made perfectly blessed in the full enjoying of God to all eternity.

번역

문: 신자들은 부활의 때에 그리스도로부터 어떠한 은덕들을 받나요?

답: 부활의 때에 신자들은 영광중에 일으킴을 받아서, 심판 날에 공개적으로 인정과 무죄 선언을 받게 될 것이고, 하나님을 영원까지 누리는 그 절정을 완벽하게 복으로 받게 될 것입니다.

원문분석

Question: What benefits do believers receive from Christ at the resurrection?

1. What benefits do believers receive from Christ at the resurrection?

- at the resurrection 신자들만의 부활의 때를 말하는 것이 아니라 마지막 날에 죽은 모든 자들이 부활하는 때를 말한다. (제37문답 원문분석을 참고하라)

- What benefits do believers receive from Christ at the resurrection? 이 질문은 부활의 때에 신자들이 그리스도로부터 여러 은덕들을 받게 된다는 것을 사실로 전제하고 있다.

Answer: At the resurrection, believers, being raised up in glory, shall be openly acknowledged and acquitted in the day of judgment, and made perfectly blessed in the full enjoying of God to all eternity.

1. believers, being raised up in glory, shall be openly acknowledged and acquitted in the day of judgment

- **being raised up in glory** 분사구문으로 주어는 believers이고 시제는 shall을 따라 미래이다. 분사구문이 주절 뒤에 '콤마(,) ~ing' 형태로 오면 주절과 동시로 발생하는 사건이나 연속해서 발생하는 사건을 묘사한다. 그런데 본문처럼 분사구문이 주절의 주어와 본동사 사이에 오면 분사구문에서 제공하는 정보가 본동사의 이유가 되거나, 혹은 그 사건이 발생하는 시점이 본동사의 발생 시점보다 우선한다는 것을 의미한다. 따라서 being raised up in glory는 '영광중에 일으킴을 받아서'가 된다.

2. believers shall be openly acknowledged and acquitted in the day of judgment

- **acknowledge** '~을 인정하다, ' '승인하다.' 따라서 be acknowledged는 '인정받는다' 혹은 '승인되다'가 된다.
- **acquit** '~을 무죄로 하다, ' '~에게 무죄를 선고하다.' 따라서 be acquitted는 '무죄 선고를 받다'가 된다.
- **be openly acknowledged and acquitted** '공개적으로 인정받고 무죄 선고를 받는다.'
- **in the day of judgment** '심판의 날에'

3, , and made perfectly blessed in the full enjoying of God to all eternity.

- **콤마(,) and** 여기서 and 앞에 사용된 '콤마(,)'는 이 and가 'acknowledged and acquitted'에서 사용된 것과 동급이 아니라는 것을 나타낸다. 즉 made가 acknowledged와 acquitted와 달리 독립적으로 쓰이고 있음을 나타내는 것이다.

- made perfectly blessed shall be made perfectly blessed에서 중복되는 shall be가 생략되었다. made perfectly blessed는 '(Christ) shall make the believers perfectly blessed'(그리스도께서 신자들에게 완전한 복을 내리실 것이다.)를 수동태 문장으로 표현한 것이다. 따라서 이는 신자들이 완전한 복을 받은 상태가 될 것이라는 뜻이다.

- **in the full enjoying of God to all eternity** in the full (which they are) enjoying of God to all eternity로 여기서 full은 '충만한'을 의미하는 형용사가 아니라, '절정' 혹은 '정점'을 나타내는 명사이다. 그리고 to all eternity는 '영원까지'로 이해하면 된다. 'God blessed A in B' 혹은 'God blessed A with B'는 '하나님께서 A에게 B를 (복으로) 주셨다'라는 의미이다. 여기서 B는 하나님께서 복으로 내리신 구체적인 내용이다. 이 표현은 하나님께서 신자들에게 복으로 주신 것으로 'the full'(절정)을 제시하고 있고, 이어서 그것에 대한 추가 설명을 제공하고 있다. 따라서 이 표현은 '하나님을 영원까지 누리는 그 절정을'로 번역해야 한다.

문답의 키

1. 신자는 마지막 때에 영광으로 들림을 받을 것이다.

   "욕된 것으로 심고 영광스러운 것으로 다시 살아나며 약한 것으로 심고 강한 것으로 다시 살아나며"(고전15:43)

2. 신자는 심판의 날에 그리스도로부터 공개적으로 인정을 받을 것이다.

   "내가 또한 너희에게 말하노니 누구든지 사람 앞에서 나를 시인하면 인자도 하나님의 사자들 앞에서 그를 시인할 것이요"(눅12:8)

3. 신자는 심판 때에 그리스도로부터 무죄 선고를 받을 것이다.

   "너희 믿음의 확실함은 불로 연단하여도 없어질 금보다 더 귀하여 예수 그리스도께서 나타나실 때에 칭찬과 영광과 존귀를 얻게 할 것이니라"(벧전1:7)

4. 신자는 심판을 통해 하나님을 온전히 기뻐하고 누릴 수 있는 복을 받게 될 것이다.

"기록된 바 하나님이 자기를 사랑하는 자들을 위하여 예비하신 모든 것은 눈으로 보지 못하고 귀로 듣지 못하고 사람의 마음으로 생각하지도 못하였다 함과 같으니라"(고전 2:9)

5. 신자는 하나님을 영원히 즐거워할 수 있게 된다.

"그 후에 우리 살아 남은 자들도 그들과 함께 구름 속으로 끌어 올려 공중에서 주를 영접하게 하시리니 그리하여 우리가 항상 주와 함께 있으리라"(살전4:17)

내 말로 번역하기

문:

답:

16

Westminster
Shorter
Catechism

사랑

제39~87문답

⟨제39문답⟩

> Question: What is the duty which God requireth of man?
> Answer: The duty which God requireth of man, is obedience to
> his revealed will.

번역
문: 하나님께서 사람에게 요구하시는 의무는 무엇인가요?
답: 하나님께서 사람에게 요구하시는 의무는 그의 계시된 뜻에 대한 순종입니다.

원문분석
Question: What is the duty which God requireth of man?

1. What is the duty which God requireth of man?
- the duty 정관사(the)를 쓴 것은 일반적인 의무를 말하는 것이 아니라 관계대명 사절로 한정되는 의무만을 의미한다는 것을 나타내기 위함이다. 즉 이 의무는 오직 하나님께서 사람에게 요구하신 것들만을 말하는 것이다.
- which God requireth of man 여기서의 현재형은 하나님께서 현재 요구하고 계 신 것이라는 뜻이기보다는 시간에 상관없이 하나님께서 사람에게 항상 요구하 시는 것을 나타내는 표현이다.
- God requireth of man man은 하나님께서 인격적인 존재로 창조하신 모든 인 류를 말한다.

Answer: The duty which God requireth of man, is obedience to his revealed will.

1. The duty which God requireth of man, is obedience to his revealed will.

- **obedience to his revealed will** 웨스트민스터 소교리교육서는 2형식 명사 보어를 사용할 때 명사형, to 부정사형, 동명사형을 구분해서 사용한다. 따라서 우리는 원문의 의도를 따라 이 세 가지 표현을 구분해서 이해해야 한다. the duty 를 받는 명사 보어는 obedience이다. 그리고 무엇에 대한 순종인지를 나타내는 부분이 his revealed will이다. 따라서 obedience to his revealed will은 '그의 계시된 뜻에 대한 순종'이다. 만일 to obey to his revealed will이면 '그의 계시된 뜻에 순종하는 것'으로, obeying to his revealed will이면 '그의 계시된 뜻에 순종하기'로 이해해야 한다. 'to obey'가 앞으로 해야 할 행동에 초점을 둔다면, 'obeying'은 매 순간 그렇게 하고 있는지 그렇지 않은지를 돌아보게 한다. 반면에 'obedience'는 행동으로 나타나는 것뿐 아니라 순종이라는 개념에 해당되는 모든 것을 의미한다고 할 수 있다.

문답의 키

1. 하나님께서 모든 인류에게 요구하시는 의무들이 있다.

"이스라엘아 네 하나님 여호와께서 네게 요구하시는 것이 무엇이냐 곧 네 하나님 여호와를 경외하여 그의 모든 도를 행하고 그를 사랑하며 마음을 다하고 뜻을 다하여 네 하나님 여호와를 섬기고"(신10:12)

2. 하나님에 대한 사람의 의무의 핵심은 순종이다.

"사무엘이 이르되 여호와께서 번제와 다른 제사를 그의 목소리를 청종하는 것을 좋아하심 같이 좋아하시겠나이까 순종이 제사보다 낫고 듣는 것이 숫양의 기름보다 나으니"(삼상15:22)

3. 하나님께서 사람에게 요구하시는 순종의 범위는 우주적이다(a universal obedience).

"누구든지 온 율법을 지키다가 그 하나를 범하면 모두 범한 자가 되나니"(약2:10)

4. 하나님께서 사람에게 요구하시는 순종은 완벽하고 영원한 순종이다.

"예수께서 이르시되 네 마음을 다하고 목숨을 다하고 뜻을 다하여 주 너의 하나님을 사랑하라 하셨으니"(마22:37)

5. 하나님에 대한 사람의 순종의 유일한 법칙은 하나님의 계시된 뜻이다.

"사람아 주께서 선한 것이 무엇임을 네게 보이셨나니 여호와께서 네게 구하시는 것은 오직 정의를 행하며 인자를 사랑하며 겸손하게 네 하나님과 함께 행하는 것이 아니냐"(미6:8)

내 말로 번역하기

문:

답:

<제40문답>

> Question: What did God at first reveal to man for the rule of his obedience?
>
> Answer: The rule which God at first revealed to man for his obedience, was the moral law.

번역

문: 하나님께서 처음에 사람에게 자기의 순종의 법칙으로 무엇을 계시하셨나요?

답: 하나님께서 처음에 사람에게 자기의 순종을 위해 계시하신 법칙은 도덕법이었습니다.

원문분석

Question: What did God at first reveal to man for the rule of his obedience?

1. What did God at first reveal to man~?

- **What did ~?** 하나님께서 과거에 계시하신 것을 묻는 질문이다. 따라서 이 질문에서 다루는 하나님의 뜻은 이미 완료된 계시이다.

- **reveal** '계시하다'로 번역하는 reveal은 없던 것을 만들어 내는 것이 아니다. 그보다 reveal은 이미 있었으나 감춰져 있던 것을 드러내는 것을 의미한다. 따라서 하나님께서 계시하셨다는 것은 이미 자기의 의도와 계획 속에 있던 뜻을 비로소 세상에 드러내셨다는 것을 의미한다.

- **at first** '처음에'라는 뜻이다. at first는 어떠한 상황의 초기 시작 부분을 묘사하는 표현이다. 따라서 이 표현이 하나님의 계시와 함께 사용된 것은 하나님께서 사람에게 계시하기 시작하시는 초기의 상황에 대한 내용임을 나타낸다. 참고로 시간에 따라 순서적으로 일어나는 여러 다양한 사건들 중에 첫 번째 것을 표현하는 것은 for the first time(처음으로)이다. 결국 at first는 하나님께서 사람에

게 계시하신 과거의 초기 시점에 대한 표현이지, 계시하신 다양한 것들 중 순서상 첫 번째 것을 의미하는 것이 아니다.

2. for the rule of his obedience

- for 용도(목적)를 나타내는 전치사이다.
- his 앞의 man을 받는 대명사이다.
- for the rule of his obedience '그의 순종의 법칙으로'

Answer: The rule which God at first revealed to man for his obedience, was the moral law.

1. The rule which God at first revealed to man for his obedience, was the moral law.

- The rule was the moral law '그 규칙은 도덕법이었다.' 과거형으로 표현하여 도덕법이 과거에 주어진 법칙임을 나타낸다.
- which God at first revealed to man which는 the rule을 선행사로 받는 한정용법의 목적격 관계대명사이다. '하나님께서 처음에 사람에게 계시하신'
- for his obedience '그의 순종을 위해'

문답의 키

1. 모든 사람은 그 본성 안에 하나님께서 양심을 통해 요구하신 순종의 법칙이 있다.
  "이런 이들은 그 양심이 증거가 되어 그 생각들이 서로 혹은 고발하며 혹은 변명하여 그 마음에 새긴 율법의 행위를 나타내느니라"(롬2:15)

2. 하나님의 법 중에는 의식법을 통해 그의 교회에 요구하시는 순종의 법칙들이 있었다.
  "그런즉 율법은 무엇이냐 범법하므로 더하여진 것이라 천사들을 통하여 한 중보자의 손으로 베푸신 것인데 약속하신 자손이 오시기까지 있을 것이라"(갈3:19)

3. 의식법은 특별한 목적을 위해 제정된 법이었다. 그래서 그것은 영구적이지 않고 일시적이었다.

   "이같이 율법이 우리를 그리스도께로 인도하는 초등교사가 되어 우리로 하여금 믿음으로 말미암아 의롭다 함을 얻게 하려 함이라"(갈3:24)

4. 의식법은 현재 파기되고 없다.

   "전에 있던 계명은 연약하고 무익하므로 폐하고"(히7:18)

5. 하나님께서 사람의 본성 안에서 양심을 통해 요구하신 순종의 법칙을 도덕법이라고 한다.

   "하나님이 자기 형상 곧 하나님의 형상대로 사람을 창조하시되 남자와 여자를 창조하시고"(창1:27)

6. 도덕법은 우주적이며 불변하다.

   "진실로 너희에게 이르노니 천지가 없어지기 전에는 율법의 일점 일획도 결코 없어지지 아니하고 다 이루리라"(마5:18)

내 말로 번역하기

문:

답:

<제41문답>

> Question: Wherein is the moral law summarily comprehended?
>
> Answer: The moral law is summarily comprehended in the ten commandments.

번역
문: 도덕법은 어디에 요약적으로 포함되어 있나요?

답: 도덕법은 십계명 안에 요약적으로 포함되어 있습니다.

원문분석
Question: Wherein is the moral law summarily comprehended?

1. Wherein is the moral law summarily comprehended?
- comprehend '이해하다'라는 뜻으로도 쓰이며, '포함하다'라는 뜻으로도 쓰인다. '이해하다'라는 의미로 쓰일 때의 형용사는 comprehensible(이해할 수 있는)이며, '포함하다'라는 의미로 사용될 때의 형용사는 comprehensive(포괄적인)이다. 이 문답에서는 be comprehended in의 틀로 사용되어 '~에 포함되다'를 나타낸다.
- summarily 요약적으로
- Wherein is the moral law summarily comprehended? '도덕법은 어디에 요약적으로 포함되어 있나요?'라는 뜻으로 도덕법을 요약적으로 포함하고 있는 그 무엇 혹은 그 장소를 묻는 질문이다.

Answer: The moral law is summarily comprehended in the ten commandments.

1. The moral law is summarily comprehended in the ten commandments.

- be comprehended in '~에 포함되어 있다.'

- the ten commandments '십계명'

- The moral law is summarily comprehended in the ten commandments. 도덕법은 십계명에 요약적으로 포함되어 있다. 도덕법은 하나님의 계시된 뜻인 성경에 두루 소개되어 있다. 그중에서도 십계명 안에 잘 요약되어 있다.

문답의 키

1. 성경 각 권들은 모두 도덕법을 충분히 포함하고 있다.

"모든 성경은 하나님의 감동으로 된 것으로 교훈과 책망과 바르게 함과 의로 교육하기에 유익하니 이는 하나님의 사람으로 온전하게 하며 모든 선한 일을 행할 능력을 갖추게 하려 함이라"(딤후3:16, 17)

2. 도덕법은 어떤 곳에서는 요약되어 있기도 하다.

"간음하지 말라, 살인하지 말라, 도둑질하지 말라, 탐내지 말라 한 것과 그 외에 다른 계명이 있을지라도 네 이웃을 네 자신과 같이 사랑하라 하신 그 말씀 가운데 다 들었느니라"(롬13:9)

3. 도덕법의 핵심은 십계명 안에 있다.

"여호와께서 그 총회 날에 산 위 불 가운데에서 너희에게 이르신 십계명을 처음과 같이 그 판에 쓰시고 그것을 내게 주시기로"(신10:4)

내 말로 번역하기

문:

답:

<제42문답>

Question: What is the sum of the ten commandments?
Answer: The sum of the ten commandments is, to love the Lord our God with all our heart, with all our soul, with all our strength, and with all our mind; and our neighbor as ourselves.

번역

문: 십계명의 강령은 무엇인가요?

답: 십계명의 강령은 우리의 온 심정과 온 영혼과 온 힘과 온 마음으로 우리 주 하나님을 사랑하고, 우리의 이웃을 우리 자신으로 사랑하는 것입니다.

원문분석

Question: What is the sum of the ten commandments?

1. What is the sum of the ten commandments?

- sum 총량, 요점, 강령

- What is the sum of the ten commandments? '십계명의 강령은 무엇인가요?' 도덕법은 모든 성경에 다 있다. 모든 성경이 가르치는 도덕법은 십계명으로 요약된다. 그리고 이 십계명은 어떠한 강령으로 함축된다. 이 질문은 십계명의 의미가 함축된 강령이 무엇인지를 묻는 것이다.

Answer: The sum of the ten commandments is, to love the Lord our God with all our heart, with all our soul, with all our strength, and with all our mind; and our neighbor as ourselves.

1. The sum of the ten commandments is, to love the Lord our God ~; and our neighbor ~.

- **The sum of the ten commandments is to love.** 십계명의 강령은 사랑하는 것이다.

- **to love** to love의 의미상 주어가 없다. 이는 to love의 주어가 일반적인 모든 사람에게 해당된다는 뜻이다. 도덕법이 이 땅의 모든 인류에게 하나님께서 요구하시는 순종의 법칙이고, 십계명이 그것을 요약적으로 포함하는 것이기에, 십계명의 강령인 사랑하는 것 또한 모든 사람이 지켜야 할 강령인 것이다.

2. to love the Lord our God with all our heart, with all our soul, with all our strength, and with all our mind; and our neighbor as ourselves.

- **to love the Lord our God ~; and our neighbor ~** to love의 목적어로 the Lord our God과 our neighbor가 (세미콜론); and로 연결되어 있다.

- **to love the Lord our God with all our heart, with all our soul, with all our strength, and with all our mind** 하나님을 사랑하는 4가지의 도구를 소개한다. with all our heart(우리의 온 심정으로), with all our soul(우리의 온 영혼으로), with all our strength(우리의 온 힘으로), and with all our mind(우리의 온 마음으로)로 표현된 것같이 우리의 온 맘과, 온 영혼과, 온 힘과, 온 뜻을 모두 동원해서 하나님을 사랑해야 한다는 것이 십계명의 강령이다.

- **heart** 심정 (mind 마음)

3. ; and our neighbor as ourselves

- **; and our neighbor as ourselves** ; and to love our neighbor as ourselves에서 중복된 to love를 생략한 표현이다.

- **세미콜론(;)** 큰 and의 용법으로 뒤에 따라오는 and가 앞의 A, B, C, and D구문과 구별된다는 것을 나타낸다. 또한 여기서의 세미콜론(;)은 뒤에 따라 오는 내용이 앞의 내용에 의미상 긴밀히 연결되어 있음을 나타낸다. 즉 하나님을 사랑하고 이웃을 사랑하는 것이 각각 독립된 두 가지 사랑을 실천하는 것이 아니라,

하나님 사랑에 이웃 사랑이 긴밀히 연결되어 있다는 것을 나타내는 것이다. 다시 말해 하나님 사랑에 기초하여 이웃을 사랑하는 것이라는 의미이다.

- **as ourselves** as는 직유를 나타내는 '~처럼'이 아니라, 자격을 나타내는 '~로서'이다. 따라서 as ourselves는 '우리 자신처럼'이 아니라 '우리 자신으로'가 되어야 한다. 우리 자신처럼의 영어식 표현은 like ourselves이다. 이는 우리가 이웃을 사랑할 때 그들을 우리 자신처럼 대하는 것을 넘어서, 우리 자신 자체로 여기라는 뜻이다. 참고로 이는 our neighbor is ourselves when we love them.(우리가 우리 이웃들을 사랑할 때, 그들은 우리 자신이다.)와 같은 은유적 표현과 유사하다고도 할 수 있다.

- **to love the Lord our God ~; and our neighbor** 사람에게 순종을 요구하는 하나님의 뜻은 도덕법이다. 이 도덕법은 모든 성경(scriptures)에 기록되어 있다. 그 중에서 십계명에 요약적으로 포함되어 있다. 그리고 이 십계명은 하나님과 이웃을 사랑하는 것으로 함축된다.

문답의 키

1. 도덕법과 십계명의 핵심은 두 개의 계명으로 요약된다.
   "이 두 계명이 온 율법과 선지자의 강령이니라"(마22:40)

2. 하나님에 대한 사랑이 십계명의 첫째이자 으뜸가는 강령이다.
   "예수께서 이르시되 네 마음을 다하고 목숨을 다하고 뜻을 다하여 주 너의 하나님을 사랑하라 하셨으니 이것이 크고 첫째 되는 계명이요"(마22:37, 38)

3. 우리 이웃에 대한 우리의 의무는 십계명의 둘째 강령이다.
   "둘째도 그와 같으니 네 이웃을 네 자신 같이 사랑하라 하셨으니"(마22:39)

내 말로 번역하기

문:

답:

<제43문답>

> Question: What is the preface to the ten commandments?
> Answer: The preface to the ten commandments is in these
> words, I am the Lord thy God, which have brought
> thee out of the land of Egypt, out of the house of
> bondage.

번역

문: 십계명의 서문은 무엇인가요?

답: 십계명의 서문은 이 말씀에 있습니다. "나는 너를 애굽 땅, 종 되었던 집에서 인
도하여 낸 네 하나님 여호와니라."

원문분석

Question: What is the preface to the ten commandments?

1. What is the preface to the ten commandments?

- the preface to '~의 서문' 혹은 '~의 서언'

- What is the preface to the ten commandments? 도덕법이 요약적으로 포함
되어 있는 십계명은 서언과 6개의 간구와 결어로 구성되어 있다. 이 질문은 그
중에서 서언의 내용을 묻고 있다.

Answer: The preface to the ten commandments is in these words, I am the
Lord thy God, which have brought thee out of the land of Egypt,
out of the house of bondage.

1. The preface to the ten commandments is in these words

- The preface to the ten commandments is in these words '주어 + be동사 + 전치사 + 명사'는 1형식 문장이다. 따라서 이러한 틀에서 사용된 be동사는 '~이다'가 아니라 '~에 있다'라는 뜻이다. '십계명의 서언은 이 말씀들 안에 있다.'

2. , I am the Lord thy God, which have brought thee out of the land of Egypt, out of the house of bondage.

- , I am the Lord thy God 콤마(,)는 뒤에 따라오는 내용이 앞의 these words와 동격이라는 것을 의미한다.

- , which have brought thee which는 계속적 용법으로 사용된 주격 관계대명사이다. which의 선행사는 thy God이다. 따라서 콤마(,) which는 '너희 하나님인데, 그는 ~'으로 해석해야 한다.

- have brought bring의 현재완료 표현이다. 현재완료는 과거에 이미 완료된 사건의 결과가 현재에 영향을 미친다는 것을 나타낸다. 따라서 이 표현은 하나님께서 너희를 옮기신 사건은 이미 과거에 완료되었기에 현재는 너희가 더 이상 그 이전의 장소에 있지 않다는 것을 나타낸다.

- out of the land of Egypt, out of the house of bondage. 콤마(,)는 동격을 의미한다. 따라서 이는 '이집트의 땅과 속박의 집으로부터'가 아니라, '속박의 집인 이집트의 땅으로부터'로 해석해야 한다.

내 말로 번역하기
문:
답:

<제44문답>

Question: What doth the preface to the ten commandments teach us?

Answer: The preface to the ten commandments teacheth us, that because God is the Lord, and our God, and Redeemer, therefore we are bound to keep all his commandments.

번역

문: 십계명의 서문은 우리에게 무엇을 가르쳐 주나요?

답: 십계명의 서문은 하나님께서 주시며, 우리의 하나님이시고, 구속자이시기 때문에, 우리가 그의 모든 계명들을 반드시 지켜야 한다는 것을 우리에게 가르쳐 줍니다.

원문분석

Question: What doth the preface to the ten commandments teach us?

1. What doth the preface to the ten commandments teach us?

- teach '주어 + teach + 목적어'의 틀인 3형식에서 사용되면 '~을 가르치다'로 해석하고, '주어 + teach + 사람(간접 목적어) + 사물(직접 목적어)'의 틀인 4형식에서 사용되면 '~에게 ~을 가르쳐주다'로 해석한다. 본 문답에서는 us를 간접 목적어로, what을 직접 목적어로 받는 4형식 동사로 사용되었다.

- us '우리'라는 뜻이다. 웨스트민스터 소교리교육서에서 사용된 us(우리)는 넓게는 하나님으로부터 택함을 받은 모든 자들을 말하며, 좁게는 이 교리교육서를 통해 함께 진리를 탐구하는 선생님과 학생들을 의미한다. 그런데 십계명을 다루는 부분에서의 us(우리)는 그 의미가 다르다. 십계명은 도덕법으로 그 대상은 하나님의 백성들만이 아닌, 모든 인류이다. 따라서 여기서 말하는 us(우리)는 택자

들은 물론 유기된 자들까지 포함하는 모든 인류이다.

- What doth the preface to the ten commandments teach us? '십계명의 서
  언은 우리에게 무엇을 가르치나요?'로 해석되는 이 질문은 하나님께서는 십계
  명의 서문을 통해 우리에게 무엇인가를 가르쳐 주신다는 사실을 이미 전제하고
  있다.

Answer: The preface to the ten commandments teacheth us, that because
God is the Lord, and our God, and Redeemer, therefore we are
bound to keep all his commandments.

1. The preface to the ten commandments teacheth us, that ~.
- teacheth 현재형이다. 이는 십계명이 비록 과거에 주어진 것이지만, 그 가르침
  은 이 계명을 받은 과거의 사람들 뿐 아니라, 현재는 물론 미래에서도 언제나 유
  효하다는 것을 의미한다. 의식법과 시민법은 그리스도의 예표들로서 그리스도
  께서 이 땅에 오심으로 모두 폐지되었다. 그러나 도덕법은 폐지되지 않고 예수
  그리스도를 통해 완성되었다. 이것이 십계명의 가르침을 현재형으로 표현한 또
  하나의 이유이다.
- that 명사절을 이끄는 접속사이다. that이하의 절이 teach의 직접 목적어가 된
  다. 따라서 이 부분은 '십계명의 서론은 that 이하를 우리에게 가르쳐준다'의 틀
  로 해석해야 한다.

2. that because God is the Lord, and our God, and Redeemer, therefore we
   are bound to keep all his commandments.
- that because God is ~, we are ~. 명사절인 that절이 단문이 아니라 복문이다.
  단문은 하나의 주어와 하나의 동사로 구성된 문장을 말한다. 반면에 복문은 주
  절과 종속절이 합쳐진 문장을 말한다. 이 문장에서는 because God is ~가 종속
  절이고, we are ~가 주절이다. 따라서 목적절인 that because God is ~, we are
  ~는 '하나님께서 ~이시기 때문에, 우리가 ~이라는 것을'의 틀로 해석해야 한다.

- **God is the Lord, and our God, and Redeemer** the Lord, our God, and Redeemer처럼 A, B, and C로 표현하지 않고, A, and B, and C로 표현한 것은 the Lord, our God, redeemer를 단순히 동등하게 나열한 것이 아니라, the Lord, our God, redeemer를 모두 동격으로 표현한 것이다. 즉 하나님께서는 주시면서 동시에 우리의 하나님이시고, 그러면서 구속자이시라는 뜻이다.
- **therefore** '그러므로'의 뜻을 가지 부사로, 이유를 나타내는 종속절과 자연스럽게 연결된다.
- **are bound to** be bound to는 '반드시 ~ 해야 할 의무가 있는'이라는 뜻이다. 참고로 bound는 물체에 부딪힌 공이 다시 튕겨 나오는 현상을 응용한 표현이다. 사물에 부딪힌 공이 반드시 튕겨 나오듯이, 무조건 그렇게 되어야 한다는 의미이다.
- **keep all his commandments** 계명에 대한 순종의 기준은 계명들 중에 최대한 얼마나 많은 계명을 지키느냐가 아니다. 그의 계명들을 모두(all) 온전히 지키느냐, 그렇지 않느냐에 있다.

문답의 키

1. 하나님께서는 만물의 주인이시다.

"기약이 이르면 하나님이 그의 나타나심을 보이시리니 하나님은 복되시고 유일하신 주권자이시며 만왕의 왕이시며 만주의 주시오"(딤전6:15)

2. 하나님께서는 우리의 하나님이시다.

"이 하나님은 영원히 우리 하나님이시니 그가 우리를 죽을 때까지 인도하시리로다"(시48:14)

3. 하나님께서는 우리의 구속자이시다.

"주는 우리 아버지시라 아브라함은 우리를 모르고 이스라엘은 우리를 인정하지 아니할지라도 여호와여, 주는 우리의 아버지시라 옛날부터 주의 이름을 우리의 구속자라 하셨거늘"(사63:16)

4. 우리가 하나님의 계명을 지켜야 하는 이유는 하나님께서 우리의 주님(the Lord)이시기 때문이다.

　"그리하면 왕이 네 아름다움을 사모하실지라 그는 네 주인이시니 너는 그를 경배할지어다"(시45:11)

5. 우리가 하나님의 계명을 지켜야 하는 이유는 하나님께서 우리의 하나님이시기 때문이다.

　"여호와께서 또 모든 백성들과 이 땅에 거주하던 아모리 족속을 우리 앞에서 쫓아내셨음이라 그러므로 우리도 여호와를 섬기리니 그는 우리 하나님이심이니이다 하니라"(수24:18)

6. 우리가 하나님의 계명을 지켜야 하는 이유는 하나님께서 우리의 구속자이시기 때문이다.

　"값으로 산 것이 되었으니 그런즉 너희 몸으로 하나님께 영광을 돌리라"(고전6:20)

내 말로 번역하기
문:
답:

<제45문답>

> Question: Which is the first commandment?
> Answer: The first commandment is, Thou shalt have no other
> gods before me.

번역

문: 어떤 것이 첫 번째 계명인가요?

답: 첫 번째 계명은 "너는 내 앞에서 다른 신들을 두지 말라."입니다.

원문분석

Question: Which is the first commandment?

1. Which is the first commandment?

- **Which ~?** 웨스트민스터 소교리교육서는 어떠한 것의 종류에 대해서 물을 때는 which를 사용한다. 특히 여러 종류가 있는 것들 중에 어떠한 것이 그것에 해당하는지를 묻는 질문에서 사용한다. 반면에 어떠한 것의 본질이나 개념을 물을 때는 what을 주로 사용한다. which와 what의 또 하나의 차이는 which가 이미 포괄적으로 알고 있는 정보 중에서 구체적인 정보를 요구하는 것이라면, what은 전혀 모르는 내용의 정보를 요구하는 것이라 할 수 있다. 이 교리교육서는 which와 what의 이 차이를 분명히 구분해서 사용하고 있다. 따라서 which는 '어떠한 것(들)'으로 해석하고, what은 '무엇(들)'으로 구분해서 해석해야 한다.

- **Which is the first commandment?** 10개의 계명 중에 어떤 것이 첫 번째 계명에 해당되는지를 묻는 것이다. 따라서 이는 '무엇이 첫 번째 계명인가요?' 보다는 '어떤 것이 첫 번째 계명인가요?'로 해석해야 본 교리교육서의 의도가 잘 드러난다.

Answer: The first commandment is, Thou shalt have no other gods before me.

1. Thou shalt have no other gods before me.

- **Thou** you(너는)의 옛 표현이다. 참고로 Thou의 격변화는 'Thou(you, 너는) - Thy(your, 너의) - Thee(you, 너를, 너에게) - Thine(yours, 너의 것)'이다. You가 단수와 복수의 형태가 동일한 것처럼 Thou도 단수와 복수의 형태가 동일하다. 따라서 사용된 대명사가 단수인지 복수인지는 문맥을 통해서 파악해야 한다.
- **Thou shalt have no other gods before me.** You shall not have other gods before me를 no를 사용해 명사를 부정하는 방식으로 표현한 것이다.
- **before me** '내 앞에서' [14]

내 말로 번역하기
문:
답:

---

14. 웨스트민스터 소교리교육서가 참고한 성경인 KJV의 표현이다. 개역개정에는 '나 외에는'으로 되어 있다.

〈제46문답〉

> Question: What is required in the first commandment?
> Answer: The first commandment requireth us to know and
> acknowledge God to be the only true God, and our
> God; and to worship and glorify him accordingly.

번역

문: 첫 번째 계명에서는 무엇이 요구되나요?

답: 첫 번째 계명은 하나님께서 유일한 참 하나님이신 것과 우리의 하나님이신 것을 알고 인정하는 것과 그것에 상응하게 그분을 경배하고 영화롭게 하는 것을 우리에게 요구합니다.

원문분석

Question: What is required in the first commandment?

1. What is required in the first commandment?

- **What is required ~?** 수동태로 묻고 있다. 이는 이 계명 자체가 무엇을 요구하는지 보다는 그것을 받아서 수행해야 하는 사람의 입장을 더 부각시키려는 의도의 표현이다. 이러한 표현은 제44문답에서 우리가 계명을 지켜야 할 의무가 있다는 뜻으로 'we have to~'나 'we must~'가 아닌 we are bound to keep all his commandments처럼 수동 형태를 사용한 것과 잘 연결된다고 할 수 있다.[15]

    우리에게 요구된 것을 수동태로 질문한 또 하나의 이유는 계명을 통해 우리

---

15. 웨스트민스터 소교리교육서는 십계명의 각 계명을 다룰 때, 각 계명에서 요구되거나 금지되는 것에 대한 질문은 수동태를 사용하고, 이것에 대한 대답은 각 계명을 주어로 하는 능동태를 사용하고 있다. 즉 각 계명이 모두 '○ 번째 계명에서는 무엇이 요구되나요?,' '○ 번째 계명은 ~을 요구합니다,' '○ 번째 계명에서는 무엇이 금지되나요?,' '○ 번째 계명은 ~을 금지합니다.'의 틀로 되어 있다.

에게 무엇인가를 요구하시는 분이 존재한다는 사실을 암시하는 것이다. 즉 수동 태인 이 질문에는 우리에게 계명을 주신 하나님께서 간접적으로 드러나 있다.

- What is required in the first commandment? '첫 번째 계명에서는 무엇이 요구되나요?'

Answer: The first commandment requireth us to know and acknowledge God to be the only true God, and our God; and to worship and glorify him accordingly.

1. The first commandment requireth us to know and acknowledge God to be the only true God, and our God

- The first commandment requireth us to know and acknowledge 'require A to B'는 'A가 B하는 것을 요구하다'라는 뜻이다. 따라서 requireth us to know and acknowledge는 '우리가 알고 인정하기를 요구한다'라는 뜻이다.

- to know and acknowledge God to be 'know A to B'는 'A가 B인 것을 알다' 이고 'acknowledge A to B'는 'A가 B인 것을 인정하다'이다. 따라서 know and acknowledge God to be the only true God, and our God은 '하나님께서 유일 하신 참 하나님이시고 우리의 하나님이신 것을 알고 인정하다'가 된다.

2. ; and to worship and glorify him accordingly

- to worship and glorify him accordingly require us to worship and glorify him accordingly에서 중복되는 require us를 생략한 표현이다.

- accordingly '그런 까닭에, ' '그에 상응하게'라는 뜻으로 앞서 언급한 내용들 에 상응하게 행동해야 한다는 뜻이다. 즉 이는 하나님께서 유일한 참 하나님이 시며 우리의 하나님이시라는 사실을 알고 인정하는 것에 상응하게 그분을 예 배하고 영화롭게 할 것을 첫 번째 계명이 요구한다는 뜻이다. 참고로 본문의 accordingly가 '합당하게'로 번역된 경우들이 있는데, 이렇게 번역을 하면 47문 에서 '오직 그에게만 합당한 예배와 영광을'로 번역되는 'worship and glory ~, which is due to him alone'과 혼동을 초래할 가능성이 많다. 뿐만 아니라 97문에서 성찬에 합당하게(worthily) 참여하는 자들을 표현할 때의 번역과도 혼동이 올 수 있다.

문답의 키

1. 우리에게는 하나님을 아는 것이 요구된다.

   "너는 하나님과 화목하고(Acquaint now thyself with him, KJV) 평안하라 그리하면 복이 네게 임하리라"(욥22:21)

2. 우리에게는 하나님을 유일한 참 하나님으로 아는 것이 요구된다.

   "그러나 애굽 땅에 있을 때부터 나는 네 하나님 여호와라 나 밖에 네가 다른 신을 알지 말 것이라 나 외에는 구원자가 없느니라"(호13:4)

3. 우리에게는 하나님을 우리의 하나님으로 알 것이 요구된다.

   "내가 여호와인 줄 아는 마음을 그들에게 주어서 그들이 전심으로 내게 돌아오게 하리니 그들은 내 백성이 되겠고 나는 그들의 하나님이 되리라"(렘24:7)

4. 우리에게는 하나님을 유일한 참 하나님으로 인식할 것이 요구된다.

   "그 앞에서 히스기야가 기도하여 이르되 그룹들 위에 계신 이스라엘의 하나님 여호와여 주는 천하 만국에 홀로 하나님이시라 주께서 천지를 만드셨나이다"(왕하19:15)

5. 우리에게는 하나님을 우리의 하나님으로 인식할 것이 요구된다.

   "이 하나님은 영원히 우리 하나님이시니 그가 우리를 죽을 때까지 인도하시리로다"(시48:14)

6. 우리에게는 하나님을 유일한 참 하나님으로 예배할 것이 요구된다.

   "예수께서 대답하여 이르시되 기록된 바 주 너의 하나님께 경배하고 다만 그를 섬기라 하였느니라"(눅4:8)

7. 우리에게는 하나님을 우리의 하나님으로서 예배할 것이 요구된다.

"오라 우리가 굽혀 경배하며 우리를 지으신 여호와 앞에 무릎을 꿇자 그는 우리의 하나님이시요 우리는 그가 기르시는 백성이며 그의 손이 돌보시는 양이기 때문이라 너희가 오늘 그의 음성을 듣거든"(시95:6, 7)

8. 우리에게는 유일한 참 하나님으로서 하나님께 영광을 돌려할 할 것이 요구된다.

여호와는 위대하시니 극진히 찬양할 것이요 모든 신보다 경외할 것임이여 국의 모든 신은 헛것이나 여호와께서는 하늘을 지으셨도다"(대상16:25, 26)

9. 우리에게는 유일한 참 하나님이신 하나님께 영광을 돌려야 할 것이 요구된다.

"왕이신 나의 하나님이여 내가 주를 높이고 영원히 주의 이름을 송축하리이다"(시145:1)

내 말로 번역하기

문:

답:

<제47문답>

Question: What is forbidden in the first commandment?

Answer: The first commandment forbiddeth the denying, or not worshiping and glorifying, the true God as God, and our God; and the giving of that worship and glory to any other, which is due to him alone.

번역

문: 첫 번째 계명에서는 무엇이 금지되나요?

답: 첫 번째 계명은 참 하나님께서 하나님이시고, 그로 인해 우리의 하나님이시라는 것을 부인하는 것, 즉 하나님을 그러한 분으로 예배하지도 영광 돌리지도 않는 것과 오직 하나님 한분에게만 마땅히 돌려져야 할 그 예배와 영광을 다른 어떤 것에 바치는 것을 금지합니다.

원문분석

Question: What is forbidden in the first commandment?

1. What is forbidden in the first commandment?
- **What is forbidden ~?** 수동태 질문이다. 계명에서 말하는 금지에 대한 것 또한 요구와 같은 방식인 수동태로 질문하고 있다. 따라서 이는 무엇을 금지시키는 존재보다 금지를 당하는 존재에 초점을 맞춘 질문으로 이해해야 한다.
- **forbid** '~을 금하다.'
- **What is forbidden in the first commandment?** '첫 번째 계명에서는 무엇이 금지되나요?'

Answer: The first commandment forbiddeth the denying, or not worshiping and glorifying, the true God as God, and our God; and the giving of that worship and glory to any other, which is due to him alone.

1. The first commandment forbiddeth the denying, or not worshiping and glorifying, ~; and the giving ~.

- 세미콜론(;) and 문장 전체의 구조를 나타내는 장치로, 문장에 사용된 다른 and 와 혼동을 피하기 위해 세미콜론(;)이 사용된 경우이다. forbiddeth의 목적어로 서 첫 번째 계명이 금지하는 것을 '세미콜론(;) and'를 사용해서 두 가지의 큰 항 목으로 나눠서 설명한다. 첫 번째 항목은 하나님을 부인하는 것으로 소극적인 행동의 성격을 띠는 것들이고, 두 번째 항목은 다른 신을 예배하는 것에 관한 것 으로 적극적인 행동의 성격을 띠는 것이다.

2. the denying, or not worshiping and glorifying, the true God as God, and our God

- the denying 정관사(the)없이 동명사 형태인 denying만 사용해도 문장의 의미 전달에는 큰 문제가 없다. 그럼에도 the denying의 형태를 사용한 것은 이것이 하나의 정형화된 행동이라는 것을 나타내기 위함이다. 즉 하나님을 '부인하는 것'이 일반적인 행동양식이라는 뜻이다.

- the denying, or not worshiping and glorifying, 문법적인 구조로 볼 때 세 개 의 동명사를 or과 and를 사용하여 연결시키고 있는 형태이다. or은 긍정의 표현 과 부정의 표현을 나누는 역할을 하고, and는 worshiping과 glorifying이 모두 not에 영향을 받는다는 것을 나타낸다. 그렇다면 이 세 동명사는 의미상 어떻게 연결된 것으로 보아야 하는가? 그것을 푸는 열쇠는 정관사(the)와 '콤마(,) or' 이다. 먼저 or과 and로 동등하게 연결되어 있는 세 개의 동명사 중에 가장 앞에 있는 denying에만 정관사(the)가 있다. 이는 뒤에 따라 오는 두 동명사가 모두 denying과 한 묶음이라는 뜻이다. 'the A and the B'는 A 하나와 B 하나를 합쳐 둘을 의미하지만, 'the A and B'는 'A and B'라는 것 하나를 의미하는 것과 같은 원리이다.

여기서 사용된 '콤마(,) or'는 보충 설명이나 추가 정보를 제공하는 동격을 이끄는 접속사이다. '즉'(namely)이나 '다시 말해서'(that is)와 그 용례가 같다. 따라서 ', or not worshiping and glorifying'은 앞서 언급한 denying을 추가 설명하는 것으로 '부인하는 것, 즉 예배하지 않고 영광을 돌리지 않는 것'을 나타내는 것이다.

- **the true God as God, and our God** as는 자격을 나타내는 접속사이다. 여기서 사용된 '콤마(,) and'는 뒤에 오는 정보가 앞에 제공된 정보에 긴밀히 연결되어 있음을 나타낸다. 이는 참 하나님께서 하나님이시면서 동시에 우리 하나님이시라는 뜻이 아니라, 참 하나님께서 하나님이시기에 우리의 하나님이 되신다는 의미이다. 따라서 '참 하나님을 하나님으로 그리고 우리 하나님으로'라고 단순히 내용을 배열하기보다는 '참 하나님을 하나님으로, 그래서 우리 하나님으로'라고 해석해야 원문의 의미를 더 분명히 드러낼 수 있다. 또한 the true God as God, and our God 전체가 한 묶음으로 세 개의 동명사와 모두 연결되어 있다는 것을 잘 살려서 해석해야 한다.

- **denying the true God as God, and our God** '참 하나님이 하나님이시고, 그로 인해 우리의 하나님이시라는 것을 부인하는 것'

- **not worshiping and glorifying the true God as God, and our God** '참 하나님을 하나님으로, 그로 인해 우리의 하나님으로 예배하지 않고 영광 돌리지 않는 것'

3. and the giving of that worship and glory to any other, which is due to him alone.

- **the giving** 이것도 the denying과 같은 표현이다. 다른 신들에게 하나님께만 마땅한 예배와 경배를 바치는 것도 이미 정형화된 하나의 행동양식이기에 the giving의 형태로 표현한 것이다.

- **which is due to him alone.** which는 that worship and glory를 선행사로 받는 계속용법의 주격 관계대명사이다. 문장 끝에 사용되어 추가 정보를 제공하는 역할을 한다. 그러나 경우에 따라 한글로 번역할 때는 의미가 모호해지는 것을 피하기 위해 한정용법으로 번역하기도 한다.

- **be due to** '~에게 마땅히 돌려져야 할'

문답의 키

1. 우리는 하나님을 부인해서는 안 된다.

   "어리석은 자는 그의 마음에 이르기를 하나님이 없다 하는도다 그들은 부패하고 그 행실이 가증하니 선을 행하는 자가 없도다"(시14:1)

2. 우리는 하나님을 예배하는 것을 거부해서도 안 되며, 소홀히 해서도 안 된다.

   "그러나 야곱아 너는 나를 부르지 아니하였고 이스라엘아 너는 나를 괴롭게 여겼으며"(사43:22)

3. 우리는 하나님을 영화롭게 하는 것을 거부해서도 안 되며, 소홀히 해서도 안 된다.

   "도리어 자신을 하늘의 주재보다 높이며 그의 성전 그릇을 왕 앞으로 가져다가 왕과 귀족들과 왕후들과 후궁들이 다 그것으로 술을 마시고 왕이 또 보지도 듣지도 알지도 못하는 금, 은, 구리, 쇠와 나무, 돌로 만든 신상들을 찬양하고 도리어 왕의 호흡을 주장하시고 왕의 모든 길을 작정하시는 하나님께는 영광을 돌리지 아니한지라"(단5:23)

4. 우리는 하나님이 유일하신 참 하나님이 아닌 것처럼 그를 합당하지 않게 예배해서는 안 된다.

   "이 백성이 입술로는 나를 공경하되 마음은 내게서 멀도다"(마15:8)

5. 우리는 하나님이 우리 하나님이 아닌 것처럼 그를 합당하지 않게 예배해서는 안 된다.

   "주 여호와께서 이같이 말씀하셨느니라 이스라엘 족속 중에 있는 이방인 중에 마음과 몸에 할례를 받지 아니한 이방인은 내 성소에 들어오지 못하리라"(겔44:9)

6. 우리는 하나님 외에 다른 어떤 것도 예배해서는 안 된다.

"이는 그들이 하나님의 진리를 거짓 것으로 바꾸어 피조물을 조물주보다 더 경배하고 섬김이라 주는 곧 영원히 찬송할 이시로다 아멘"(롬1:25)

7. 우리는 오직 하나님께만 합당한 영광을 다른 어떤 것에도 주어서는 안 된다.

"조각한 신상을 섬기며 허무한 것으로 자랑하는 자는 다 수치를 당할 것이라 너희 신들아 여호와께 경배할지어다"(시97:7)

내 말로 번역하기

문:

답:

〈제48문답〉

Question: What are we specially taught by these words before
me in the first commandment?
Answer: These words before me in the first commandment
teach us, that God, who seeth all things, taketh notice
of, and is much displeased with, the sin of having any
other god.

번역

문: 첫 번째 계명에서 내 앞에서라는 말씀에 의해 우리가 특별히 가르침을 받는 것
은 무엇인가요?

답: 첫 번째 계명에서 내 앞에서라는 말씀은 모든 것을 보시는 하나님께서 다른 어
떤 신을 두는 죄를 주목하여 보시고, 또한 그것을 매우 노여워하신다는 것을 우
리에게 가르쳐 줍니다.

원문분석

Question: What are we specially taught by these words before me in the first
commandment?

1. What are we specially taught by these words before me in the first
commandment?

- **What are we specially taught** 첫 번째 계명 중에 있는 before me라는 표현을
통해서 '우리가 특별히 가르침을 받아야 할 것'이 있다는 것을 알려준다. 이 교
리교육서는 이 문답을 통해 before me라는 표현 속에 하나님의 특별한 뜻이 있
음을 강조하고 있는 것이다.

- **these words before me** 문자 그대로의 뜻은 '앞에와 나를 이라는 이 단어들'이

다. 그런데 이러한 영어식 표현과 일치하는 한국어 표현은 없다. 한국어에서는 '내'와 '앞에'를 두 단어로 따로 셈하기보다는 '내 앞에'를 하나의 표현으로 셈하는 것이 일반적이다. 그리고 이런 경우 지시형용사도 굳이 사용하지 않는다. 따라서 these words before me는 '내 앞에서 라는 말씀' 정도로 번역하는 것이 적절하다.

- before me '내 앞에서.' 웨스트민스터 소교리교육서는 KJV를 기준으로 정리된 교리교육서이다. 따라서 이 교리교육서를 공부할 때는 KJV의 표현을 따라야 한다. 이러한 이유로 이 교리교육서에서 사용된 before me는 개역개정을 따라 '나 외에는'으로 번역해서는 안 되고, 문자 그대로 '내 앞에서'라고 번역하는 것이 옳다.[16]

- taught by these words before me 수동태에서 by는 행동의 주체가 누군지를 알려준다. 이 원리로 볼 때 이 표현은 우리를 특별히 가르치는 주체가 these words before me라는 것을 나타낸다. 이를 통해 우리는 하나님의 말씀 자체가 우리를 가르친다는 것을 알게 된다. 즉 말씀에 의해 우리가 가르침을 받는 것이다. 이러한 표현을 통해 이 교리교육서는 말씀 앞에서는 우리는 능동이 아니라 언제나 수동이라는 사실 또한 가르치고 있다. 결국 말씀 앞에서 우리는 '우리가 말씀을 행하는 것'이 아니라, '말씀에 우리가 반응하는 것'이다.

Answer: These words before me in the first commandment teach us, that God, who seeth all things, taketh notice of, and is much displeased with, the sin of having any other god.

1. These words before me in the first commandment teach us, that ~

- teach us, that ~ 주어 teach us that ~의 4형식 구조이다. '주어는 우리에게 that 이하를 가르쳐 준다'의 틀로 해석한다.

---

16. 개역개정과 NLT는 '나 외에는'으로 되어 있고, KJV, ESV, NASB, NIV, REV, NET는 모두 'before me'로 되어 있다.

2. God, who seeth all things

- 콤마(,) who는 God을 선행사로 받는 계속용법의 주격 관계대명사이다. 따라서 God, who seeth all things,는 사용된 용법대로 해석하면 '하나님, 그는 모든 것을 보시는데'가 된다. 그러나 이 경우는 전체 문장과 부드러운 연결을 위해 의미가 변하지 않는 범위 안에서 '모든 것을 보시는 하나님'처럼 한정용법으로도 해석할 수 있다.

3. God taketh notice of, and is much displeased with, the sin of having any other god.

- God taketh notice of the sin of having any other god과 God is much displeased with the sin of having any other god의 두 문장을 중복되는 주어와 목적어를 하나씩 생략하고 and로 연결한 문장이다.
- **the sin of having any other god** having any other god에서 any는 '어떤 것이라도'라는 뜻이다. 그리고 having은 내 것으로 소유하는 것을 말한다. 따라서 having은 '섬기다'로 해석하기보다는 '두다'로 해석해야 한다. 다른 신은 우리가 그것을 섬기거나 그렇지 않거나를 떠나서 그 어떤 것이라도 우리의 마음에 두는 것 자체가 죄라는 것을 나타내는 표현이다.
- **take notice of** '~을 주목하여 보다, ' '~을 주의하여 보다.'
- **be displeased with** '~에 기분이 상하다, ' '~을 불쾌해하다, ' '~을 노여워하다.'
- **God taketh notice of the sin of having any other god.** '하나님께서는 다른 어떤 신을 두는 죄를 주목하여 보신다.'
- **God is much displeased with the sin of having any other god.** '하나님께서는 다른 어떤 신을 두는 죄를 매우 노여워하신다.'

문답의 키

1. 하나님께서는 모든 것을 지켜보고 계신다.

   "지으신 것이 하나도 그 앞에 나타나지 않음이 없고 우리의 결산을 받으실 이의 눈 앞에 만물이 벌거벗은 것 같이 드러나느니라"(히4:13)

2. 하나님께서는 다른 신을 두는 죄에 대해서는 특별히 주목하신다.

   "우리가 우리 하나님의 이름을 잊어버렸거나 우리 손을 이방 신에게 향하여 폈더면 하나님이 이를 알아내지 아니하셨으리이까 무릇 주는 마음의 비밀을 아시나이다"(시 44:20, 21)

3. 하나님께서는 다른 신을 두는 죄에 대해서는 더욱 노여워하신다.

   "그들이 다른 신으로 그의 질투를 일으키며 가증한 것으로 그의 진노를 격발하였도 다"(신32:16)

내 말로 번역하기

문:

답:

<제49문답>

Question: Which is the second commandment?

Answer: The second commandment is, Thou shalt not make unto thee any graven image, or any likeness of anything that is in heaven above, or that is in the earth beneath, or that is in the water under the earth: Thou shalt not bow down thyself to them, nor serve them: for I the Lord thy God am a jealous God, visiting the iniquity of the fathers upon the children unto the third and fourth generation of them that hate me; and showing mercy unto thousands of them that love me, and keep my commandments.

번역

문: 어떤 것이 두 번째 계명인가요?[17]

답: 두 번째 계명은 "너를 위하여 새긴 우상을 만들지 말고 또 위로 하늘에 있는 것이나 아래로 땅에 있는 것이나 땅 아래 물 속에 있는 것의 어떤 형상도 만들지 말며 그것들에게 절하지 말며 그것들을 섬기지 말라 나 네 하나님 여호와는 질투하는 하나님인즉 나를 미워하는 자의 죄를 갚되 아버지로부터 아들에게로 삼사 대까지 이르게 하거니와 나를 사랑하고 내 계명을 지키는 자에게는 천 대까지 은혜를 베푸느니라"입니다.

내 말로 번역하기

문:

답:

---

17. 웨스트민스터 소교리교육서에서 which와 what을 사용한 질문의 차이에 대한 설명은 45문답의 원문분석을 참고하라.

<제50문답>

Question: What is required in the second commandment?

Answer: The second commandment requireth the receiving, observing, and keeping pure and entire, all such religious worship and ordinances as God hath appointed in his Word.

번역

문: 두 번째 계명에서는 무엇이 요구되나요?

답: 두 번째 계명은 하나님께서 그의 말씀 안에서 지정하신 모든 종교적 예배와 규례들을 순수하고 온전한 상태로 받고, 준수하고, 지키는 것을 요구합니다.

원문분석

Question: What is required in the second commandment?

1. What is required in the second commandment?

- **What is required ~?** 수동태 질문이다. (46문답의 원문분석을 참고하라.)

- **What is required in the second commandment?** '두 번째 계명에서는 무엇이 요구되나요?'

Answer: The second commandment requireth the receiving, observing, and keeping pure and entire, all such religious worship and ordinances as God hath appointed in his Word.

1. The second commandment requireth the receiving, observing, and keeping pure and entire,

- **The second commandment requireth ~** 질문은 '두 번째 계명에서는 무엇이 요구되나요?'이나 대답은 '두 번째 계명은 ~을 요구합니다.'의 틀이다. 이는 하나님께서 무엇을 요구하신다거나 우리가 무엇을 요구받는다는 것이 아니라, 계명 자체가 무엇을 요구한다는 표현이다. 웨스트민스터 소교리교육서의 이러한 표현은 계명의 요구가 바로 하나님의 요구라는 것을 나타내는 장치라고 할 수 있다.

- **the receiving, observing, and keeping** receiving과 observing과 keeping을 'A, B, and C'의 구조로 동등하게 나열하고, 이 셋을 정관사(the) 하나로 묶었다. 이는 이 세 가지의 동작이 각각 분리된 동작이 아니라, 항상 함께 일어나야 하며 서로가 잘 어우러져야 한다는 것을 의미한다.

- **pure and entire, all such religious worship and ordinances** all such religious worship and ordinances는 the receiving, observing, and keeping의 목적어가 되고, pure and entire는 목적어인 all such religious worship and ordinances의 상태를 묘사하는 보어로 사용되었다.

　　부사는 동사에 영향을 주고, 형용사는 명사에 영향을 준다. 이 문답에서 사용된 pure and entire는 형용사이다. 그러므로 pure and entire는 이 문답의 문장 안에서 동사가 아니라, 명사에 영향을 준다. 따라서 pure and entire는 하나님께서 지정하신 모든 종교적인 예배와 규례들의 상태가 순수하고 온전하다는 것을 의미하는 것이지, 이것들을 온전하고 완전하게 받고, 보존하고, 지키는 것을 의미하는 것이 아니다. 만일 이 문답이 순수하고 온전하게 받고, 지키고, 보존하는 것을 말하고자 했다면, purely and entirely가 사용되었을 것이다.

　　따라서 이 문장은 그 구조에 따라 "all such religious worship and ordinances as God hath appointed in his word를 pure and entire한 상태로 the receiving, observing, and keeping하는 것"의 틀로 번역해야 한다.

- **pure** 본 문답에서 '순전하게'가 의미하는 것은 모든 종교적인 예배와 규례들을 받고, 준수하고, 지킬 때 그것들이 어떠한 흠도 생기지 않게 하는 것을 의미한다.

즉 하나님께서 정하신 예배와 규례를 받고, 준수하고, 지킬 때 그것들의 본질이
순수하게 유지되는 것을 말한다.

- entire 본 문답에서 '온전하게'가 의미하는 것은 모든 종교적인 예배와 규례들
을 받고, 준수하고, 지킬 때 그것들을 하나도 빠뜨리지 않는 것을 말한다. 즉 하
나님께서 정하신 예배와 규례 전체를 받고, 준수하고, 지키는 것을 말한다. 즉
entire는 '전부 다' 혹은 '모두 다'라는 뜻이다.

2. all such religious worship and ordinances as God hath appointed in his
   Word.

- all such religious worship and ordinances '모든 종교적 예배와 규례들'로 the
  receiving, observing, and keeping의 목적어다.

- as God hath appointed in his Word. 여기서 사용된 as는 '~한 대로'라는 뜻으로
  쓰인 접속사가 아니라, 유사 관계대명사이다. 선행사가 the same, as, such와 함
  께 쓰이는 경우에 사용되는 관계대명사는 선행사가 사람이든 사물이든 as이다.
  그리고 이때 유사 관계대명사 as는 언제나 한정용법이다. 참고로 as앞에 콤마(,)
  를 붙여 as를 계속용법의 유사 관계대명사로 쓰는 경우는 앞 문장 전체를 선행
  사로 받는다. 이 원리에 따라 all such religious worship and ordinances에서와
  같이 선행사가 such와 함께 사용되었기에 이를 설명하는 관계대명사를 as로 사
  용한 것이다. 따라서 as God hath appointed in his Word는 '하나님께서 그의
  말씀에 정하신'으로 번역해야지, '하나님께서 그의 말씀에 정하신 대로'라고 해
  석하면 안 된다.

- God hath appointed 현재완료 시제이다. 이는 과거에 완료된 사건의 결과가 현
  재에도 영향을 준다는 것을 의미한다. 따라서 God hath appointed는 하나님께
  서 예배와 규례들을 정하신 것은 이미 완료된 사건이라는 것을 나타낸다. 그래
  서 하나님께서 다시 새로운 예배와 규례를 정하시는 일은 없다. 뿐만 아니라 이
  렇게 정하신 예배와 규례들은 하나님께서 정하셨던 그때 뿐 아니라 현재 우리

에게도 동일한 예배와 규례들이 된다.[18]

문답의 키

1. 예배는 오직 하나님께만 드려져야 한다.

"그리하면 왕이 네 아름다움을 사모하실지라 그는 네 주인이시니 너는 그를 경배할지어다"(시45:11)

2. 하나님께서는 자기의 예배에서 준수되어야 할 종교적 규례들을 직접 지정하셨다.

"너희는 내 법도를 따르며 내 규례를 지켜 그대로 행하라 나는 너희의 하나님 여호와이니라"(레18:4)

3. 하나님께서는 우리에게 자기의 예배와 규례들을 수용하고 귀하게 여겨야 할 것을 요구하신다.

"주의 말씀의 맛이 내게 어찌 그리 단지요 내 입에 꿀보다 더 다니이다"(시119:103)

4. 하나님께서는 우리에게 자기의 예배와 규례들은 준수할 것을 요구하신다.

"내가 너희에게 분부한 모든 것을 가르쳐 지키게 하라 볼지어다 내가 세상 끝날까지 너희와 항상 함께 있으리라 하시니라"(마28:20)

5. 하나님께서는 우리에게 자기의 예배와 규례들을 순수하게 유지할 것(keep pure)을 요구하신다.

"내가 너희에게 명령하는 이 모든 말을 너희는 지켜 행하고 그것에 가감하지 말지니라"(신12:32)

---

18. appoint(지정하다)와 institute(제정하다)의 번역의 차이는 제96문답의 원문분석을 참고하라.

6. 하나님께서는 우리에게 자기의 예배와 규례들을 모두 지킬 것(keep entire)을 요구하신다.

"이 두 사람이 하나님 앞에 의인이니 주의 모든 계명과 규례대로 흠이 없이 행하더라"(눅1:6)

내 말로 번역하기

문:

답:

<제51문답>

Question: What is forbidden in the second commandment?
Answer: The second commandment forbiddeth the worshiping
of God by images, or any other way not appointed in
his Word.

번역

문: 두 번째 계명에서는 무엇이 금지되나요?

답: 두 번째 계명은 형상들로 하나님을 예배하거나, 그의 말씀 안에 지정되어 있지
않는 다른 어떤 방법으로 하나님을 예배하는 것을 금지합니다.

원문분석

Question: What is forbidden in the second commandment?

1. What is forbidden in the second commandment?

- What is forbidden ~? 수동태 질문이다. (제47문답의 원문분석을 참고하라.)

- What is forbidden in the second commandment? '두 번째 계명에서는 무엇
이 금지되나요?'

Answer: The second commandment forbiddeth the worshiping of God by
images, or any other way not appointed in his Word.

1. The second commandment forbiddeth ~

- The second commandment forbiddeth ~ 질문은 '두 번째 계명에서는 무엇이
금지되나요?'이나 대답은 '두 번째 계명은 ~을 금지합니다.'의 틀이다. 이는 하
나님께서 무엇을 금지하신다거나 우리가 무엇을 금지 당한다는 것이 아니라, 계

명 자체가 무엇을 금지한다는 표현이다. 웨스트민스터 소교리교육서의 이러한 표현은 계명이 금지하는 것이 바로 하나님께서 금지하시는 것이라는 사실을 나타내는 장치라고 할 수 있다.

2. the worshiping of God by images

- **the worshiping of God** '하나님을 예배하는 것'으로 forbiddeth의 목적어가 되는 명사구이다.
- **by images** by는 도구를 나타낸다. 따라서 by images는 '형상들로' 혹은 '형상을 이용해서'라는 뜻이다.
- **the worshiping of God by images** '형상들로 하나님을 예배하는 것'

3. or any other way

- **or any other way** the worshiping of God by any other way를 or로 연결하면서 중복되는 내용인 the worshiping of God by를 생략했다.

4. any other way not appointed in his Word.

- **any other way not appointed** any other way which is not appointed에서 which is가 생략된 형태이다.
- **appointed in his Word** appoint는 '지정하다'라는 뜻이다. 즉 하나님께서 직접 정해주신다는 뜻이다. 이는 주로 우리가 따라야 할 어떠한 방식을 구체적으로 하나님께서 정해주시는 것들을 표현할 때 사용한다. 따라서 이는 어떠한 제도나 법을 제정하는 것을 나타내는 establish나 institute와는 분명히 구별되어야 한다.[19]
- **any other way not appointed in his Word** '그의 말씀 안에 지정되어 있지 않은 다른 어떤 방법'

---

19. appoint(지정하다)와 institute(제정하다)의 번역의 차이는 제96문답의 원문분석을 참고하라.

문답의 키

1. 우리는 형상을 사용하여 하나님을 예배해서는 안 된다.

   "여호와께서 호렙 산 불길 중에서 너희에게 말씀하시던 날에 너희가 어떤 형상도 보지 못하였은즉 너희는 깊이 삼가라"(신4:15)

2. 우리는 하나님께서 지정하시지 않은 방법으로 하나님을 예배해서는 안 된다.

   "내가 너희에게 명령하는 말을 너희는 가감하지 말고 내가 너희에게 내리는 너희 하나님 여호와의 명령을 지키라"(신4:2)

3. 인간이 하나님을 어떤 형상으로 묘사할 수 있다고 생각하는 것 자체가 하나님을 오해하는 것이다.

   "이와 같이 하나님의 소생이 되었은즉 하나님을 금이나 은이나 돌에다 사람의 기술과 고안으로 새긴 것들과 같이 여길 것이 아니니라"(행17:29)

4. 우리는 우상을 섬기는 자들을 따르지 않도록 항상 스스로를 살펴야 한다.

   "너는 스스로 삼가 네 앞에서 멸망한 그들의 자취를 밟아 올무에 걸리지 말라 또 그들의 신을 탐구하여 이르기를 이 민족들은 그 신들을 어떻게 섬겼는고 나도 그와 같이 하겠다 하지 말라"(신12:30)

5. 하나님께서는 우상을 섬기는 것을 꺼리시며 가증하게 여기신다.

   "네 하나님 여호와께는 네가 그와 같이 행하지 못할 것이라 그들은 여호와께서 꺼리시며 가증히 여기시는 일을 그들의 신들에게 행하여 심지어 자기들의 자녀를 불살라 그들의 신들에게 드렸느니라"(신12:31)

내 말로 번역하기

문:

답:

⟨제52문답⟩

> Question: What are the reasons annexed to the second
> commandment?
> Answer: The reasons annexed to the second commandment are,
> God's sovereignty over us, his propriety in us, and the
> zeal he hath to his own worship.

번역

문: 두 번째 계명에 첨부된 근거들은 무엇인가요?

답: 두 번째 계명에 첨부된 근거들은 우리에 대한 하나님의 통치권과 우리 안에 있는 그의 정당한 자격 그리고 자기의 예배에 대해 그가 가진 열정입니다.

원문분석

Question: What are the reasons annexed to the second commandment?

1. What are the reasons annexed to the second commandment?

- What are the reasons (which are) annexed to the second commandment?

'관계대명사 + be동사'가 생략된 형태이다. (which are) annexed to the second commandment는 reasons를 수식하는 한정용법이기에 '두 번째 계명에 첨부된'으로 해석한다.

2. reasons

웨스트민스터 소교리교육서는 십계명 설명 중 두 번째 계명을 설명하는 52문과 세 번째 계명을 설명하는 56문, 네 번째 계명을 설명하는 62문, 그리고 다섯 번째 계명을 설명하는 66문에서 reason은 사용한다. 그리고 이렇게 사용된 reason은 이유, 이치, 논리 등으로 번역되어 한국 성도들에게 소개되고 있다. 물론 reason은 이유, 이치, 논리라는 뜻이 있다. 그런데 웨스트민스터 소교리교육서가 이유, 이치, 논리라는 뜻으로 reason을 사용했는지는 생각해 볼 필요가 있다. 이 세 가지 번역이 모두 정당한지, 아니면 이 중에 어느 하나가 다른 두 개의 번역보다 웨스트민스터 소교리교육서의 내용을 더 잘 반영하는지, 그것도 아니라면 어떤 다른 번역으로 대체되어야 이 교리교육서가 가르치고자 하는 내용을 더 잘 나타낼 수 있는지는 따져볼 필요가 있다.

명사의 용례를 따질 때 가장 간단하면서도 중요한 방법은 원문에 사용된 명사가 셀 수 있는 명사인지, 아니면 셀 수 없는 명사인지를 따져보는 것이다. 그리고 만일 그 명사가 두 가지 용례로 모두 사용될 수 있다면, 본문에서 둘 중에 어떤 용례로 사용되었는지를 문장을 통해 분석하는 것이다. 이 원리에 따라 reason이 이 교리교육서에서 어떻게 사용되었는지를 살펴보면, 52문과 62문에서는 복수형인 reasons가 쓰였고, 56문과 66문에서는 단수형인 reason이 사용되었다. 이로 보아 웨스트민스터 소교리교육서는 reason을 셀 수 있는 명사로 사용했다는 것을 알 수 있다. 따라서 다음 단계는 reason의 여러 의미들 중 셀 수 있는 명사로 사용되었을 때의 의미들에서 본 문장의 내용과 가장 잘 맞는 의미의 단어를 결정하는 것이다.

reason은 셀 수 있는 명사로도 쓰일 수 있고, 셀 수 없는 명사로도 쓰일 수 있다. reason이 셀 수 있는 명사로 사용되면 대표적으로 '이유' 혹은 '근거'를 의미한다. 반면에 이 명사가 셀 수 없는 명사로 사용되면 '이치,' '논리,' '사고,' '이성' 등을 의미한다. 앞에서 살펴본 대로 이 교리교육서는 reason을 셀 수 있는 명사로 사용하고 있다. 따라서 여기에 사용된 reason은 '이치,' '논리,' '사고,' '이성' 등으로는 사용될 수 없다.

그렇다면 다음 단계는 '이유'와 '근거' 중에서 하나를 선택하는 것이다. 이 단계에서는 각 단어의 의미와 문맥이 단어를 결정한다. 먼저 각 단어의 의미를 살펴보자. '이유'는 '어떠한 결론이나 결과에 이른 까닭이나 근거'라는 의미이다. 반면에 '근거'는 '어떤 일이나 의논, 의견에 그 근본이 되는 것 또는 그런 까닭'을 뜻하는 말이다. '이유'는 '화가 난 이유,' '서두르는 이유,' '그가 참석하지 않은 이유' 등으로 주로 사용되며, '근거'는 '보도의 근거,' '주장의 근거,' '설명의 근거'

등으로 주로 사용된다. '이유'가 '왜?'라는 질문에 대한 대답이라면, '근거'는 '무엇'에 대한 대답이다.

마지막 단계는 the reasons annexed to the second commandment에서 reasons는 '두 번째 계명에 첨부된 이유들'인지 '두 번째 계명에 첨부된 근거들'인지를 문맥을 통해 결정하는 것이다. 두 번째 계명에 첨부된 내용이 하나님께서 왜 이 계명을 인류에게 주셨는지를 말하는 것이라면, reasons는 '이유들'로 번역되어야 한다. 반면에 그것이 이 계명을 인류에게 주실 수 있는 하나님 자신의 자격이나 이 계명의 정당성을 뒷받침하는 내용이라면 reasons는 '근거들'로 번역해야 한다.

10개의 계명 중에 두 번째, 세 번째, 네 번째, 다섯 번째 계명에는 명령 외에 추가적인 내용이 첨부되어 있다. 하나님께서는 이렇게 추가된 내용을 통해 인류에게 계명을 내리시는 자신의 자격과 그 내용의 정당성을 주장하신다. 이러한 이유로 이를 설명할 때 사용된 reason은 '근거'로 번역하는 것이 바람직하다고 여겨진다.

Answer: The reasons annexed to the second commandment are, God's sovereignty over us, his propriety in us, and the zeal he hath to his own worship.

1. The reasons annexed to the second commandment are

- The reasons annexed to the second commandment are 십계명 중 두 번째 계명에는 "나 네 하나님 여호와는 질투하는 하나님인즉 나를 미워하는 자의 죄를 갚되 아버지로부터 아들에게로 삼사 대까지 이르게 하거니와 나를 사랑하고 내 계명을 지키는 자에게는 천 대까지 은혜를 베푸느니라"(출20:5b)라는 내용의 근거가 첨부되어 있다. 웨스트민스터 소교리교육서는 이 내용을 통해 하나님께서 다수의 근거들을 이 계명에 첨부하셨다고 설명한다.

2. God's sovereignty over us, his propriety in us, and the zeal he hath to his own worship.

- God's sovereignty ~, his propriety ~, and the zeal ~. 웨스트민스터 소교리교육서가 설명하는 이 계명의 근거들은 3가지이다. A, B, and C의 구조로 3가지를 동등하게 나열한다.

- God's sovereignty over us '우리에 대한 하나님의 통치권'

- his propriety in us propriety는 '타당성,' '정당성,' '특성(고어)'의 뜻을 가진 명사이다. 따라서 his propriety in us는 하나님께서는 우리에 대해 이 계명을 내리실 수 있는 정당성이 있다는 의미로 '우리 안에 있는 그의 정당한 자격'이라고 번역해야 한다. 즉 이 표현은 우리에게 우상을 만들지 말라고 명하실 수 있는 자격은 오직 하나님께만 있음을 의미하는 것이다. 그러한 점에서 이 표현은 우리에게는 우상을 만들고, 또 그것들에게 절하는 것에 대해서는 어떠한 정당성도 없음을 분명히 보여준다고 하겠다.

- the zeal he hath to his own worship the zeal (which) he hath to his own worship에서 the zeal을 선행사로 받는 목적격 관계대명사인 which가 생략된 형태이다. to his own worship이 '그 자신의 예배에'를 의미하므로 이 부분은 '자기 자신의 예배에 대해서 그가 가진 열정(집착)'으로 번역하면 된다. 결국 이 부분은 예배는 오직 하나님의 것이며, 하나님께서는 자기의 예배에 열정을 가지고 계신다는 사실을 우리에게 알려준다.

문답의 키

1. 하나님께서는 우리의 통치자이시다.

"대저 여호와는 우리 재판장이시요 여호와는 우리에게 율법을 세우신 이요 여호와는 우리의 왕이시니 그가 우리를 구원하실 것임이라"(사33:22)

"여호와여 위대하심과 권능과 영광과 승리와 위엄이 다 주께 속하였사오니 천지에 있는 것이 다 주의 것이로소이다 여호와여 주권도 주께 속하였사오니 주는 높으사 만물의 머리이심이니이다 부와 귀가 주께로 말미암고 또 주는 만물의 주재가 되사 손에 권세와 능력이 있사오니 모든 사람을 크게 하심과 강하게 하심이 주의 손에 있나이다"(대

상29:11-12)

2. 우리 안에 있는 그의 정당한 자격은 그가 우리의 주인(Lord)이시라는 것이다.

"그는 우리의 하나님이시요 우리는 그가 기르시는 백성이며 그의 손이 돌보시는 양이기 때문이라 너희가 오늘 그의 음성을 듣거든"(시95:7)

"그리하면 왕이 네 아름다움을 사모하실지라 그는 네 주인이시니 너는 그를 경배할지어다"(시45:11)

"여호와가 우리 하나님이신 줄 너희는 알지어다 그는 우리를 지으신 자시요 우리는 그의 것이니 그의 백성이요 그의 기르시는 양이로다"(시100:3)

3. 하나님께서는 질투하시기까지 자기의 예배를 귀하게 여기신다.

"너는 다른 신에게 절하지 말라 여호와는 질투라 이름하는 질투의 하나님임이니라"(출34:14)

내 말로 번역하기

문:

답:

<제53문답>

Question: Which is the third commandment?

Answer: The third commandment is, Thou shalt not take the name of the Lord thy God in vain: for the Lord will not hold him guiltless that taketh his name in vain.

번역

문: 어떤 것이 세 번째 계명인가요?[20]

답: 세 번째 계명은 "너는 네 하나님 여호와의 이름을 망령되게 부르지 말라 여호와는 그의 이름을 망령되게 부르는 자를 죄 없다 하지 아니하리라"입니다.

내 말로 번역하기

문:

답:

---

20. 웨스트민스터 소교리교육서에서 which와 what을 사용한 질문의 차이에 대한 설명은 45문답의 원문분석을 참고하라.

<제54문답>

Question: What is required in the third commandment?
Answer: The third commandment requireth the holy and
reverend use of God's names, titles, attributes,
ordinances, Word, and works.

번역

문: 세 번째 계명에서 요구되는 것은 무엇인가요?

답: 세 번째 계명은 하나님의 이름들과 칭호들과 속성들과 규례들과 말씀과 사역들
의 거룩하고 존경스러운 사용을 요구합니다.

원문분석

Question: What is required in the third commandment?

1. What is required in the third commandment?

- **What is required ~?** 수동태 의문문이다. (46문답의 원문분석을 참고하라.)

- **What is required in the third commandment?** '세 번째 계명에서는 무엇이 요
  구되나요?'

Answer: The third commandment requireth the holy and reverend use of
God's names, titles, attributes, ordinances, Word, and works.

1. The third commandment requireth the holy and reverend use

- **The third commandment requireth ~** '세 번째 계명은 ~을 요구한다.'

- **the holy and reverend use** requireth의 목적어이다. '거룩하고 존경스러운 사
  용.' 참고로 the holy and reverend use를 '거룩하고 존경스럽게 사용하는 것'

으로 해석하지 않도록 주의해야 할 필요가 있다. 물론 한국어로는 그 의미가 크게 차이가 나지는 않는다. 그러나 '거룩하고 존경스럽게 사용하는 것'과 같은 번역 방법은 만일 이 표현이 'the holy and reverend using'이라면 가능하다. 그리고 이와 같은 표현은 이 교리교육서에 상당히 많이 나온다. 그런데 이 문답은 the holy and reverend using이 아니라 the holy and reverend use로 의미를 나타내고 있다. 다른 문답들에서 많이 사용되는 동명사구가 아닌 명사구를 이 문답에 사용한 것은 분명 그에 따른 나름의 이유가 있을 것이다. 따라서 이 부분은 저자들의 의도를 따라 표현 그대로 '거룩하고 존경스러운 사용'으로 번역하는 것이 바람직하다.

2. of God's names, titles, attributes, ordinances, Word, and works

- God's names, titles, attributes, ordinances, Word, and works 전치사 of의 목적어들이다. 6개의 목적어들을 A, B, C, D, E, F, and G의 틀로 동등하게 나열했다. 이 중에서 우리가 거룩하고 존경스럽게 사용해야 할 6가지 중 말씀(Word)만 단수이고, 나머지 5개는 복수이다.

- God's names '하나님의 이름들'로 삼위일체 하나님의 각 위의 이름인 아버지, 아들, 성령을 말한다.

- titles 하나님의 '칭호들'로 아버지 하나님을 지칭하는 여호와, 엘, 엘로힘, 엘 샤다이, 여호와 이레, 여호와 라파, 여호와 샬롬등과 예수님을 지칭하는 하나님의 아들, 그리스도, 인자, 주, 다윗의 자손, 하나님의 사자, 선한 목자 예수님, 나의 친구 예수님, 나의 왕이신 예수님 등, 그리고 성령님에 대해 칭하는 하나님의 영, 그리스도의 영, 진리의 영, 생명의 영, 지혜와 계시의 영, 양자의 영, 믿음의 영 등을 말한다.

- attributes 하나님의 '속성들'로 사랑, 오래참음, 자비, 정의, 공평 등을 말한다.

- ordinances 하나님의 '규례들'로 신약과 구약에서 하나님께서 직접 제정하신 규례들을 말한다.

- Word 하나님의 '말씀'으로 여기서는 하나님의 기록된 뜻인 '성경'을 말한다.

- works 하나님의 '사역들'로 하나님의 숨겨진 뜻이라 할 수 있는 섭리적인 사역
들을 말한다.

문답의 키

1. 우리는 하나님의 이름들을 언제나 거룩하고 존경하는 마음으로 사용해야 한다.
"여호와께 그의 이름에 합당한 영광을 돌리며 거룩한 옷을 입고 여호와께 예배할지어
다"(시29:2)

2. 우리는 하나님의 칭호들을 언제나 거룩하고 존경하는 마음으로 사용해야 한다.
"하나님의 종 모세의 노래, 어린 양의 노래를 불러 이르되 주 하나님 곧 전능하신 이시
여 하시는 일이 크고 놀라우시도다 만국의 왕이시여 주의 길이 의롭고 참되시도다 주
여 누가 주의 이름을 두려워하지 아니하며 영화롭게 하지 아니하오리이까 오직 주만
거룩하시니이다 주의 의로우신 일이 나타났으매 만국이 와서 주께 경배하리이다 하더
라"(계15:3, 4)

3. 우리는 하나님의 속성들을 언제나 거룩하고 존경하는 마음으로 사용해야 한다.
"네 생물은 각각 여섯 날개를 가졌고 그 안과 주위에는 눈들이 가득하더라 그들이 밤낮
쉬지 않고 이르기를 거룩하다 거룩하다 거룩하다 주 하나님 곧 전능하신 이여 전에도
계셨고 이제도 계시고 장차 오실 이시라 하고"(계4:8)

4. 우리는 하나님의 규례들을 언제나 거룩하고 존경하는 마음으로 사용해야 한다.
"너는 하나님의 집에 들어갈 때에 네 발을 삼갈지어다 가까이 하여 말씀을 듣는 것이
우매한 자들이 제물 드리는 것보다 나으니 그들은 악을 행하면서도 깨닫지 못함이니
라"(전5:1)

5. 우리는 하나님의 말씀을 언제나 거룩하고 존경하는 마음으로 사용해야 한다.
"말씀을 멸시하는 자는 자기에게 패망을 이루고 계명을 두려워하는 자는 상을 받느니
라"(잠13:13)

6. 우리는 하나님의 사역들을 언제나 거룩하고 존경하는 마음으로 바라보아야 한다.

"그대는 하나님께서 하신 일을 기억하고 높이라 잊지 말지니라 인생이 그의 일을 찬송하였느니라"(욥36:24)

내 말로 번역하기

문:

답:

<제55문답>

Question: What is forbidden in the third commandment?

Answer: The third commandment forbiddeth all profaning or abusing of anything whereby God maketh himself known.

번역

문: 세 번째 계명에서는 무엇이 금지되나요?

답: 세 번째 계명은 하나님께서 자신을 알리시는 것은 그 어떤 것이라도 속되게 하거나 오용하는 일체를 금지합니다.

원문분석

Question: What is forbidden in the third commandment?

1. What is forbidden in the third commandment?

- What is forbidden ~? 수동태 질문이다. (제47문답의 원문분석을 참고하라.)

- What is forbidden in the third commandment? '세 번째 계명에서는 무엇이 금지되나요?'

Answer: The third commandment forbiddeth all profaning or abusing of anything whereby God maketh himself known.

1. The third commandment forbiddeth ~.

- The third commandment forbiddeth ~. '세 번째 계명은 ~을 금지합니다.'

2. all profaning or abusing of anything

- **all** forbiddeth의 목적어이다.

- profane은 '~의 신성을 모독하다'라는 뜻이고, abuse는 '~을 오용하다'라는 뜻이다. 현대 문법에서 두 동사는 모두 타동사로 전치사 없이 목적어를 취한다. all profaning or abusing of anything는 all profaning or abusing anything의 옛표현이다.

- **all profaning or abusing** all which are profaning or abusing ~에서 which are가 생략된 형태이다. 따라서 이 부분은 '속되게 하거나 잘못 사용하는 모든 것' 혹은 '속되게 하거나 잘못 사용하는 일체'로 번역해야 한다.

- **anything** 의문문이나 부정문에 사용되면 '어떤 것'을 의미한다. 그러나 이 문답에서처럼 긍정문에 사용되면 '어떤 것이라도'라는 의미가 부각된다.

3. whereby God maketh himself known

- **whereby** 앞에 콤마(,)가 없이 한정용법으로 사용되면 '~하는'(by which)의 뜻이다.

- **God maketh himself known** 5형식 문장으로 '하나님께서 자신을 알리신다'라는 뜻이다. 이 문장에서 maketh는 현재형이다. 따라서 이 문장을 앞 문장과 연결할 때 현재의 시제를 살려서 '하나님께서 자신을 알리시는'으로 번역해야 한다. '하나님께서 자신을 알리신'으로 번역하는 것은 과거시제인 God made himself known을 의미하는 것이다.

- **anything whereby God maketh himself known** '하나님께서 자신을 알리시기 위해 사용하시는 것은 그 어떤 것이라도'를 의미한다.

문답의 키

1. 우리는 하나님께서 자신을 나타내시는 것은 그 어떤 것도 속되게 해서는 안 된다.
   "너는 결단코 자녀를 몰렉에게 주어 불로 통과하게 함으로 네 하나님의 이름을 욕되게 하지 말라 나는 여호와이니라"(레18:21)

2. 우리는 하나님께서 자신을 나타내시는 것을 속되게 하지 않도록 항상 스스로

를 경계해야 한다.

"내 이름을 멸시하는 제사장들아 나 만군의 여호와가 너희에게 이르기를 아들은 그 아버지를, 종은 그 주인을 공경하나니 내가 아버지일진대 나를 공경함이 어디 있느냐 내가 주인일진대 나를 두려워함이 어디 있느냐 하나 너희는 이르기를 우리가 어떻게 주의 이름을 멸시하였나이까 하는도다 너희가 더러운 떡을 나의 제단에 드리고도 말하기를 우리가 어떻게 주를 더럽게 하였나이까 하는도다 이는 너희가 여호와의 식탁은 경멸히 여길 것이라 말하기 때문이라 "(말1:6, 7)

3. 우리는 하나님께서 자신을 나타내시는 것은 그 어떤 것도 오용해서는 안 된다.

"화 있을진저 외식하는 서기관들과 바리새인들이여 너희가 박하와 회향과 근채의 십일조는 드리되 율법의 더 중한 바 정의와 긍휼과 믿음은 버렸도다 그러나 이것도 행하고 저것도 버리지 말아야 할지니라"(마23:14)

4. 우리는 하나님께서 자신을 나타내시는 것을 오용하지 않도록 항상 스스로를 경계해야 한다.

"나는 너희에게 이르노니 도무지 맹세하지 말지니 하늘로도 하지 말라 이는 하나님의 보좌임이요 땅으로도 하지 말라 이는 하나님의 발등상임이요 예루살렘으로도 하지 말라 이는 큰 임금의 성임이요"(마 5:35, 36)

5. 우리는 하나님께서 자신을 나타내시는 것들을 항상 마음에 간직하고 있어야 한다.

"만군의 여호와가 이르노라 너희가 만일 듣지 아니하며 마음에 두지 아니하여 내 이름을 영화롭게 하지 아니하면 내가 너희에게 저주를 내려 너희의 복을 저주하리라 내가 이미 저주하였나니 이는 너희가 그것을 마음에 두지 아니하였음이라"(말2:2)

내 말로 번역하기

문:

답:

<제56문답>

Question: What is the reason annexed to the third commandment?

Answer: The reason annexed to the third commandment is, that however the breakers of this commandment may escape punishment from men, yet the Lord our God will not suffer them to escape his righteous judgment.

번역

문: 세 번째 계명에 첨부된 근거는 무엇인가요?

답: 세 번째 계명에 첨부된 근거는 비록 이 계명을 어기는 자들이 사람들로부터는 형벌을 모면할 수 있을지는 몰라도, 우리 주 하나님께서는 그들이 그의 의로운 심판을 모면하는 것을 결코 참지 않으신다는 것입니다.

원문분석

Question: What is the reason annexed to the third commandment?

1. the reason annexed to the third commandment

- reason '근거'라는 의미이다. 단수로 쓰여서 세 번째 계명에서는 한 개의 근거가 첨부되어 있음을 나타낸다. (52문답 원문분석을 참고하라.)
- the reason annexed the reason which is annexed에서 '관계대명사 + be동사'가 생략된 문장이다. (52문답 원문분석 참고하라.)

Answer: The reason annexed to the third commandment is, that however the breakers of this commandment may escape punishment from men, yet the Lord our God will not suffer them to escape his righteous judgment.

1. The reason annexed to the third commandment is, that ~

- The reason (annexed to the third commandment) is, that ~ 2형식 문장으로 'that ~'이 명사절의 형태로 이 문장의 보어가 된다. '세 번째 계명에 첨부된 근거는 that ~이다.'

2. however the breakers of this commandment may escape punishment from men, yet the Lord our God will not suffer them to escape his righteous judgment.

- however the breakers ~ may escape punishment ~, yet the Lord our God will not suffer ~. 'however 종속절, yet the Lord our God 주절'의 복문 구조이다.

- the breakers of this commandment '이 계명을 어기는 자들'

- may '~할 수도 있을지도 모른다'라는 뜻으로 다소 희박한 가능성을 나타내는 조동사이다.

- escape '피하다,' '~을 모면하다.' 참고로 escape from은 '~에서 빠져나오다.' (제85문답의 원문분석을 참고하라)

- may escape punishment from men '사람들로부터 형벌을 피할 수 있을 지도 모른다.'

- yet however(비록 ~ 이지만)와 연결하여 그 의미를 더욱 부각시켜주는 역할을 한다. 주절 앞에 사용되어 주절의 내용이 종속절의 내용과 완전히 배치된다는 것을 더욱 뚜렷하게 나타내준다.

- will 화자(speaker)의 확실한 예상(prediction)을 나타내는 조동사이다. 앞으로 그러한 일이 분명히 일어날 것이라는 것을 이 교리교육서의 저자들이 확언한다는 것을 의미한다. 그 정도로 분명하다는 뜻이다.

- suffer 현대 영어에서는 주로 '고통을 당하다'라는 의미로 사용되지만, 이전에는 '참다,' 혹은 '용서하다'의 의미로도 사용되었다. 따라서 이 문서가 17세기에 기

록된 것을 감안한다면, will not suffer them to escape는 '그들이 ~을 모면하는 것을 참지 않을 것이다'로 이해하는 것이 적절하다.

- escape his righteous judgment '그의 의로운 심판을 모면하다.'

문답의 키

1. 하나님의 이름을 헛되게 취하는 죄는 하나님으로부터 더 큰 벌을 받는다.

"네가 만일 이 책에 기록한 이 율법의 모든 말씀을 지켜 행하지 아니하고 네 하나님 여호와라 하는 영화롭고 두려운 이름을 경외하지 아니하면 여호와께서 네 재앙과 네 자손의 재앙을 극렬하게 하시리니 그 재앙이 크고 오래고 그 질병이 중하고 오랠 것이라"(신28:58, 59)

내 말로 번역하기

문:

답:

⟨제57문답⟩

> Question: Which is the fourth commandment?
> Answer: The fourth commandment is, Remember the sabbath
> day to keep it holy. Six days shalt thou labor, and do
> all thy work: but the seventh day is the sabbath of the
> Lord thy God: in it thou shalt not do any work, thou,
> nor thy son, nor thy daughter, thy manservant, nor
> thy maidservant, nor thy cattle, nor thy stranger that is
> within thy gates: For in six days the Lord made heaven
> and earth, the sea, and all that in them is, and rested the
> seventh day: wherefore the Lord blessed the sabbath
> day, and hallowed it.

번역

문: 어떤 것이 네 번째 계명인가요?[21]

답: 네 번째 계명은 "안식일을 기억하여 거룩하게 지키라 엿새 동안은 힘써 네 모든 일을 행할 것이나 일곱째 날은 네 하나님 여호와의 안식일인즉 너나 네 아들이나 네 딸이나 네 남종이나 네 여종이나 네 가축이나 네 문안에 머무는 객이라도 아무 일도 하지 말라 이는 엿새 동안에 나 여호와가 하늘과 땅과 바다와 그 가운데 모든 것을 만들고 일곱째 날에 쉬었음이라 그러므로 나 여호와가 안식일을 복되게 하여 그 날을 거룩하게 하였느니라"입니다.

내 말로 번역하기

문:

답:

---

21. 웨스트민스터 소교리교육서에서 which와 what을 사용한 질문의 차이에 대한 설명은 45문답의 원문분석을 참고하라.

<제58문답>

Question: What is required in the fourth commandment?

Answer: The fourth commandment requireth the keeping holy to God such set times as he hath appointed in his Word; expressly one whole day in seven, to be a holy sabbath to himself.

번역

문: 네 번째 계명에서는 무엇이 요구되나요?

답: 네 번째 계명은 하나님께서 그의 말씀 안에서 지정하신 구별된 때들과 특히 7일 중에서 하나님 자신에게 거룩한 안식일인 하루의 전체를 하나님께 거룩한 상태로 유지하는 것을 요구합니다.

원문분석

Question: What is required in the fourth commandment?

1. What is required in the fourth commandment?

- What is required ~? 수동태 의문문이다. (46문답의 원문분석을 참고하라.)

- What is required in the fourth commandment? '네 번째 계명에서는 무엇이 요구되나요?'

Answer: The fourth commandment requireth the keeping holy to God such set times as he hath appointed in his Word; expressly one whole day in seven, to be a holy sabbath to himself.

1. the keeping holy to God

- **the keeping** 동명사에 정관사(the)를 붙여서 여기서 말하는 keeping(지키는 것, 유지하는 것)이 일반적인 여러 행동들 중에 한 행동이 아니라, 공적인 권위를 가진 규칙이라는 것을 밝히고 있다.

- **the keeping holy** holy는 형용사이다. holy의 부사 형태는 holily이다. 형용사인 holy는 어떻게 keeping하는지를 나타내는 것이 아니다. 즉 '거룩하게 지키는 것'을 말하기 위해 사용된 것이 아니다. holy는 keeping의 목적어의 상태를 설명하는 보어로 사용되었다. 따라서 the keeping holy는 '어떠한 것을 거룩한 상태로 지키는 것' 혹은 '거룩한 상태로 유지하는 것'을 말한다고 보아야 한다. 안식일은 하나님께서 거룩하게 하신 날이다(창2:3). 하나님께서는 자신이 거룩하게 하신 그 날을 우리가 그 상태 그대로 유지하기를 바라신다.

2. such set times as he hath appointed in his Word

- **such set times** '구별된 때들.' 여기서 set은 set apart(~와 구별되다)의 뜻으로, holy와 의미상 연결된다. 즉 구별된 때들을 그 구별된 목적에 맞게 지키는 것이 바로 그것들을 거룩한 상태로 지키는 것이다.

- **such set times as ~** as는 유사 관계대명사이다. 선행사가 such, the same, as 등과 함께 쓰이면 as를 유사 관계대명사로 사용한다. 이 경우 주로 한정용법으로 사용되어 '~하는'으로 해석된다. 참고로 유사 관계대명사가 계속용법인 '콤마(,) as ~'로 쓰이면 앞 문장 전체를 선행사로 받는다.

- **as he hath appointed in his Word** 여기서 사용된 유사 관계대명사 as는 목적격이다. 따라서 '그가 그의 말씀에서 지정하신 것을'로 번역한다.

- **he hath appointed** hath appointed는 현재완료 시제이다. 이는 과거에 지정하신 사건이 이미 완료되었고, 그 결과가 과거 뿐 아니라, 현재에도 동일하게 영향을 준다는 의미이다.[22]

---

22. appoint(지정하다)와 institute(제정하다)의 번역의 차이는 제96문답의 원문분석을 참고하라.

3. ; expressly one whole day in seven, to be a holy sabbath to himself.

- ; 세미콜론(;) 새로운 내용이 아니라 앞에 언급한 내용에 추가 설명을 더 한다는 의미이다. 동시에 이는 앞 내용과 뒤 내용을 연결하는 and 역할도 한다.

- expressly one whole day in seven '특히, 일주일 중 하루 전체.' 참고로 이를 '특히 일주일 중에 온전한 하루'라고 번역하면, 일곱 개의 하루들 중에 온전하지 않는 하루도 있을 수 있다는 오해를 낳게 된다.

- , to be a holy sabbath to himself 여기서 사용된 콤마(,)는 동격을 의미한다. 이 표현은 앞에서 언급한 one whole day in seven이 어떤 날을 말하는지를 알려준다. 따라서 이는 '자신에게 거룩한 안식일인'의 뜻이 된다. 참고로 to be a holy sabbath to himself는 절대 '그에게 거룩한 안식일로 삼아'라고 번연해서는 안 된다. 그렇게 되면 그 날을 안식일로 삼는 일을 우리가 결정할 수도 있다는 오해를 낳을 수 있다. 안식일은 우리가 정하는 것이 아니라, 하나님께서 우리에게 정해주신 것이다.

- ; expressly one whole day in seven, to be a holy sabbath to himself '특히7일 중에 자신에게 거룩한 안식일인 하루의 전체'

문답의 키

1. 하나님께서는 자기를 예배할 특정한 때들(times)을 지정하셨다.
   "내 안식일을 지키고 내 성소를 귀히 여기라 나는 여호와이니라"(레19:30)

2. 하나님께서는 칠일 중 하루를 자기를 위해 요구하신다.
   "일곱째 날은 네 하나님 여호와의 안식일인즉 너나 네 아들이나 네 딸이나 네 남종이나 네 여종이나 네 소나 네 나귀나 네 모든 가축이나 네 문 안에 유하는 객이라도 아무 일도 하지 못하게 하고 네 남종이나 네 여종에게 너 같이 안식하게 할지니라"(신5:14)

3. 안식일은 하나님을 예배하도록 지정된 날이다.
   "엿새 동안은 일하고 일곱째 날은 너희를 위한 거룩한 날이니 여호와께 엄숙한 안식일이라 누구든지 이 날에 일하는 자는 죽일지니"(출35:2)

4. 안식일은 하루 전체가 하나님의 것이기에, 이 날은 온전히 하나님을 예배하는 데만 사용되어야 한다.

"엿새 동안은 일할 것이나 일곱째 날은 큰 안식일이니 여호와께 거룩한 것이라 안식일에 일하는 자는 누구든지 반드시 죽일지니라"(출31:15)

5. 안식일은 하나님께 거룩하게 지켜져야 한다.

"네 하나님 여호와가 네게 명령한 대로 안식일을 지켜 거룩하게 하라"(신5:12)

6. 안식일을 거룩하게 지키는 자들은 하나님께서 예비하신 복을 받는다.

"안식일을 지켜 더럽히지 아니하며 그의 손을 금하여 모든 악을 행하지 아니하여야 하나니 이와 같이 하는 사람, 이와 같이 굳게 잡는 사람은 복이 있느니라 여호와께 연합한 이방인은 말하기를 여호와께서 나를 그의 백성 중에서 반드시 갈라내시리라 하지 말며 고자도 말하기를 나는 마른 나무라 하지 말라 여호와께서 이와 같이 말씀하시기를 나의 안식일을 지키며 내가 기뻐하는 일을 선택하며 나의 언약을 굳게 잡는 고자들에게는 내가 내 집에서, 내 성 안에서 아들이나 딸보다 나은 기념물과 이름을 그들에게 주며 영원한 이름을 주어 끊어지지 아니하게 할 것이며 또 여호와와 연합하여 그를 섬기며 여호와의 이름을 사랑하며 그의 종이 되며 안식일을 지켜 더럽히지 아니하며 나의 언약을 굳게 지키는 이방인마다 내가 곧 그들을 나의 성산으로 인도하여 기도하는 내 집에서 그들을 기쁘게 할 것이며 그들의 번제와 희생을 나의 제단에서 기꺼이 받게 되리니 이는 내 집은 만민이 기도하는 집이라 일컬음이 될 것임이라"(사56:2~7)

내 말로 번역하기

문:

답:

<제59문답>

Question: Which day of the seven hath God appointed to be the weekly sabbath?

Answer: From the beginning of the world to the resurrection of Christ, God appointed the seventh day of the week to be the weekly sabbath; and the first day of the week ever since, to continue to the end of the world, which is the Christian sabbath.

번역

문: 하나님께서는 7일 중 어느 날을 주간 안식일로 지정하셨나요?

답: 하나님께서 세상의 처음부터 그리스도의 부활까지는 한 주의 일곱 째 날을 주간 안식일로 정하셨으나, 그 이후부터는 한 주의 첫째 날이 주간 안식일로 세상 끝까지 지속되게 하셨는데, 그 날이 기독교의 안식일입니다.

원문분석

Question: Which day of the seven hath God appointed to be the weekly sabbath?

1. Which day of the seven hath God appointed to be the weekly sabbath?

- **Which ~ ?** 웨스트민스터 소교리교육서는 어떠한 것의 종류에 대해서 물을 때는 which를 사용한다. 특히 여러 종류가 있는 것들 중에 어떠한 것이 그것에 해당하는지를 묻는 질문에서 사용한다. 그래서 십계명의 각 계명이 어떤 것인지를 물을 때 what이 아니라, which를 사용했다. 반면에 어떠한 것의 본질이나 개념을 물을 때는 what을 사용한다. 따라서 which는 '어떠한 것(들)'으로 해석하고, what은 '무엇(들)'으로 해석한다.

- **Which day of the seven** '7일 중에 어느 날'로 안식일은 하나님께서 7개의 날들로 단위를 정하신 시간들 중 하나이다. 따라서 안식일도 다른 날들과 시간의 흐름에 있어서는 동일하다.

- **hath God appointed** 현재완료 시제이다. Did God appoint ~ ?처럼 과거시제로 물었다면, 그것은 하나님께서 과거에 어떠한 것을 수행하셨는지에 대한 정보에만 관련해서 질문하는 것이다. 그러나 현재완료 시제를 통한 질문은 과거에 완료한 행동의 결과를 현재의 관점에서 조망하는 것을 의미한다. 이러한 차원에서 이 질문은 하나님께서 지정하신 안식일이 과거에 이 계명을 직접 받았던 사람들 뿐 아니라, 현재 이 교리교육서를 공부하고 있는 사람들에게도 동일하게 중요하다는 것을 잘 드러내고 있다고 할 수 있다.[23]

- **to be the weekly sabbath** '주간 안식일'로 번역될 수 있는 weekly sabbath는 7일에 한 번씩 계속해서 반복되는 안식일이라는 뜻이다.

Answer: From the beginning of the world to the resurrection of Christ, God appointed the seventh day of the week to be the weekly sabbath; and the first day of the week ever since, to continue to the end of the world, which is the Christian sabbath.

1. From the beginning of the world to the resurrection of Christ
- **From the beginning ~ to the resurrection ~** 'A부터 B까지'를 뜻하는 'From A to B'구문이다. '세상의 시작으로부터 그리스도의 부활까지'

2. God appointed the seventh day of the week to be the weekly sabbath
- **God appointed** 질문은 현재완료형이었으나, 대답은 과거형이다. 이는 대답에서는 오직 과거의 사실만을 언급한다는 뜻이다. 따라서 이 부분의 대답에서 언급하는 것에는 현재 이 교리교육서를 공부하고 있는 사람들에게 직접적으로 해

---

23. appoint(지정하다)와 institute(제정하다)의 번역의 차이는 제96문답의 원문분석을 참고하라.

당되는 사항은 없다. 구체적으로 '세상의 시작부터 그리스도의 부활 때'까지의 과거에만 해당된다. appoint A to B의 틀로, 'A가 B하도록 지정하다,' 혹은 'A를 지정해서 B하도록 하다'가 이 문장의 구조가 나타내는 의미이다.

- the seventh day of the week 한 주의 일곱 번째 날
- God appointed the seventh day of the week to be the weekly sabbath '하나님께서는 한 주의 일곱 번째 날을 주간 안식일로 정하셨다.'

3. ; and the first day of the week ever since

- 세미콜론(;) 이어지는 내용이 앞부분의 내용과 분명히 구별된다는 것을 나타내는 장치로 사용되었다.
- ever since since의 기본 틀은 '현재완료 + since + 과거시제'이다. 따라서 ever since를 통해 이 부분에서는 God hath appointed ~가 생략된 것을 추측할 수 있다. 따라서 and the first day of the week ever since는 and God hath appointed the first day of the week to be the weekly sabbath ever since the resurrection of Christ에서 앞부분과 중복된 내용을 모두 생략한 형태로 볼 수 있다.
- ; and the first day of the week ever since 그리고 하나님께서는 그리스도의 부활이후부터는 한 주의 첫째 날이 계속해서 주간 안식일이 되도록 정하셨다.

4. , to continue to the end of the world,

- , to continue to the end of the world, and God hath appointed the first day of the week to be the weekly sabbath ever since the resurrection of Christ to continue to the end of the world의 문장에서 앞부분과 중복되는 내용들이 생략되고 남은 형태이다. 좀 더 간단하게는 God appointed the first day of the week to continue to the end of the world로 이해하면 된다.
- '그리스도의 부활 이후부터는 한 주의 첫째 날을 주간 안식일로 정하셔서 세상의 끝까지 지속되게 하셨다.'

5. , which is the Christian sabbath.

- **Christian** 형용사로 사용되면 '기독교의'가 되고, 명사로 사용되면 '그리스도인'
  이 된다. 이 문장에서는 형용사로 사용되었기에 '기독교의'로 번역한다.

- **, which** 계속용법의 주격 관계대명사이다. which의 선행사는 the first day of
  the week이다.

- '~인데, 그것이 기독교의 안식일이다.'

문답의 키

1. 하나님께서는 6일간 창조의 일을 하시고, 마지막 7일째는 안식하셨다.

   "하나님이 그가 하시던 일을 일곱째 날에 마치시니 그가 하시던 모든 일을 그치고 일곱
   째 날에 안식하시니라"(창2:2)

2. 하나님께서는 7일째 날을 복되게 하시고, 거룩하게 하셨다.

   "하나님이 그 일곱째 날을 복되게 하사 거룩하게 하셨으니 이는 하나님이 그 창조하시
   며 만드시던 모든 일을 마치시고 그 날에 안식하셨음이니라"(창3:2)

3. 하나님께서 처음에는 한 주의 일곱째 날을 주중 안식일로 정하셨다.

   "일곱째 날은 네 하나님 여호와의 안식일인즉 너나 네 아들이나 네 딸이나 네 남종이나
   네 여종이나 네 소나 네 나귀나 네 모든 가축이나 네 문 안에 유하는 객이라도 아무 일
   도 하지 못하게 하고 네 남종이나 네 여종에게 너 같이 안식하게 할지니라"(신5:14)

4. 안식일은 그리스도의 부활 이후 즉시 바뀌었다.

   "이 날 곧 안식 후 첫날 저녁 때에 제자들이 유대인들을 두려워하여 모인 곳의 문들
   을 닫았더니 예수께서 오사 가운데 서서 이르시되 너희에게 평강이 있을지어다"(요
   20:19)

5. 그리스도인의 안식일은 한 주의 첫째 날이며, 이 날을 주일(the Lord's Day)라고 한다.

"그 주간의 첫날에 우리가 떡을 떼려 하여 모였더니 바울이 이튿날 떠나고자 하여 그들에게 강론할새 말을 밤중까지 계속하매"(행20:7)

6. 예수님의 부활 후 그리스도인들은 매주 첫날에 모인다.

"매주 첫날에 너희 각 사람이 수입에 따라 모아 두어서 내가 갈 때에 연보를 하지 않게 하라"(고전16:2)

7. 주일이 한 주의 첫째 날인 것은 세상의 마지막 날까지 변하지 않을 것이다.

"만일 누구든지 이 두루마리의 예언의 말씀에서 제하여 버리면 하나님이 이 두루마리에 기록된 생명나무와 및 거룩한 성에 참여함을 제하여 버리시리라"(계22:19)

내 말로 번역하기

문:

답:

〈제60문답〉

Question: How is the sabbath to be sanctified?

Answer: The sabbath is to be sanctified by a holy resting all that day, even from such worldly employments and recreations as are lawful on other days; and spending the whole time in the public and private exercises of God's worship, except so much as is to be taken up in the works of necessity and mercy.

번역

문: 안식일은 어떻게 성화되어야 하나요?

답: 안식일은 다른 날들에는 합법적인 세속의 업무들과 오락들로부터 그 날 하루를 온종일 거룩하게 쉬는 것과, 필수적인 일들과 자비의 일들로 여겨질 수 있는 것 외에 모든 시간을 하나님의 예배의 공적인 예식들과 사적인 예식들에 거룩하게 사용하는 것으로 성화되어져야 합니다.

원문분석

Question: How is the sabbath to be sanctified?

1. How is the sabbath to be sanctified?

- sanctified '~을 신성하게 하다,' '성화시키다'라는 뜻을 가진 sanctify의 과거분 사형태이다. 명사형은 sanctification(성화)이다.

- How is the sabbath to be sanctified? 주어인 '안식일'(the sabbath)과 동사인 '성화되게 하다'(sanctify)는 수동적인 행동의 관계이다. 이 말은 안식일은 그 자체로 신성한 것이 아니라, 이 날이 어떠한 행동을 통해 성화된다는 뜻이다. 이는 역으로 안식일은 그 날에 합당한 어떤 행동이 수행되지 않으면 성화될 수 없다

는 뜻이다. 이러한 차원에서 이 질문은 안식일이 성화되게 하는 방법으로써의 행동들이 무엇인지 묻고 있는 것이다.

- **is to be sanctified?** 'is to + 동사원형'은 be to 용법이다. be to 용법은 2형식에서 to 부정사가 형용사적 용법으로 사용되는 경우를 말한다. be to 용법은 예정 (~할 것이다), 가능(~할 수 있다), 의무(~해야 한다), 의도(~하려면), 운명(~할 운명이다)의 5가지 방식으로 해석된다.

이 문답에서 사용된 'is to ~'는 문장 자체의 의미만 따져볼 때 '가능'과 '의무'의 두 가지 해석이 가능하다. be to 용법을 '가능'으로 보면 이 질문은 '안식일은 어떻게 성화될 수 있나요?'로 해석된다. 반면에 be to 용법을 '의무'로 보면 '안식일은 어떻게 성화되어야 하나요?'로 해석된다.

이 두 가지 가능한 해석 중 문답의 문맥을 고려하여 더 적절한 한 가지를 골라야 한다. 이 문답은 십계명의 한 부분을 설명하고 있다. 십계명은 사람이 하나님께 무엇을 할 수 있는지 또는 할 수 없는지에 대한 가능성을 말하는 것이 아니다. 십계명은 사람이 하나님께 마땅히 지켜야 할 규칙들에 대한 내용이다. 즉 하나님께서 사람에게 요구하신 의무에 관한 내용이다. 이러한 십계명의 원리를 고려할 때 여기에 사용된 be to는 '의무'로 해석하는 것이 바람직하다.

Answer: The sabbath is to be sanctified by a holy resting all that day, even from such worldly employments and recreations as are lawful on other days; and spending the whole time in the public and private exercises of God's worship, except so much as is to be taken up in the works of necessity and mercy.

1. The sabbath is to be sanctified

- **is to** be to 용법 중 '의무'를 나타낸다.
- **The sabbath is to be sanctified** '안식일은 성화되어야 합니다.'

2. by a holy resting all that day

- **by a holy resting** 'by + 목적격(명사)'는 수동태 문장의 행동의 주체를 나타내므로 by a holy resting은 be sanctified의 행동 주체가 된다. 따라서 '거룩한 쉼에 의해 안식일이 성화되어야 한다'로 해석되는 The sabbath is to be sanctified by a holy resting에는 '안식일을 성화시키는 것은 거룩한 쉼'이라는 의미가 깊이 스며들어 있다.

- **holy** '거룩한'을 의미하는 형용사이다. holy의 명사형은 holiness이다. 그러나 holy는 동사형태가 없다. holy는 완전히 거룩하게 된 상태를 나타낼 때 사용한다. 반면에 sanctify는 성화되는 동작을 나타낸다. 이러한 차원에서 로마 가톨릭은 sanctification을 '의화'라고 번역한다.

- **all that day** '그 날 하루 온 종일'

3. even from such worldly employments and recreations as are lawful on other days

- **even from** a holy resting even from ~ '심지어 ~로부터의 거룩한 쉼' 혹은 '심지어 ~로부터 거룩하게 쉬는 것'

- **worldly employments and recreations** '세속의 업무들과 오락들.' worldly employments는 사람의 모든 활동을 나타내는 work가 아니라, 구체적으로 생계를 위한 모든 일들을 의미한다. worldly recreations는 '세속의 오락들'을 말하는 것으로, 이 표현은 우리가 즐길 수 있는 오락들 중에는 세속적이지 않는 것들도 있다는 것을 암시한다.

- **as** 유사 관계대명사이다. 선행사가 such, the same, as 등과 함께 사용될 때는 as를 유사 관계대명사로 사용한다. 이 경우 as는 한정용법으로 사용되어 '~하는'으로 해석된다.

- **as are lawful on other days** '다른 날들에는 합법적인.' on other days는 일주일 중에 안식일을 제외한 6일을 말한다.

4. ; and spending the whole time in the public and private exercises of God's worship

- **세미콜론(;)** 문장에서 사용된 다른 콤마(,)들이나 and들과 혼동을 피해 문장의 틀을 밝혀주는 역할을 한다. by a holy resting ~; and spending ~ 으로 resting 과 spending이 동등하게 by의 목적어로 사용되었다는 것을 나타낸다.

- **spend A in B** 'A를 B에 쓰다,' 'A를 B에 사용하다.' 여기에서는 'spending the whole time in the public exercises of God's worship'과 'spending the whole time in private exercises of God's worship'을 and를 사용해서 하나로 묶었다.

- **spending the whole time in the public exercises of God's worship** '전체 시간을 하나님의 예배의 공적인 예식들에 쓰는 것'

- **spending the whole time in the private exercises of God's worship** '전체 시간을 하나님의 예배의 사적인 예식들에 쓰는 것'

5. except so much as is to be taken up in the works of necessity and mercy

1) except

- **except** '~을 제외하고'의 뜻으로 사용된 전치사인데, 뒤에는 목적어가 따라온다.

2) so much as is to be taken up in the works of necessity and mercy

- **so much as is to be taken up in the works of necessity and mercy** 전체가 전치사 except의 목적어로 왔다. 같은 내용을 설명하는 대교리교육서의 표현인 so much of it as is to be taken up in the works of necessity and mercy를 참고하면 이해가 쉬워진다.

- **as** 한정용법의 유사 관계대명사로 '~하는'이라는 뜻.

- **is to** be to 용법으로 '가능'을 나타낸다.

- **take up** (문제 '따위'를) 취급하다.

- **the works of necessity and mercy** '필수'적인 일들과 자비의 일들

문답의 키

1. 안식일은 하나님께서 구별하신 거룩한(holy)한 날이다. 따라서 이 날은 그 자체로 거룩하다.

   "하나님이 그 일곱째 날을 복되게 하사 거룩하게 하셨으니 이는 하나님이 그 창조하시며 만드시던 모든 일을 마치고 그 날에 안식하셨음이니라"(창3:2)

2. 거룩한(holy) 안식일은 우리의 행동을 통해 성화(sanctified)되어야 한다.[24]

   "여호와께서 모세에게 이르시되 어느 때까지 너희가 내 계명과 내 율법을 지키지 아니하려느냐 볼지어다 여호와가 너희에게 안식일을 줌으로 여섯째 날에는 이틀 양식을 너희에게 주는 것이니 너희는 각기 처소에 있고 일곱째 날에는 아무도 그의 처소에서 나오지 말지니라"(출16:28, 29)

3. 거룩한(holy) 안식일을 성스럽게(sanctified) 하는 핵심적인 두 요소는 거룩한 쉼(a holy resting)과 거룩한 소비(a holy spending)이다.

   "그 때에 내가 본즉 유다에서 어떤 사람이 안식일에 술틀을 밟고 곡식단을 나귀에 실어 운반하며 포도주와 포도와 무화과와 여러 가지 짐을 지고 안식일에 예루살렘에 들어와서 음식물을 팔기로 그 날에 내가 경계하였고 또 두로 사람이 예루살렘에 살며 물고기와 각양 물건을 가져다가 안식일에 예루살렘에서도 유다 자손에게 팔기로 내가 유다의 모든 귀인들을 꾸짖어 그들에게 이르기를 너희가 어찌 이 악을 행하여 안식일을 범하느냐 너희 조상들이 이같이 행하지 아니하였느냐 그래서 우리 하나님이 이 모든 재앙을 우리와 이 성읍에 내리신 것이 아니냐 그럼에도 불구하고 너희가 안식일을 범하여 진노가 이스라엘에게 더욱 심하게 임하도록 하는도다 하고 안식일 전 예루살렘 성문이 어두워갈 때에 내가 성문을 닫고 안식일이 지나기 전에는 열지 말라 하고 나를 따르는 종자 몇을 성문마다 세워 안식일에는 아무 짐도 들어오지 못하게 하였으므로 장사꾼들과 각양 물건 파는 자들이 한두 번 예루살렘 성 밖에서 자므로 내가 그들에게 경계하여 이르기를 너희가 어찌하여 성 밑에서 자느냐 다시 이같이 하면 내가 잡으리라 하였

---

24. 성화되어서 거룩한 것이 아니라, 거룩한 자가 성화되는 것처럼, 안식일도 성화되어서 거룩해지는 것이 아니라, 거룩한 날이 성화되는 것이다. 온전한 순종을 통해 거룩한 안식일이 성화되는 것이다.

더니 그후부터는 안식일에 그들이 다시 오지 아니하였느니라 내가 또 레위 사람들에게 몸을 정결하게 하고 와서 성문을 지켜서 안식일을 거룩하게 하라 하였느니라 내 하나님이여 나를 위하여 이 일도 기억하시옵고 주의 크신 은혜대로 나를 아끼시옵소서"(느 13:15~22)

4. 안식일은 모든 사람이 자신을 위해 쉬는 날로 지켜져야 한다.

"엿새 동안은 일할 것이나 일곱째 날은 큰 안식일이니 여호와께 거룩한 것이라 안식일에 일하는 자는 누구든지 반드시 죽일지니라"(출31:15)

5. 안식일의 쉼은 모든 가족이 지켜야 할 뿐 아니라, 종들이나 가축들까지 확장되어야 한다.

"일곱째 날은 네 하나님 여호와의 안식일인즉 너나 네 아들이나 네 딸이나 네 남종이나 네 여종이나 네 소나 네 나귀나 네 모든 가축이나 네 문 안에 유하는 객이라도 아무 일도 하지 못하게 하고 네 남종이나 네 여종에게 너 같이 안식하게 할지니라"(신5:14)

6. 안식일은 공동체가 쉬는 날로 지켜야 한다.

"엿새 동안은 일할 것이요 일곱째 날은 쉴 안식일이니 성회의 날이라 너희는 아무 일도 하지 말라 이는 너희가 거주하는 각처에서 지킬 여호와의 안식일이니라"(레23:3)

7. 안식일에 우리는 모든 세상적인 오락을 삼가야 한다.

"여호와께서 이와 같이 말씀하시되 너희는 스스로 삼가서 안식일에 짐을 지고 예루살렘 문으로 들어오지 말며"(렘17:21)

8. 안식일에 우리는 다른 날로 연기가 가능한 세속적인 일들을 삼가야 한다.

"돌아가 향품과 향유를 준비하더라 계명을 따라 안식일에 쉬더라"(눅23:56)

9. 안식일에 우리는 비록 다른 날들에는 합법적으로 즐길 수 있는 것이라 할지라도 오락과 유희는 삼가야 한다.

"만일 안식일에 네 발을 금하여 내 성일에 오락을 행하지 아니하고 안식일을 일컬어 즐거운 날이라, 여호와의 성일을 존귀한 날이라 하여 이를 존귀하게 여기고 네 길로 행하지 아니하며 네 오락을 구하지 아니하며 사사로운 말을 하지 아니하면"(사58:13)

10. 안식일은 하나님을 공적으로 예배하는 날이다.

"여호와가 말하노라 매월 초하루와 매 안식일에 모든 혈육이 내 앞에 나아와 예배하리라"(사66:23)

11. 안식일은 하나님을 사적으로 예배하는 날이다.

"엿새 동안은 일할 것이요 일곱째 날은 쉴 안식일이니 성회의 날이라 너희는 아무 일도 하지 말라 이는 너희가 거주하는 각처에서 지킬 여호와의 안식일이니라"(레23:3)

12. 안식일에도 부득이한 일들은 합법적으로 행할 수 있다.

"그 때에 예수께서 안식일에 밀밭 사이로 가실새 제자들이 시장하여 이삭을 잘라 먹으니"(마12:1)

13. 안식일에도 자비를 베푸는 것은 하나님의 법에 어긋나지 않는다.

"그러면 열여덟 해 동안 사탄에게 매인 바 된 이 아브라함의 딸을 안식일에 이 매임에서 푸는 것이 합당하지 아니하냐" (눅13:16)

내 말로 번역하기

문:

답:

<제61문답>

Question: What is forbidden in the fourth commandment?
Answer: The fourth commandment forbiddeth the omission, or careless performance, of the duties required, and the profaning the day by idleness, or doing that which is in itself sinful, or by unnecessary thoughts, words, or works, about our worldly employments or recreations.

번역

문: 네 번째 계명에서는 무엇이 금지되나요?

답: 네 번째 계명은 요구되는 의무들에 대한 간과나 부주의한 이행과, 그 날에 그 자체로 죄악된 것을 하는 것이나, 게으름 또는 우리의 세속적인 업무들이나 오락들에 관한 불필요한 생각들이나, 말들이나 일들로 그 날을 속되게 하는 것을 금지합니다.

원문분석

Question: What is forbidden in the fourth commandment?

1. What is forbidden in the fourth commandment?

- What is forbidden ~? 수동태 질문이다. (제47문답의 원문분석을 참고하라.)

- What is forbidden in the fourth commandment? '네 번째 계명에서는 무엇이 금지되나요?'

Answer: The fourth commandment forbiddeth the omission, or careless performance, of the duties required, and the profaning the day by idleness, or doing that which is in itself sinful, or by unnecessary thoughts, words, or works, about our worldly employments or recreations.

1. The fourth commandment forbiddeth the omission ~, and the profaning ~.

- '주어 + 동사 + 목적어(1), and 목적어(2)'의 구조로 목적어를 두 개 가진 3형식 문장이다. the omission과 the profaning이 이 문장의 두 개의 목적어이다. 따라서 이 문장 해석의 틀은 '네 번째 계명은 ~에 대해 간과하는 것과 ~을 속되게 하는 것입니다.'가 된다.

2. the omission, or careless performance, of the duties required

- the omission of the duties required, or the careless performance of the duties require를 줄인 표현이다.
- **the omission of the duties required** omission은 생략, 누락, 간과의 뜻으로 있는 것을 의도적으로 무시해서 없는 것처럼 취급해버리는 것을 말한다. 이 문답에서는 문맥상 '간과'의 의미로 이해할 수 있다.
- **the duties required** the duties which have been required로 보면 '요구된 의무들'로, the duties which are required로 보면 '요구되는 의무들'로 해석이 가능하다. 안식일과 관련하여 하나님께서 인류에게 요구하시는 의무들은 세상의 마지막 때까지 시대를 초월하는 변함없는 진리이다. 이러한 차원에서 현재시제인 which are가 생략된 것으로 보는 것이 바람직하다.
- **the omission of the duties required** '요구되는 의무들에 대한 간과'
- **the careless performance of the duties require** '요구되는 의무들에 대한 부주의한 이행'

3. the profaning the day by idleness, or doing that which is in itself sinful, or by unnecessary thoughts, words, or works, about our worldly employments or recreations.

- 전체 문장의 두 번째 목적어인 the profaning the day(그 날을 속되게 하는 것)

를 다루는 부분이다. 이 부분의 틀은 the profaning the day by idleness ~, or by unnecessary thoughts ~로 '게으름 혹은 불필요한 생각들로 그 날을 속되게 하는 것'을 말한다.

- , or doing that which is in itself sinful, idleness나 unnecessary thoughts와 동등한 위치에서 문장에 사용된 것이 아니라, idleness와 관련하여 추가 정보를 주는 차원에서 삽입된 내용이다. 만일 이 부분이 idleness나 unnecessary thoughts와 동등하게 사용된 내용이라면, doing 앞에 or가 없고, necessary thoughts 앞에 by가 없이 by idleness, doing ~, or necessary thoughts ~의 형태여야 한다. 즉 A, B, or C의 구조로 쓰였어야 한다. 또한 이 부분의 앞과 뒤가 콤마(,)로 쌓여 있다는 것도 이것이 idleness에 대한 추가 정보를 위해 삽입된 것이라는 것을 나타낸다. 결국 , or doing that which is in itself sinful,은 '게으름'에 대한 반대로 무엇을 적극적으로 하는 것 또한 그 날을 속되게 할 수 있다는 것을 말해주는 것이다. 게으름이 소극적인 행동방식으로 그 날을 속되게 하는 것이라면, 반대로 그 자체로 죄악된 것들을 행하는 것은 적극적인 행동방식으로 그 날을 속되게 하는 것이라는 말이다. 따라서 이 표현은 안식일에 게으르지 않고 무엇을 한다고 그것이 다 그 날이 속되게 되는 것을 피할 수 있는 것은 아니라는 사실을 이 문답 속에 넣어 둔 하나의 문법적 장치라고 할 수 있다.

4. or by unnecessary thoughts, words, or works,

- or by unnecessary thoughts 'by idleness ~ or unnecessary thoughts ~'처럼 원칙적으로는 unnecessary thoughts앞에 by를 중복해서 사용할 필요가 없다. 그러나 unnecessary thoughts 앞에 by를 표시한 것은 중간에 , or doing that which is in itself sinful,이라는 표현이 삽입되면서 있을 수 있는 혼동을 피하기 위함이다. 즉 unnecessary thoughts가 접속사 or를 통해 by idleness와 동등하게 연결되고 있다는 것을 분명히 드러내기 위해 by를 쓴 것이다.

- unnecessary thoughts, words, or works thoughts, words, works가 A, B, or C의 틀로 동등한 관계로 연결되어 있다. 또한 thoughts, words, works가 모두 unnecessary의 수식을 받고 있다. '불필요한 생각들, 말들, 일들'

5. , about our worldly employments or recreations

- **, about** about 앞에 찍힌 콤마(,)는 about 이하가 바로 앞에 있는 works뿐 아니라 thoughts, words, works 모두에게 해당되는 것임을 나타내는 장치이다.

- '우리의 세속적인 업무들이나 오락들에 관하여'

문답의 키

1. 거룩한(holy) 안식일은 우리의 행동에 따라 성화되기도 하고(sanctified), 반대로 불경스러워지기도 한다(profaned). 즉 안식일은 우리의 순종에 따라 더 성스러워지기도 하고, 덜 성스러워지기도 한다.

  "안식일을 기억하여 거룩하게 지키라"(출20:8)

2. 우리는 안식일에 우리에게 요구된 의무들 중 어느 것 하나도 무시해서는 안 된다.

  "그 제사장들은 내 율법을 범하였으며 나의 성물을 더럽혔으며 거룩함과 속된 것을 구별하지 아니하였으며 부정함과 정한 것을 사람이 구별하게 하지 아니하였으며 그의 눈을 가리어 나의 안식일을 보지 아니하였으므로 내가 그들 가운데에서 더럽힘을 받았느니라"(겔22:26)

3. 우리는 안식일에 우리에게 요구된 의무를 부주의하게 이행해서는 안 된다.

  "이스라엘아 네 하나님 여호와께서 네게 요구하시는 것이 무엇이냐 곧 네 하나님 여호와를 경외하여 그의 모든 도를 행하고 그를 사랑하며 마음을 다하고 뜻을 다하여 네 하나님 여호와를 섬기고"(신10:12)

4. 우리는 안식일에 우리에게 요구된 의무를 나태하게 이행해서는 안 된다.

  "안식일을 기억하여 거룩하게 지키라"(출20:8)

5. 안식일에 범하는 죄는 안식일 자체를 더럽힘으로 다른 날에 범하는 죄보다 더욱 악하다.

  "이 외에도 그들이 내게 행한 것이 있나니 당일에 내 성소를 더럽히며 내 안식일을 범

하였도다"(겔23:38)

6. 안식일에는 세상의 일들에 대한 불필요한 생각들을 금해야 한다.

"너희가 이르기를 월삭이 언제 지나서 우리가 곡식을 팔며 안식일이 언제 지나서 우리
가 밀을 내게 할꼬 에바를 작게 하고 세겔을 크게 하여 거짓 저울로 속이며"(암8:5)

7. 안식일에는 세상의 사건들에 대한 불필요한 대화들을 금해야 한다.

"만일 안식일에 네 발을 금하여 내 성일에 오락을 행하지 아니하고 안식일을 일컬어 즐
거운 날이라, 여호와의 성일을 존귀한 날이라 하여 이를 존귀하게 여기고 네 길로 행하
지 아니하며 네 오락을 구하지 아니하며 사사로운 말을 하지 아니하면"(사58:13)

8. 안식일에는 세상의 일들을 위한 불필요한 업무들을 금해야 한다.

"여호와께서 이와 같이 말씀하시되 너희는 스스로 삼가서 안식일에 짐을 지고 예루살
렘 문으로 들어오지 말며" (렘17:21)

내 말로 번역하기

문:

답:

<제62문답>

Question: What are the reasons annexed to the fourth
commandment?

Answer: The reasons annexed to the fourth commandment are,
God's allowing us six days of the week for our own
employments, his challenging a special propriety in the
seventh, his own example, and his blessing the sabbath
day.

번역

문: 네 번째 계명에 첨부된 근거들은 무엇인가요?

답: 네 번째 계명에 첨부된 근거들은 하나님께서 우리 자신들의 업무들을 위해 한
주 중에 6일을 우리에게 할당해 주시는 것과 일곱 번째는 자신이 특별한 정당성
을 주장하시는 것과 스스로가 모범을 보이시는 것과 안식일을 복되게 하시는 것
입니다.

원문분석

Question: What are the reasons annexed to the fourth commandment?

1. **the reasons** 근거들 (52문답 원문분석을 참고하라)

2. the reasons annexed to the fourth commandment

- the reasons (which are) annexed to the fourth commandment '네 번째 계
  명에 첨부된 근거들'

Answer: The reasons annexed to the fourth commandment are, God's allowing us six days of the week for our own employments, his challenging a special propriety in the seventh, his own example, and his blessing the sabbath day.

1. God's allowing ~, his challenging ~, his own example, and his blessing ~ .
- A, B, C, and D의 구조로 네 번째 계명에 첨부된 4개의 근거들을 동등하게 나열하고 있다.

2. God's allowing us six days of the week for our own employments
- God's 소유격으로 동명사 allowing의 의미상 주어이다. 따라서 God's와 allowing은 주어와 동사의 관계로 해석해야 한다.
- allowing us six days of the week allow가 4형식인 'allow + 간접목적어(사람) + 직접목적어(사물)'의 구조로 사용되면 '허락하다'라는 뜻이 아니라, '~에게 ~을 주다,' '~에게 ~을 할당하다,' '~에게 ~을 지급하다'라는 뜻이다. 따라서 allowing us six days of the week는 '우리에게 한 주 중에 6일을 할당하시는 것'이란 뜻이다.
- for our own employments for는 목적이나 용도를 나타내는 전치사이다. 하나님께서 우리에게 할당해주신 6일의 용도에 대한 설명이다. '우리 자신들의 업무들을 위해'
- '하나님께서 우리 자신들의 업무들을 위해 한 주 중에 6일을 우리에게 할당해주시는 것'

3. his challenging a special propriety in the seventh
- his 소유격으로 앞에서 언급된 God's를 받는다. 동명사 challenging의 의미상 주어이다.
- challenging 일반적으로 경기나 시합을 신청하는 차원에서 '도전하다'라는 뜻으로 사용된다. 그러면서도 이 단어는 자신이 옳고 정당하다는 사실을 강하

게 주장한다는 의미가 함께 내포되어 있다. 하나님께서는 사람 뿐 아니라, 세상을 주관하는 사탄에 대항해서 안식일에 대한 자신의 정당성을 주장하신다 (challenge).

- propriety '타당성,' '정당성'

- in the seventh '일곱 번째에'

- '일곱 번째에는 그가 특별한 정당성을 주장하시는 것'

4. his own example

- '그 자신의 모범'

5. his blessing the sabbath day

- his 소유격으로 blessing의 의미상 주어이다.

- bless '~을 복되게 하다' 혹은 '~을 축복하다'

- '그가 안식일을 복되게 하시는 것'

문답의 키

1. 하나님께서는 한 주의 6일은 우리의 일을 위해 사용하도록 할당해 주시고, 일곱 번째 날은 자기를 위한 날로 구별하셨다.

   "엿새 동안은 일할 것이나 일곱째 날은 큰 안식일이니 여호와께 거룩한 것이라 안식일에 일하는 자는 누구든지 반드시 죽일지니라"(출31:15)

2. 하나님께서는 안식일은 자기의 날로 구별하시고, 그 날에 대한 자신의 정당성을 주장하신다.

   "새 동안은 일할 것이요 일곱째 날은 쉴 안식일이니 성회의 날이라 너희는 아무 일도 하지 말라 이는 너희가 거주하는 각처에서 지킬 여호와의 안식일이니라"(레23:3)

3. 하나님께서 안식일에 쉬신 것은 우리에게 스스로가 모범을 보여주신 것이다.

   "이는 나와 이스라엘 자손 사이에 영원한 표징이며 나 여호와가 엿새 동안에 천지를 창

조하고 일곱째 날에 일을 마치고 쉬었음이니라 하라"(출31:17)

4. 하나님께서는 안식일을 복되고 거룩하게 하셨다.

"하나님이 그 일곱째 날을 복되게 하사 거룩하게 하셨으니 이는 하나님이 그 창조하시
며 만드시던 모든 일을 마치시고 그 날에 안식하셨음이니라"(창2:3)

내 말로 번역하기

문:

답:

⟨제63문답⟩

> Question: Which is the fifth commandment?
>
> Answer: The fifth commandment is, Honor thy father and thy
> mother: that thy days may be long upon the land which
> the Lord thy God giveth thee.

번역

문: 어떤 것이 다섯 번째 계명인가요?[25]

답: 다섯 번째 계명은 "네 부모를 공경하라 그리하면 네 하나님 여호와가 네게 준 땅
에서 네 생명이 길리라"입니다.

내 말로 번역하기

문:

답:

---

25. 웨스트민스터 소교리교육서에서 which와 what을 사용한 질문의 차이에 대한 설명은 45문답의 원문분석
    을 참고하라.

＜제64문답＞

> Question: What is required in the fifth commandment?
>
> Answer: The fifth commandment requireth the preserving the honor, and performing the duties, belonging to everyone in their several places and relations, as superiors, inferiors, or equals.

번역

문: 다섯 번째 계명에서는 무엇이 요구되나요?

답: 다섯 번째 계명은 윗사람들이나 아랫사람들, 혹은 동등한 사람들로서 그들의 여러 지위들과 관계들 안에서 모든 사람에게 속한 명예를 보존하고 의무들을 이행하는 것을 요구합니다.

원문분석

Question: What is required in the fifth commandment?

1. What is required in the fifth commandment?

- What is required ~? 수동태 의문문이다. (46문답의 원문분석을 참고하라.)

- What is required in the fifth commandment? '다섯 번째 계명에서는 무엇이 요구되나요?'

Answer: The fifth commandment requireth the preserving the honor, and performing the duties, belonging to everyone in their several places and relations, as superiors, inferiors, or equals.

1. the preserving the honor, and performing the duties, belonging to everyone

- the preserving the honor belonging to everyone, and the performing the duties belonging to everyone를 함축한 표현이다.

- **belonging to** belong은 소유를 나타내는 동사로 have, possess와 같이 진행형으로 사용하지 않는다. 따라서 위 문장을 the preserving the honor (which is) belonging to ~ 로 보아서는 안 된다. 여기서 belonging은 belong의 형용사로, 주로 'A belonging to + B'의 형태로 쓰여 'B에 속한 A'의 뜻을 나타낸다.

- **the preserving the honor belonging to everyone** '모든 사람들에게 속한 명예를 보존하는 것'

- **the performing the duties belonging to everyone** '모든 사람들에게 속한 의무들을 이행하는 것'

2. in their several places and relations

- **several** 수를 나타낼 때는 '몇몇의, ' '몇 개의'를 뜻한다. 보통 '한 둘'을 뜻하는 a few(조금 있는)보다는 많지만, many(많은)보다는 적은 수를 일컬을 때 사용한다. 즉 3개에서 5개 정도를 의미한다. 반면에 서로 같지 않은 각기 다른 종류들을 말할 때는 '여러 가지의, ' '각각의, ' '각기 다른'을 의미한다. 본 문답에서는 후자의 의미로 사용되었다.

- '그들의 여러 지위와 관계에 있어서'

3. as superiors, inferiors, or equals.

- **as** 자격을 나타내는 전치사로 '~로서'로 해석한다.

- **superiors, inferiors, or equals** 'A, B, or C'의 구조로 세 개를 동등하게 나열하면서도, 세 개가 모두 해당된다는 것을 의미하는 것은 아니다. 이는 관련된 종류가 총 세 가지라는 것을 알려주면서, 이 중에 한 가지라도 해당되면 참이 된다는 뜻이다. 따라서 'A, B, or C'는 'A이거나, B, 혹은 C'의 틀로 번역해야 한다.

- '윗사람들이나 아랫사람들 혹은 동등한 사람들로서'

문답의 키

1. 우리의 사회 속에 있는 권력들은 모두 하나님께서 위임하신 것이다.
   "각 사람은 위에 있는 권세들에게 복종하라 권세는 하나님으로부터 나지 않음이 없나니 모든 권세는 다 하나님께서 정하신 바라"(롬13:1)

2. 우리는 모든 사람을 그들이 지닌 각각의 지위에 합당하게 공경해야 한다.
   "뭇 사람을 공경하며 형제를 사랑하며 하나님을 두려워하며 왕을 존대하라"(벧전2:17)

3. 우리는 우리의 윗사람들을 그들의 지위에 합당하게 공경해야 한다.
   "너는 센 머리 앞에서 일어서고 노인의 얼굴을 공경하며 네 하나님을 경외하라 나는 여호와이니라"(레19:32)

4. 우리는 우리의 아랫사람들을 그들의 지위에 합당하게 공경해야 한다.
   "서로 마음을 같이하며 높은 데 마음을 두지 말고 도리어 낮은 데 처하며 스스로 지혜 있는 체 하지 말라"(롬12:16)

5. 우리는 우리와 동등한 사람들을 그들의 지위에 합당하게 공경해야 한다.
   "형제를 사랑하여 서로 우애하고 존경하기를 서로 먼저 하며"(롬12:10)

6. 우리는 각각의 지위에 따라 부여된 의무들을 성실히 수행해야 한다.
   "모든 자에게 줄 것을 주되 조세를 받을 자에게 조세를 바치고 관세를 받을 자에게 관세를 바치고 두려워할 자를 두려워하며 존경할 자를 존경하라"(롬13:7)

7. 우리는 우리의 윗사람에 대한 의무를 성실히 수행해야 한다.
   "각 사람은 위에 있는 권세들에게 복종하라 권세는 하나님으로부터 나지 않음이 없나니 모든 권세는 다 하나님께서 정하신 바라"(롬13:1)

8. 우리는 우리의 아랫사람에 대한 의무를 성실히 수행해야 한다.

"상전들아 너희도 그들에게 이와 같이 하고 위협을 그치라 이는 그들과 너희의 상전이 하늘에 계시고 그에게는 사람을 외모로 취하는 일이 없는 줄 너희가 앎이라"(엡6:9)

9. 우리는 우리와 동등한 사람들에 대한 의무를 성실히 수행해야 한다.

"그리스도를 경외함으로 피차 복종하라"(엡5:21)

10. 우리의 모든 사회적 의무들은 모두 하나님의 권위에 준하여 이행되어야 한다.

"기쁜 마음으로 섬기기를 주께 하듯 하고 사람들에게 하듯 하지 말라"(엡6:7)

내 말로 번역하기

문:

답:

⟨제65문답⟩

> Question: What is forbidden in the fifth commandment?
> Answer: The fifth commandment forbiddeth the neglecting of,
> or doing anything against, the honor and duty which
> belongeth to everyone in their several places and
> relations.

번역

문: 다섯 번째 계명에서 무엇이 금지되나요?

답: 다섯 번째 계명은 모든 사람들의 여러 지위들과 관계들에서 그들에게 속한 명예
와 의무를 무시하거나 그것에 반하여 어떤 것을 하는 것을 금지합니다.

원문분석

Question: What is forbidden in the fifth commandment?

1. What is forbidden in the fifth commandment?

- **What is forbidden ~?** 수동태 질문이다. (제47문답의 원문분석을 참고하라.)
- **What is forbidden in the fifth commandment?** '다섯 번째 계명에서는 무엇이
  금지되나요?'

Answer: The fifth commandment forbiddeth the neglecting of, or doing
anything against, the honor and duty which belongeth to everyone
in their several places and relations.

1. the neglecting of, or doing anything against, the honor and duty

- the neglecting of the honor and duty or doing anything against the honor
  and duty를 함축한 표현이다.

- the neglecting of the honor and duty '명예와 의무를 무시하는 것'
- doing anything against the honor and duty '명예와 의무에 반하여 어떤 것을 하는 것'

2. which belongeth to everyone

- **which** the honor and duty를 선행사로 받는 관계대명사이다. 콤마(,) 없이 한 정용법으로 쓰였다.
- **belongeth to** '~에게 속하다'
- **everyone** '한 사람 한 사람 그 누구라도'
- '모든 사람에게 속한'

3. in their several places and relations

- **several** 수를 나타낼 때는 '몇몇의, ' '몇 개의'를 뜻한다. 보통 '한 둘'을 뜻하는 a few(조금 있는)보다는 많지만, many(많은)보다는 적은 수를 일컬을 때 사용한다. 즉 3개에서 5개 정도를 의미한다. 반면에 서로 같지 않은 각기 다른 종류들을 말할 때는 '여러 가지의, ' '각각의, ' '각기 다른'을 의미한다. 본 문답에서는 후자의 의미로 사용되었다.
- '그들의 여러 지위와 관계들에서'

문답의 키

1. 우리는 모든 사람이 부여받은 공경받을 자격을 무시해서는 안 된다.
   "마지막으로 말하노니 너희가 다 마음을 같이하여 동정하며 형제를 사랑하며 불쌍히 여기며 겸손하며"(벧전3:8)

2. 우리는 우리의 윗사람에게 부여된 공경받을 자격을 무시해서는 안 된다.
   "모든 자에게 줄 것을 주되 조세를 받을 자에게 조세를 바치고 관세를 받을 자에게 관세를 바치고 두려워할 자를 두려워하며 존경할 자를 존경하라"(롬13:7)

3. 우리는 우리의 아랫사람에게 부여된 공경받을 자격을 무시해서는 안 된다.

"아브라함이 일어나 그 땅 주민 헷 족속을 향하여 몸을 굽히고"(창23:7)

4. 우리는 우리와 동등한 사람에게 부여된 공경받을 자격을 무시해서는 안 된다.

"서로 마음을 같이하며 높은 데 마음을 두지 말고 도리어 낮은 데 처하며 스스로 지혜 있는 체 하지 말라"(롬12:16)

5. 우리는 모든 사람에게 부여된 공경받을 자격에 반하는 행동을 해서는 안 된다.

"약한 자들에게 내가 약한 자와 같이 된 것은 약한 자들을 얻고자 함이요 내가 여러 사람에게 여러 모습이 된 것은 아무쪼록 몇 사람이라도 구원하고자 함이니"(고전9:22)

6. 우리는 우리의 윗사람에게 부여된 공경받을 자격에 반하는 행동을 해서는 안 된다.

"심중에라도 왕을 저주하지 말며 침실에서라도 부자를 저주하지 말라 공중의 새가 그 소리를 전하고 날짐승이 그 일을 전파할 것임이니라"(전10:20)

7. 우리는 우리의 아랫사람에게 부여된 공경받을 자격에 반하는 행동을 해서는 안 된다.

" 너희 중에 큰 자는 너희를 섬기는 자가 되어야 하리라"(마23:11)

8. 우리는 우리와 동등한 사람에게 부여된 공경받을 자격에 반하는 행동을 해서는 안 된다.

"아무 일에든지 다툼이나 허영으로 하지 말고 오직 겸손한 마음으로 각각 자기보다 남을 낫게 여기고"(빌2:3)

9. 우리는 우리가 교제하는 사람들에게 행해야 할 의무를 등한시해서는 안 된다.

"피차 사랑의 빚 외에는 아무에게든지 아무 빚도 지지 말라 남을 사랑하는 자는 율법을 다 이루었느니라"(롬13:8)

10. 우리는 우리의 윗사람들에게 행해야 할 의무를 등한시해서는 안 된다.

"너는 그들로 하여금 통치자들과 권세 잡은 자들에게 복종하며 순종하며 모든 선한 일 행하기를 준비하게 하며"(딛3:1)

11. 우리는 우리의 아랫사람들에게 행해야 할 의무를 등한시해서는 안 된다.
"상전들아 의와 공평을 종들에게 베풀지니 너희에게도 하늘에 상전이 계심을 알지어다"(골4:1)

12. 우리는 우리와 동등한 사람들에게 행해야 할 의무를 등한시해서는 안 된다.
"형제들아 너희가 자유를 위하여 부르심을 입었으나 그러나 그 자유로 육체의 기회를 삼지 말고 오직 사랑으로 서로 종 노릇 하라"(갈5:13)

13. 우리는 우리와 교제하는 사람들에 대한 의무에 반하는 행동을 해서는 안 된다.
"삼가 누가 누구에게든지 악으로 악을 갚지 말게 하고 서로 대하든지 모든 사람을 대하든지 항상 선을 따르라"(살전5:15)

14. 우리는 우리의 윗사람들에 대한 의무에 반하는 행동을 해서는 안 된다.
"사라가 아브라함을 주라 칭하여 순종한 것 같이 너희는 선을 행하고 아무 두려운 일에도 놀라지 아니하면 그의 딸이 된 것이니라"(벧전3:6)

15. 우리는 우리의 아랫사람들에 대한 의무에 반하는 행동을 해서는 안 된다.
"또 무거운 짐을 묶어 사람의 어깨에 지우되 자기는 이것을 한 손가락으로도 움직이려 하지 아니하며"(마23:4)

16. 우리는 우리와 동등한 사람들에 대한 의무에 반하는 행동을 해서는 안 된다.
"아무 일에든지 다툼이나 허영으로 하지 말고 오직 겸손한 마음으로 각각 자기보다 남을 낫게 여기고"(빌2:3)

내 말로 번역하기

문:

답:

<제66문답>

Question: What is the reason annexed to the fifth commandment?
Answer: The reason annexed to the fifth commandment is, a promise of long life and prosperity (as far as it shall serve for God's glory and their own good) to all such as keep this commandment.

번역
문: 다섯 번째 계명에 첨부된 근거는 무엇인가요?
답: 다섯 번째 계명에 첨부된 근거는 이 계명을 지키는 모든 이들을 대상으로 한 장수와 번영의 약속인데, 이 약속이 하나님의 영광과 그들 자신들의 선에 제 역할을 하는 경우에만 그렇다는 것입니다.

원문분석
Question: What is the reason annexed to the fifth commandment?

1. the reason annexed to the fifth commandment
- the reason '근거' (52문답 원문분석을 참고하라)
- the reason (which is) annexed to the fifth commandment '다섯 번째 계명에 첨부된 근거'

Answer: The reason annexed to the fifth commandment is, a promise of long life and prosperity (as far as it shall serve for God's glory and their own good) to all such as keep this commandment.

1. a promise of long life and prosperity

- **The reason ~ is a promise ~** 2형식 단수 문장이다. 문장 전체를 해석하는 틀은 '근거는 약속이다'가 된다.
- **a promise** '하나의 약속'이다. 장수(long life)와 번영(prosperity)은 종류가 다른 두 약속이 아니라 두 가지가 묶여있는 하나의 약속이다. 따라서 a promise of long life and prosperity은 '장수에 대한 약속과 번영에 대한 약속'이 아니라 '장수와 번영에 대한 약속'이다.

2. (as far as it shall serve for God's glory and their own good)

- **as far as** '~하는 한'
- **serve for** '~의 역할을 하다, ' '~에 공헌하다.'
- **it** 3인칭 단수 지시대명사로 a promise를 받는다. 따라서 이 문답에서는 '장수와 번영에 대한 약속'을 말한다. 이는 이 계명을 준행함으로 하나님께 받은 장수와 번영의 복이 어떠한 목적으로 사용되어야 하는지를 말해준다. 다시 말해 하나님께서 약속하신 장수와 번영은 그것들이 오직 하나님께서 그것들을 주신 목적에 맞게 사용될 때만 그 유익과 가치가 있다는 뜻이다.
- **their own good** good이 명사로 쓰이면 '효용, 가치, 선, 미덕, 장점' 등의 뜻을 나타낸다.
- **God's glory and their own good** '하나님의 영광과 그들 자신들의 선'
- '그 약속이 하나님의 영광과 그들 자신들의 선을 위해 제 역할을 하는 한'

3. to all such as keep this commandment

- **to all such as keep this commandment** to all such people as keep this commandment에서 people이 생략된 형태이다.
- **as** all such (people)을 선행사로 받는 유사 관계대명사이다. 선행사가 such, the same, as와 함께 사용되면 as가 유사 관계대명사로 쓰인다.
- '이 계명을 지키는 그런 모든 사람들'

문답의 키

1. 하나님께서 장수와 번영을 주신 목적은 하나님 자신의 영광과 계명을 지키는 자들의 유익이다. 따라서 장수와 번영은 하나님의 영광과 계명을 지키는 자들의 유익에 합당하게 사용될 때 가치가 있다.

   "너는 네 하나님 여호와께서 명령한 대로 네 부모를 공경하라 그리하면 네 하나님 여호와가 네게 준 땅에서 네 생명이 길고 복을 누리리라"(신5:16)

2. 하나님께서는 부모를 공경하는 자들에게 장수를 약속하셨다.

   "네 아버지와 어머니를 공경하라 이것은 약속이 있는 첫 계명이니 이로서 네가 잘되고 땅에서 장수하리라"(엡6:2, 3)

3. 하나님께서는 부모를 공경하는 자들에게 번영을 약속하셨다.

   "네 아버지와 어머니를 공경하라 이것은 약속이 있는 첫 계명이니 이로서 네가 잘되고 땅에서 장수하리라"(엡6:2, 3)

4. 장수와 번영은 모두 하나님의 영광과 관련하여 규정된 것이다.

   "예수께서 들으시고 이르시되 이 병은 죽을 병이 아니라 하나님의 영광을 위함이요 하나님의 아들이 이로 말미암아 영광을 받게 하려 함이라 하시더라"(요11:4)

5. 번영은 단순한 물질적인 풍족을 말하는 것이 아니라 하나님께서 그의 백성들에게 주시는 가장 적절하고 좋은 것을 의미한다.

   "곧 헛된 것과 거짓말을 내게서 멀리 하옵시며 나를 가난하게도 마옵시고 부하게도 마옵시고 오직 필요한 양식으로 나를 먹이시옵소서"(잠30:8)

내 말로 번역하기

문:

답:

<제67문답>

Question: Which is the sixth commandment?

Answer: The sixth commandment is, Thou shalt not kill.

번역

문: 어떤 것이 여섯 번째 계명인가요?[26]

답: 여섯 번째 계명은 '살인하지 말라'입니다.

내 말로 번역하기

문:

답:

---

26. 웨스트민스터 소교리교육서에서 which와 what을 사용한 질문의 차이에 대한 설명은 45문답의 원문분석
    을 참고하라.

\<제68문답\>

Question: What is required in the sixth commandment?
Answer: The sixth commandment requireth all lawful endeavors to preserve our own life, and the life of others.

번역

문: 여섯 번째 계명에서는 무엇이 요구되나요?

답: 여섯 번째 계명은 우리 자신의 생명과 다른 이들의 생명을 보존하는 모든 합법적인 노력들을 요구합니다.

원문분석

Question: What is required in the sixth commandment?

1. What is required in the sixth commandment?

- **What is required ~?** 수동태 의문문이다. (46문답의 원문분석을 참고하라.)

- **What is required in the sixth commandment?** '여섯 번째 계명에서는 무엇이 요구되나요?'

Answer: The sixth commandment requireth all lawful endeavors to preserve our own life, and the life of others.

1. all lawful endeavors to preserve our own life, and the life of others

- **all lawful endeavors** requireth의 목적어이다. '모든 합법적인 노력들'

- **to preserve** to 부정사의 형용사적 용법으로 endeavors를 한정해서 노력들의 내용을 구체적으로 드러내는 역할을 한다.

- **our own life** life가 생명을 나타낼 때는 셀 수 없는 명사로 쓰인다. 반면에 '생애,

일생, 살림' 등으로 사용될 때는 셀 수 있는 명사로도 쓰여 복수형인 lives로 표기되기도 한다. our own life에서는 our가 복수의 개념임에도 불구하고 단수형인 life가 쓰였다. 따라서 여기서 사용된 life를 '생명'으로 이해해야 한다.

- our own life, and the life of others to preserve의 목적어 두 개가 and로 연결되어 있다. '우리 자신의 생명과 다른 사람들의 생명'

문답의 키

1. 우리는 그리스도께서 교회를 보호하듯이 우리의 몸을 아끼고 보호해야 한다.
   "누구든지 언제나 자기 육체를 미워하지 않고 오직 양육하여 보호하기를 그리스도께서 교회에게 함과 같이 하나니"(엡2:29)

2. 우리는 우리의 생명을 보존하기 위해 합법적인 모든 노력을 해야 한다.
   "이제부터는 물만 마시지 말고 네 위장과 자주 나는 병을 위하여는 포도주를 조금씩 쓰라"(딤전5:23)

3. 신자가 박해 받는 것은 당연한 이치이다. 따라서 박해는 정면으로 맞서기보다는 피하는 것이 지혜롭다.
   "이 동네에서 너희를 박해하거든 저 동네로 피하라 내가 진실로 너희에게 이르노니 이스라엘의 모든 동네를 다 다니지 못하여서 인자가 오리라"(마10:23)

4. 우리는 우리의 생명을 보존하기 위해 불법적인 노력을 해서는 안 된다.
   "누구든지 제 목숨을 구원하고자 하면 잃을 것이요 누구든지 나를 위하여 제 목숨을 잃으면 찾으리라"(마16:25)

5. 우리는 우리의 이웃의 생명을 귀하게 여기고, 도움이 필요한 자들을 섬겨야 한다.
   "가난한 자와 고아를 위하여 판단하며 곤란한 자와 빈궁한 자에게 공의를 베풀지며가난한 자와 궁핍한 자를 구원하여 악인들의 손에서 건질지니라 하시는도다"(시82:3, 4)

6. 그리스도인들은 할 수 있는 한 최선을 다해 서로의 생명을 보존해주어야 한다.

"이세벨이 여호와의 선지자들을 멸할 때에 오바댜가 선지자 백 명을 가지고 오십 명씩 굴에 숨기고 떡과 물을 먹였더라"(왕상18:4)

7. 우리는 이웃의 생명을 보존하기 위해 합법적인 모든 노력을 해야 한다.

"너는 사망으로 끌려가는 자를 건져 주며 살륙을 당하게 된 자를 구원하지 아니하려고 하지 말라 네가 말하기를 나는 그것을 알지 못하였노라 할지라도 마음을 저울질 하시는 이가 어찌 통찰하지 못하시겠으며 네 영혼을 지키시는 이가 어찌 알지 못하시겠느냐 그가 각 사람의 행위대로 보응하시리라"(잠24:11, 12)

8. 우리는 이웃의 생명을 보존하기 위해 불법적인 노력을 해서는 안 된다.

"고의로 살인죄를 범한 살인자는 생명의 속전을 받지 말고 반드시 죽일 것이며"(민 35:31)

내 말로 번역하기

문:

답:

＜제69문답＞

Question: What is forbidden in the sixth commandment?

Answer: The sixth commandment forbiddeth the taking away of our own life, or the life of our neighbor, unjustly, or whatsoever tendeth thereunto.

번역

문: 여섯 번째 계명에서는 무엇이 금지되나요?

답: 여섯 번째 계명은 우리 자신의 생명이나 이웃의 생명을 부당하게 제거하는 것뿐 아니라, 이와 같은 경향이 있는 것은 무엇이라도 금지합니다.

원문분석

Question: What is forbidden in the sixth commandment?

1. What is forbidden in the sixth commandment?

- What is forbidden ~? 수동태 질문이다. (제47문답의 원문분석을 참고하라.)

- What is forbidden in the sixth commandment? '여섯 번째 계명에서는 무엇이 금지되나요?'

Answer: The sixth commandment forbiddeth the taking away of our own life, or the life of our neighbor, unjustly, or whatsoever tendeth thereunto.

1. the taking away of our own life, or the life of our neighbor, unjustly,

- the taking away of our own life '우리 자신의 생명을 제거하는 것'

- the taking away of the life of our neighbor '우리 이웃의 생명을 제거하는 것'

- or A or B는 A와 B 모두 뿐 아니라, 둘 중에 어느 하나만 해당되어도 참이 된다는 뜻이다.
- unjustly the taking away의 방식을 나타내는 부사이다. '부당하게'

2. or whatsoever tendeth thereunto.
- or whatsoever tendeth thereunto the taking away ~, or whatsoever tendeth thereunto의 구조이다.
- whatsoever whatever의 강조형으로 '~하는 것은 무엇이든'라는 뜻이다.
- tendeth tends의 옛 표현으로 '~하는 경향이 있다.'
- thereunto thereto의 옛 표현으로 '거기에 더해,' '그것에 더하여' 혹은 '이와'라는 뜻이다.

문답의 키

1. 우리가 우리와 이웃의 생명을 함부로 할 수 없는 이유는 모두가 하나님의 형상들이기 때문이다.
   "다른 사람의 피를 흘리면 그 사람의 피도 흘릴 것이니 이는 하나님이 자기 형상대로 사람을 지으셨음이니라"(창9:6)

2. 우리는 스스로 자신의 생명을 끊어서는 안 된다.
   "바울이 크게 소리 질러 이르되 네 몸을 상하지 말라 우리가 다 여기 있노라 하니"(행 16:28)

3. 우리는 우리의 생명에 해를 가하는 것은 어떤 것도 해서는 안 된다.
   "장정이라도 죽으면 어찌 다시 살리이까 나는 나의 모든 고난의 날 동안을 참으면서 풀려나기를 기다리겠나이다"(욥14:14)

4. 우리는 정당하지 않게 다른 사람의 생명을 취해서는 안 된다.
   "사람을 쳐죽인 자는 반드시 죽일 것이요"(레24:17)

5. 우리는 다른 사람의 생명에 해를 가하는 어떤 것도 해서는 안 된다.

"사람이 맷돌이나 그 위짝을 전당 잡지 말지니 이는 그 생명을 전당 잡음이니라"(신 24:6)

6. 우리는 위험에 빠진 이웃을 그냥 지나쳐서는 안 된다.

"너는 사망으로 끌려가는 자를 건져 주며 살륙을 당하게 된 자를 구원하지 아니하려고 하지 말라"(잠24:11)

7. 우리가 서로를 미워하는 것도 살인하는 것에 해당하다.

"그 형제를 미워하는 자마다 살인하는 자니 살인하는 자마다 영생이 그 속에 거하지 아니하는 것을 너희가 아는 바라"(요일3:15)

8. 육체적으로든 심적으로든 형제에게 해를 끼치는 것은 모두 하나님의 심판의 대상이 된다.

"나는 너희에게 이르노니 형제에게 노하는 자마다 심판을 받게 되고 형제를 대하여 라가라 하는 자는 공회에 잡혀가게 되고 미련한 놈이라 하는 자는 지옥 불에 들어가게 되리라"(마5:22)

9. 물질적으로 이웃을 힘들게 하는 것도 그들의 생명에 해를 끼치는 것이다.

"사람이 맷돌이나 그 위짝을 전당 잡지 말지니 이는 그 생명을 전당 잡음이니라"(신 24:6)

내 말로 번역하기

문:

답:

<제70문답>

Question: Which is the seventh commandment?

Answer: The seventh commandment is, Thou shalt not commit
adultery.

번역

문: 어떤 것이 일곱 번째 계명인가요?[27]

답: 일곱 번째 계명은 '간음하지 말라'입니다.

내 말로 번역하기

문:

답:

---

27. 웨스트민스터 소교리교육서에서 which와 what을 사용한 질문의 차이에 대한 설명은 45문답의 원문분석
을 참고하라.

＜제71문답＞

> Question: What is required in the seventh commandment.?
> Answer: The seventh commandment requireth the preservation
> of our own and our neighbor's chastity, in heart,
> speech, and behavior.

번역

문: 일곱 번째 계명에서는 무엇이 요구되나요?

답: 일곱 번째 계명은 심정과 말과 행동에서 우리 자신과 우리 이웃의 순결이 보존
되는 것을 요구합니다.

원문분석

Question: What is required in the seventh commandment?

1. What is required in the seventh commandment?

- **What is required ~?** 수동태 의문문이다. (46문답의 원문분석을 참고하라.)

- **What is required in the seventh commandment?** '일곱 번째 계명에서는 무
엇이 요구되나요?'

Answer: The seventh commandment requireth the preservation of our own
and our neighbor's chastity, in heart, speech, and behavior.

1. the preservation of our own and our neighbor's chastity

- **chastity** '정절, 순결, 정조'

- **the preservation** the preserving이 적극적으로 보존하기 위해 어떠한 행동
을 취하는 것을 부각시키는 표현이라면, the preservation은 기존의 상태가 어

떠한 변동이나 손상 없이 그대로 보존되는 것을 나타내는 표현이라고 할 수 있다. 따라서 the preservation of our own and our neighbor's chastity는 the preserving of our own and our neighbor's chastity과 구별해서 번역되어야 한다. the preserving of our own and our neighbor's chastity가 '우리 자신과 우리 이웃의 순결을 보존하는 것'이라면, the preservation of our own and our neighbor's chastity는 '우리 자신과 우리 이웃의 순결 보존'이나 '우리 자신과 우리 이웃의 순결이 보존되는 것'이라 할 수 있다.

2. in heart, speech, and behavior

- **in heart, speech, and behavior** '심정으로, 말로, 그리고 행동으로'처럼 보존하는 행동을 취하는 방식을 말하는 것이 아니라, '심정과 말과 행동에서'로 기존의 상태가 그대로 보존되고 있는 장소를 말하는 것이다.

- **behavior** 이 교리교육서는 사람의 동작을 세 가지의 단어로 구분하여 표현한다. behavior(71문), action(11문, 72문), motion(81문)이 바로 그 세 가지이다. 문맥을 고려할 뿐 아니라, 각 단어의 혼동을 피하기 위해 behavior는 '행동'으로, action은 '행위'로, motion은 '활동'으로 구분해서 번역해 줄 필요가 있다. 참고로 이 교리교육서는 하나님의 행위는 act(12문, 33문, 34문)로, 하나님의 사역은 work(8문, 9문, 11문, 30문, 31문, 35문, 91문)로 표현하고 있다. work는 사람의 일(54문, 57문, 60문, 61문)을 나타내는 데도 사용된다.

문답의 키

1. 우리는 자신의 순결을 보존해야 한다.

"각각 거룩함과 존귀함으로 자기의 아내 대할 줄을 알고"(살전4:4)

2. 우리는 순결을 파괴하는 것은 하나님을 모르는 자들이 범하는 죄를 따르는 것임을 알아야 한다.

"하나님을 모르는 이방인과 같이 색욕을 따르지 말고"(살전4:5)

3. 우리는 유혹의 상황을 피해야 한다.

"네 길을 그에게서 멀리 하라 그의 집 문에도 가까이 가지 말라"(잠5:8)

4. 우리는 우리의 생각에서 순결을 지켜야 한다.

"또한 너는 청년의 정욕을 피하고 주를 깨끗한 마음으로 부르는 자들과 함께 의와 믿음과 사랑과 화평을 따르라"(딤후2:22)

5. 마음으로 음욕을 품은 것은 그 자체가 이미 순결을 파괴한 것이다.

"나는 너희에게 이르노니 음욕을 품고 여자를 보는 자마다 마음에 이미 간음하였느니라"(마5:28)

6. 우리는 우리의 말에서 순결을 지켜야 한다.

"누추함과 어리석은 말이나 희롱의 말이 마땅치 아니하니 오히려 감사하는 말을 하라"(엡5:4)

7. 우리는 우리의 행동에서 순결을 지켜야 한다.

"너희의 두려워하며 정결한 행실을 봄이라"(벧전3:2)

8. 우리는 우리의 순결뿐 아니라 이웃의 순결을 보존하기 위해서도 노력해야 한다.

"너희는 열매 없는 어둠의 일에 참여하지 말고 도리어 책망하라"(엡5:11)

9. 우리는 순결을 파괴하는 자들에게는 하나님의 심판이 있음을 명심해야 한다.

"모든 사람은 결혼을 귀히 여기고 침소를 더럽히지 않게 하라 음행하는 자들과 간음하는 자들을 하나님이 심판하시리라"(히13:4)

10. 바른 결혼은 우리가 순결을 보존하는 가장 합당한 수단이다.

"음행을 피하기 위하여 남자마다 자기 아내를 두고 여자마다 자기 남편을 두라"(고전7:2)

11. 하나님께서 요구하시는 바른 부부 관계의 핵심은 남편과 아내가 서로의 순결
을 더욱 존중하고 보존하는 것에 있다.

"남편은 그 아내에 대한 의무를 다하고 아내도 그 남편에게 그렇게 할지라 아내는 자기
몸을 주장하지 못하고 오직 그 남편이 하며 남편도 그와 같이 자기 몸을 주장하지 못하
고 오직 그 아내가 하나니 서로 분방하지 말라 다만 기도할 틈을 얻기 위하여 합의상 얼
마 동안은 하되 다시 합하라 이는 너희가 절제 못함으로 말미암아 사탄이 너희를 시험
하지 못하게 하려 함이라"(고전7:3~5)

내 말로 번역하기

문:

답:

<제72문답>

> Question: What is forbidden in the seventh commandment?
> Answer: The seventh commandment forbiddeth all unchaste thoughts, words, and actions.

번역

문: 일곱 번째 계명에서는 무엇이 금지되나요?

답: 일곱 번째 계명은 순결하지 않은 모든 생각들과 말들과 행위들을 금지합니다.

원문분석

Question: What is forbidden in the seventh commandment?

1. What is forbidden in the seventh commandment?

- **What is forbidden ~?** 수동태 질문이다. (제47문답의 원문분석을 참고하라.)

- **What is forbidden in the seventh commandment?** '일곱 번째 계명에서는 무엇이 금지되나요?'

Answer: The seventh commandment forbiddeth all unchaste thoughts, words, and actions.

1. all unchaste thoughts, words, and actions

- **all unchaste thoughts, words, and actions** A, B, and C의 구문으로 순결하지 않을 수 있는 세 가지 종류를 동등하게 나열했다.

- **unchaste** '순결하지 않은'

- **actions** '행위들' (71문답의 원문분석을 참고하라.)

- '순결하지 않은 모든 생각들과 말들과 행위들'

문답의 키

1. 순결하지 못한 생각은 어떤 것이라도 금지된다.

   "나는 너희에게 이르노니 음욕을 품고 여자를 보는 자마다 마음에 이미 간음하였느니라"(마5:28)

2. 순결하지 못한 대화는 어떤 것이라도 금지된다.

   "무릇 더러운 말은 너희 입 밖에도 내지 말고 오직 덕을 세우는 데 소용되는 대로 선한 말을 하여 듣는 자들에게 은혜를 끼치게 하라"(엡4:29)

3. 순결하지 못한 행동은 어떤 것이라도 금지된다.

   "음행과 온갖 더러운 것과 탐욕은 너희 중에서 그 이름조차도 부르지 말라 이는 성도에게 마땅한 바니라"(엡5:3)

내 말로 번역하기

문:

답:

〈제73문답〉

Question: Which is the eighth commandment?

Answer: The eighth commandment is, Thou shalt not steal.

번역

문: 어떤 것이 여덟 번째 계명인가요?[28]

답: 여덟 번째 계명은 '도둑질하지 말라'입니다.

내 말로 번역하기

문:

답:

---

28. 웨스트민스터 소교리교육서에서 which와 what을 사용한 질문의 차이에 대한 설명은 45문답의 원문분석
을 참고하라.

<제74문답>

> Question: What is required in the eighth commandment?
> Answer: The eighth commandment requireth the lawful procuring and furthering the wealth and outward estate of ourselves and others.

번역

문: 여덟 번째 계명에서는 무엇이 요구되나요?

답: 여덟 번째 계명은 우리 자신들과 다른 사람들의 부와 재산을 합법적으로 얻고 늘리는 것을 요구합니다.

원문분석

Question: What is required in the eighth commandment?

1. What is required in the eighth commandment?

- What is required ~? 수동태 의문문이다. (46문답의 원문분석을 참고하라.)
- What is required in the eighth commandment? '여덟 번째 계명에서는 무엇이 요구되나요?'

Answer: The eighth commandment requireth the lawful procuring and furthering the wealth and outward estate of ourselves and others.

1. the lawful procuring and furthering

- lawful '합법적으로'
- procuring procure는 '(힘을 다하여) ~을 얻다,' '자기 것으로 만들다'라는 뜻으로, 이 단어의 의미의 핵심은 어떠한 것을 자기의 소유가 되게 하는 것이다. 이와 비슷한 의미로 이 교리교육서에서 사용된 단어로는 purchase(29문, 30문)가 있

다. 문맥을 고려하고, 혼동을 피하기 위해 purchase는 '~을 취득하다'로 번역한다. 참고로 obtain도 비슷한 의미로 사용되는데, 이 단어는 웨스트민스터 문서 중에서 소교리교육서에서는 사용되지 않고, 신앙고백서(22장)와 대교리교육서(81문)에서 각각 한 번씩 사용된다. 이 또한 문맥을 고려하고, 혼동을 피하기 위해 '~을 획득하다'로 번역하는 것이 바람직하다.

- furthering further는 far의 비교급으로 '더 멀리,' '한층 더~'로 많이 사용된다. further가 동사로 사용되면 '촉진하다,' '증진시키다'라는 뜻이다. furthering은 '촉진시키는 것,'이나 '증진시키는 것'으로 번역할 수 있지만, 9계명을 설명하는 77문에서 사용된 promoting(증진시키는 것)과의 혼동을 피하기 위해 이 문답에서는 '늘리는 것'으로 번역한다.
- '합법적으로 얻고 늘리는 것'

2. the wealth and outward estate of ourselves and others

- the wealth and outward estate '부와 재산'으로 번역할 수 있는데, 개인의 재산 중에서 the wealth로 동산을 표현하고, outward estate로 부동산을 표현한 것으로 이해하면 된다.
- ourselves and others '우리 자신들이나 다른 사람들'이 아니라 '우리 자신들과 다른 사람들'이다. 이 표현은 우리 자신의 부와 재산과 다른 사람들의 부와 재산은 언제나 동등한 가치로 다뤄져야 한다는 것을 나타낸다.

문답의 키

1. 부(wealth)를 얻는 목적은 이웃사랑으로까지 확장되어야 한다.
   "도둑질하는 자는 다시 도둑질하지 말고 돌이켜 가난한 자에게 구제할 수 있도록 자기 손으로 수고하여 선한 일을 하라"(엡4:28)
   "네 형제가 가난하게 되어 빈 손으로 네 곁에 있거든 너는 그를 도와 거류민이나 동거인처럼 너와 함께 생활하게 하되"(레25:35)

2. 가족사랑과 이웃사랑으로 표현되지 않는 부는 믿음을 배반하는 것과 같다.
   "누구든지 자기 친족 특히 자기 가족을 돌보지 아니하면 믿음을 배반한 자요 불신자보다 더 악한 자니라"(딤전5:8)

3. 부는 오직 합법적인 방법으로만 얻고 유지해야 한다.

"아무에게도 악을 악으로 갚지 말고 모든 사람 앞에서 선한 일을 도모하라"(롬12:17)

4. 우리는 부를 얻기 위해 최선의 노력을 해야 한다.

"게으른 자여 개미에게 가서 그가 하는 것을 보고 지혜를 얻으라"(잠6:6)

5. 부지런한 자가 부를 쌓는 것은 정당한 원리이다.

"게으른 자는 그 잡을 것도 사냥하지 아니하나니 사람의 부귀는 부지런한 것이니라"(잠12:27)

6. 게으른 자가 가난한 것은 정당한 원리이다.

"게으른 자는 마음으로 원하여도 얻지 못하나 부지런한 자의 마음은 풍족함을 얻느니라"(잠13:4)

7. 우리는 합법적인 방법으로만 우리의 부와 재산을 늘려야 한다.

"염소의 젖은 넉넉하여 너와 네 집의 음식이 되며 네 여종의 먹을 것이 되느니라"(잠27:23)

8. 우리는 다른 사람이 부와 재산을 취득할 수 있도록 지원해야 한다.

"그러므로 우리는 기회 있는 대로 모든 이에게 착한 일을 하되 더욱 믿음의 가정들에게 할지니라"(갈6:10)

9. 우리는 다른 사람이 합법적으로 부와 재산을 늘리는 것을 기쁨으로 돌아보아야 한다.

"각각 자기 일을 돌볼뿐더러 또한 각각 다른 사람들의 일을 돌보아 나의 기쁨을 충만하게 하라"(빌2:4)

내 말로 번역하기

문:

답:

<제75문답>

Question: What is forbidden in the eighth commandment?
Answer: The eighth commandment forbiddeth whatsoever doth, or may, unjustly hinder our own, or our neighbor's, wealth or outward estate.

번역

문: 여덟 번째 계명에서는 무엇이 금지되나요?

답: 여덟 번째 계명은 우리 자신이나 우리 이웃의 부나 재산을 불공정하게 저해하거나, 그럴 가능성이 있는 것은 어떤 것이라도 금지합니다.

원문분석

Question: What is forbidden in the eighth commandment?

1. What is forbidden in the eighth commandment?

- **What is forbidden ~?** 수동태 질문이다. (제47문답의 원문분석을 참고하라.)

- **What is forbidden in the eighth commandment?** '여덟 번째 계명에서는 무엇이 금지되나요?'

Answer: The eighth commandment forbiddeth whatsoever doth, or may, unjustly hinder our own, or our neighbor's, wealth or outward estate.

1. whatsoever doth, or may, unjustly hinder our own, or our neighbor's, wealth or outward estate.

- **whatsoever doth unjustly hinder** doth는 조동사로 hinder를 강조하고 있다.

hinder는 '훼방놓다, ' '방해하다, ' '저해하다'라는 뜻이다. '불공정하게 저해하는 것은 어떤 것이라도'

- our own, or our neighbor's, wealth or outward estate '우리 자신들이나 우리 이웃의 부나 재산'을 의미한다. 참고로 74문답에서 '도둑질하지 말라'는 계명이 요구하는 것을 설명하면서 우리가 얻고 증진시켜야 할 것으로 제시한 것은 the wealth and outward estate of ourselves and others (우리 자신들과 다른 사람들의 부와 재산)이다. 74문답과 75문답의 표현의 차이를 통해 알 수 있는 것은 전자가 부를 얻고 늘리는 데 있어서는 우리 자신을 위해서든, 다른 사람을 위해서든, 그것이 동산이든, 부동산이든 모두를 언제나 함께 고려하지 않으면 이 계명을 온전하게 지키는 것이 아니라는 것을 강조한다면, 후자는 우리 자신들을 위해서나, 다른 사람들을 위해서, 그리고 그것이 동산이든, 부동산이든 이 중에 하나라도 우리가 정당하지 못한 방법으로 해를 끼친다면 그것이 바로 이 계명을 어기는 것이 된다는 것을 강조하는 것이다.

- or may doth자리에 may가 들어가는 whatsoever may unjustly hinder our own, or our neighbor's, wealth or outward estate의 경우를 의미한다. doth가 그러한 경우를 말한다면, may는 그럴 가능성이 있는 경우를 말한다. 따라서 'doth, or may'는 '그런 경우는 물론, 그럴 가능성이 있는 경우에 있어서도'라는 의미로 이해할 수 있다.

문답의 키

1. 불공정한 방법으로 부(wealth)를 얻거나 유지해서는 안 된다.

"돈을 사랑함이 일만 악의 뿌리가 되나니 이것을 탐내는 자들은 미혹을 받아 믿음에서 떠나 많은 근심으로서 자기를 찔렀도다"(딤전6:10)

2. 우리는 공정하고 합법적인 방법으로 우리 자신이나 가족들을 위해 최선을 다해 부를 획득할 의무가 있다.

"누구든지 자기 친족 특히 자기 가족을 돌보지 아니하면 믿음을 배반한 자요 불신자보다 더 악한 자니라"(딤전5:8)

3. 우리는 우리의 부와 재산을 늘리는 데 저해가 되는 것들을 삼가야 한다.

   "술 취하고 음식을 탐하는 자는 가난하여질 것이요 잠 자기를 즐겨 하는 자는 해어진 옷을 입을 것임이니라"(잠23:21)

4. 우리는 재력이 되는 한 이웃이 재정적인 문제로 고통을 당하는 것이나, 이웃의 재산을 증진하는 문제 등을 등한시해서는 안 된다.

   "반드시 네 손을 그에게 펴서 그에게 필요한 대로 쓸 것을 넉넉히 꾸어주라"(신15:8)

5. 우리는 불공정하게 부를 쌓는 것은 죽음을 구하는 것과 같다는 것을 명심해야 한다.

   "속이는 말로 재물을 모으는 것은 죽음을 구하는 것이라 곧 불려다니는 안개니라"(잠 21:6)

6. 우리는 불공정하게 부를 얻었다는 것을 알게 되면, 즉시 그 자리에서 돌아서야 한다.

   "도둑질하는 자는 다시 도둑질하지 말고 돌이켜 가난한 자에게 구제할 수 있도록 자기 손으로 수고하여 선한 일을 하라"(엡4:28)

7. 정당하게 쌓은 부는 수고한 자들에게 정당하게 분배되어야 한다.

   "보라 너희 밭에서 추수한 품꾼에게 주지 아니한 삯이 소리 지르며 그 추수한 자의 우는 소리가 만군의 주의 귀에 들렸느니라"(약5:4)

8. 우리는 이웃의 부와 재산을 늘리는 데 저해가 되는 것들을 삼가야 한다.

   "마음에 서로 해하기를 도모하지 말며 거짓 맹세를 좋아하지 말라 이 모든 일은 내가 미워하는 것이니라 여호와의 말이니라"(슥8:17)

내 말로 번역하기

문:

답:

\<제76문답\>

Question: Which is the ninth commandment?

Answer: The ninth commandment is, Thou shalt not bear false witness against thy neighbor.

번역

문: 어떤 것이 아홉 번째 계명인가요?[29]

답: 아홉 번째 계명은 "네 이웃에 대하여 거짓 증거 하지 말라"입니다.

내 말로 번역하기

문:

답:

---

29. 웨스트민스터 소교리교육서에서 which와 what을 사용한 질문의 차이에 대한 설명은 45문답의 원문분석을 참고하라.

<제77문답>

Question: What is required in the ninth commandment?

Answer: The ninth commandment requireth the maintaining and promoting of truth between man and man, and of our own and our neighbor's good name, especially in witness bearing.

번역

문: 아홉 번째 계명에서는 무엇이 요구되나요?

답: 아홉 번째 계명은 사람과 사람 사이의 진리와 우리 자신과 우리 이웃의 명성을 유지하고 증진시키는 것을 요구하는데, 특히 증언에서 그러합니다.

원문분석

Question: What is required in the ninth commandment?

1. What is required in the ninth commandment?
- **What is required ~?** 수동태 의문문이다. (46문답의 원문분석을 참고하라.)
- **What is required in the ninth commandment?** '아홉 번째 계명에서는 무엇이 요구되나요?'

Answer: The ninth commandment requireth the maintaining and promoting of truth between man and man, and of our own and our neighbor's good name, especially in witness bearing.

1. the maintaining and promoting of truth between man and man, and of our own and our neighbor's good name

- the maintaining and promoting of truth between man and man, and (the maintaining and promoting) of our own and our neighbor's good name에서 중복되는 내용을 줄인 표현이다.

- **the maintaining and promoting** '유지하는 것과 증진시키는 것'(the maintaining and the promoting)이 아니라, '유지하고 증진시키는 것'으로 표현하고 있다. 이러한 표현을 통해 유지하는 것과 증진시키는 것이 각각 독립된 행위가 아니라, 마치 하나처럼 서로 조화를 이루는 행위라는 것을 나타낸다.

- **good name** '명성'으로 번역한다. 참고로 honor(64문답)는 '명예'로 번역한다.

- **the maintaining and promoting of truth between man and man** '사람과 사람 사이에서 진리를 유지하고 증진시키는 것'

- **the maintaining and promoting of our own and our neighbor's good name** '우리 자신과 우리 이웃의 명성을 유지하고 증진시키는 것'

- '사람과 사람 사이의 진리와 우리 자신과 우리 이웃의 명성을 유지하고 증진시키는 것'

2. especially in witness bearing

- **witness bearing** bear witness는 '증언하다'라는 뜻이다. 따라서 bearing witness는 '증언하는 것'이 되고, bearing witness 앞에 전치사 in이 와서 in bearing witness가 되면 '증언할 때'가 된다. 그런데 이 문답은 in bearing witness가 아니라 in witness bearing이다. witness bearing은 testimony와 같이 '증언'이라는 뜻이다. 따라서 in witness bearing에 대한 정확한 번역은 '증언할 때'가 아니라 '증언에서'이다.

문답의 키

1. 모든 인간은 본성적으로 서슴없이 거짓을 말한다.

"여호와의 말씀이니라 그들이 활을 당김 같이 그들의 혀를 놀려 거짓을 말하며 그들이 이 땅에서 강성하나 진실하지 아니하고 악에서 악으로 진행하며 또 나를 알지 못하느니라 너희는 각기 이웃을 조심하며 어떤 형제든지 믿지 말라 형제마다 완전히 속이며 이웃마다 다니며 비방함이라 그들은 각기 이웃을 속이며 진실을 말하지 아니하며 그들의 혀로 거짓말하기를 가르치며 악을 행하기에 지치거늘 네가 사는 곳이 속이는 일 가운데 있도다 그들은 속이는 일로 말미암아 나를 알기를 싫어하느니라 여호와의 말씀이니라"(렘9:3~6)

2. 우리는 매사에 신중하게 말해야 한다.

"말을 아끼는 자는 지식이 있고 성품이 냉철한 자는 명철하니라"(잠17:27)

3. 우리는 항상 진실을 보존해야 하고, 진실만을 말해야 한다.

"너희가 행할 일은 이러하니라 너희는 이웃과 더불어 진리를 말하며 너희 성문에서 진실하고 화평한 재판을 베풀고"(슥8:16)

4. 우리는 언제나 진실을 드러내기 위해 최선의 노력을 해야 한다.

"끝으로 형제들아 무엇에든지 참되며 무엇에든지 경건하며 무엇에든지 옳으며 무엇에든지 정결하며 무엇에든지 사랑 받을 만하며 무엇에든지 칭찬 받을 만하며 무슨 덕이 있든지 무슨 기림이 있든지 이것들을 생각하라"(빌4:8)

5. 우리는 우리 자신의 명성(good name)을 보존하기 위해 최선을 다해 노력해야 한다.

"이같이 너희 빛이 사람 앞에 비치게 하여 그들로 너희 착한 행실을 보고 하늘에 계신 너희 아버지께 영광을 돌리게 하라"(마5:16)

6. 우리는 우리의 이웃의 명성을 보존하기 위해 최선을 다해 노력해야 한다.

"아무도 비방하지 말며 다투지 말며 관용하며 범사에 온유함을 모든 사람에게 나타낼 것을 기억하게 하라"(딛3:2)

7. 우리는 증언을 할 때 진실만을 말할 수 있도록 더욱 신중해야 한다.

"신실한 증인은 거짓말을 아니하여도 거짓 증인은 거짓말을 뱉느니라"(잠14:5)

8. 진실한 증언은 사람의 생명을 살린다.

"진실한 증인은 사람의 생명을 구원하여도 거짓말을 뱉는 사람은 속이느니라"(잠 14:25)

내 말로 번역하기

문:

답:

〈제78문답〉

> Question: What is forbidden in the ninth commandment?
>
> Answer: The ninth commandment forbiddeth whatsoever is prejudicial to truth, or injurious to our own, or our neighbor's good name.

번역

문: 아홉 번째 계명에서는 무엇이 금지되나요?

답: 아홉 번째 계명은 진리에 편견을 갖게 하는 것이나, 우리 자신이나 우리 이웃의 명성에 해를 끼치는 것은 무엇이라도 금지합니다.

원문분석

Question: What is forbidden in the ninth commandment?

1. What is forbidden in the ninth commandment?

- **What is forbidden ~?** 수동태 질문이다. (제47문답의 원문분석을 참고하라.)

- **What is forbidden in the ninth commandment?** '아홉 번째 계명에서는 무엇이 금지되나요?'

Answer: The ninth commandment forbiddeth whatsoever is prejudicial to truth, or injurious to our own, or our neighbor's good name.

1. whatsoever is prejudicial to truth, or injurious to our own, or our neighbor's good name

- whatsoever is prejudicial to truth, or whatsoever is injurious to our own, or our neighbor's good name을 줄인 표현이다. 즉 'whatsoever is prejudicial to ~, or whatsoever is injurious to ~'가 전체의 틀이다.

2. whatsoever is prejudicial to truth

- whatsoever '그 무엇이나'
- be prejudicial to '~에 편견을 갖게 하는,' 혹은 '~에 손해를 끼치는'
- '진리에 편견을 갖게 하는 것은 그 무엇이나'

3. or injurious to our own, or our neighbor's good name

- or (whatsoever is) injurious to our own, or our neighbor's good name의 틀이다.
- be injurious to '~에 해로운' 혹은 '~에 유해한'
- our own, or our neighbor's good name '우리 자신이나 우리 이웃의 명성'
- good name '명성.' 참고로 honor(64문답)는 '명예'로 번역한다.

문답의 키

1. 타락한 인간은 본성적으로 거짓을 즐겨 말한다.

"그들의 목구멍은 열린 무덤이요 그 혀로는 속임을 일삼으며 그 입술에는 독사의 독이 있고"(롬3:13)

2. 하나님께서는 거짓을 말하는 것을 싫어하신다.

"여호와께서 미워하시는 것 곧 그의 마음에 싫어하시는 것이 예닐곱 가지이니 곧 교만한 눈과 거짓된 혀와 무죄한 자의 피를 흘리는 손과 악한 계교를 꾀하는 마음과 빨리 악으로 달려가는 발과 거짓을 말하는 망령된 증인과 및 형제 사이를 이간하는 자이니라"(잠16:16~19)

3. 신자가 거짓을 말하는 것은 신자에게 여전히 남아 있는 옛 자아의 모습 때문이다.

"너희가 서로 거짓말을 하지 말라 옛 사람과 그 행위를 벗어 버리고"(골3:9)

4. 우리는 우리의 말에 조금이라도 부주의해서는 안 된다.

"어리석은 자는 자기의 노를 다 드러내어도 지혜로운 자는 그것을 억제하느니라"(잠

29:11)

5. 우리는 진리에 편견을 줄 수 있는 것은 그 어떠한 것도 해서는 안 된다.

"그런즉 거짓을 버리고 각각 그 이웃과 더불어 참된 것을 말하라 이는 우리가 서로 지체가 됨이라"(엡4:25)

6. 아첨하는 것과 자랑하는 것도 모두 거짓을 말하는 죄에 해당한다.

"여호와께서 모든 아첨하는 입술과 자랑하는 혀를 끊으시리니"(시12:3)

7. 사람을 비방하는 것과 필요 없는 정보까지 퍼뜨리는 것도 거짓을 말하는 죄에 해당한다.

"너는 네 백성 중에 돌아다니며 사람을 비방하지 말며 네 이웃의 피를 흘려 이익을 도모하지 말라 나는 여호와이니라"(레19:16)

8. 우리는 우리의 명성에 해를 끼치는 것은 그 어떠한 것도 해서는 안 된다.

"내가 내 공의를 굳게 잡고 놓지 아니하리니 내 마음이 나의 생애를 비웃지 아니하리라"(욥27:6)

9. 우리는 이웃의 명성에 해를 끼치는 것은 그 어떠한 것도 해서는 안 된다.

"너는 거짓된 풍설을 퍼뜨리지 말며 악인과 연합하여 위증하는 증인이 되지 말며"(출23:1)

10. 거짓말과 거짓 증언은 그에 따른 벌이 분명히 있다.

"거짓 증인은 벌을 면하지 못할 것이요 거짓말을 하는 자도 피하지 못하리라"(잠19:5)

내 말로 번역하기

문:

답:

<제79문답>

Question: Which is the tenth commandment?

Answer: The tenth commandment is, Thou shalt not covet thy neighbor's house, thou shalt not covet thy neighbor's wife, nor his manservant, nor his maidservant, nor his ox, nor his ass, nor anything that is thy neighbor's.

번역

문: 어떤 것이 열 번째 계명인가요?[30]

답: 열 번째 계명은 "네 이웃의 집을 탐내지 말라 네 이웃의 아내나 그의 남종이나 그의 여종이나 그의 소나 그의 나귀나 무릇 네 이웃의 소유를 탐내지 말라"입니다.

내 말로 번역하기

문:

답:

---

30. 웨스트민스터 소교리교육서에서 which와 what을 사용한 질문의 차이에 대한 설명은 45문답의 원문분석을 참고하라.

<제80문답>

Question: What is required in the tenth commandment?
Answer: The tenth commandment requireth full contentment with our own condition, with a right and charitable frame of spirit toward our neighbor, and all that is his.

번역

문: 열 번째 계명에서는 무엇이 요구되나요?

답: 열 번째 계명은 우리의 이웃과 그가 가진 모든 것에 대한 올바르고 자애로운 영의 틀과 함께, 우리 자신의 형편에 대한 온전한 만족을 요구합니다.

원문분석

Question: What is required in the tenth commandment?

1. What is required in the tenth commandment?

- **What is required ~?** 수동태 의문문이다. (46문답의 원문분석을 참고하라.)

- **What is required in the tenth commandment?** '열 번째 계명에서는 무엇이 요구되나요?'

Answer: The tenth commandment requireth full contentment with our own condition, with a right and charitable frame of spirit toward our neighbor, and all that is his.

1. full contentment with our own condition

- **contentment with** '~에 대한 만족'

- **condition** '형편'

- '우리 자신의 형편에 대한 온전한 만족'

2 , with a right and charitable frame of spirit

- , with 콤마(,)는 with 이하의 내용이 앞의 contentment with와 의미상 연결되지 않는다는 표시로 사용되었다. 여기서 사용된 with는 '~을 가짐으로,' '~을 가지고서,' '~와 함께' 등의 의미로 사용된 전치사이다.
- a right and charitable frame of spirit frame of spirit은 문자 그대로 하면 '영의 틀'로 '정신 상태'나 '마음가짐' 등의 의미로 사용되었다. 이것은 웨스트민스터 소교리교육서의 독특한 표현이기에 그 의미를 의역하기보다는 그 표현을 그대로 살려서 '영의 틀'로 번역하는 것이 바람직할 것으로 여겨진다. 참고로 같은 내용을 다루는 웨스트민스터 대교리교육서 147문은 이를 frame of the whole soul로 표현하고 있다.
- '올바르고 자애로운 영의 틀을 가짐으로써'

3. toward our neighbor, and all that is his

- toward our neighbor '우리의 이웃에 대하여,' '우리의 이웃을 향하여'
- all that is his that은 all을 선행사로 받은 주격 관계대명사이다. his는 소유격이 아니라, 3인칭 남성 단수의 소유대명사이다. 'he(그는)-his(그의)-him(그를)-his(그의 것)'의 네 번째 단어이다. 따라서 여기서 his의 뜻은 '그의 것' 또는 '그의 소유인 모든 것'이다. 이러한 원리로 all that is his는 '그가 가진 모든 것'으로 해석된다.

문답의 키

1. 우리는 우리의 삶의 형편에 만족할 수 있어야 한다.

   "돈을 사랑하지 말고 있는 바를 족한 줄로 알라 그가 친히 말씀하시기를 내가 결코 너희를 버리지 아니하고 너희를 떠나지 아니하리라 하셨느니라"(히13:5)

2. 자족하는 마음은 경건에 많은 유익을 준다.

"그러나 자족하는 마음이 있으면 경건은 큰 이익이 되느니라"(딤전6:6)

3. 자족할 수 있는 능력은 그 자체가 하나님의 은혜이다.

"내가 궁핍하므로 말하는 것이 아니니라 어떠한 형편에든지 나는 자족하기를 배웠노니 나는 비천에 처할 줄도 알고 풍부에 처할 줄도 알아 모든 일 곧 배부름과 배고픔과 풍부와 궁핍에도 처할 줄 아는 일체의 비결을 배웠노라 내게 능력 주시는 자 안에서 내가 모든 것을 할 수 있느니라"(빌4:11~13)

4. 우리는 이웃을 의롭고 자애로운 마음으로 대할 수 있도록 우리의 심성을 함양해야 한다.

"즐거워하는 자들과 함께 즐거워하고 우는 자들과 함께 울라"(롬12:15)

5. 우리는 이웃이 가진 재산에 대해 정당하고 의로운 마음을 가져야 한다.

"그들에게 이르시되 삼가 모든 탐심을 물리치라 사람의 생명이 그 소유의 넉넉한 데 있지 아니하니라 하시고"(눅12:15)

6. 이웃이 가진 재산에 정당하고 의로운 마음을 갖는 것의 근간은 다름 아닌 이웃 사랑이다.

"원수를 갚지 말며 동포를 원망하지 말며 네 이웃 사랑하기를 네 자신과 같이 사랑하라 나는 여호와이니라"(레19:18)

내 말로 번역하기

문:

답:

<제81문답>

Question: What is forbidden in the tenth commandment?
Answer: The tenth commandment forbiddeth all discontentment with our own estate, envying or grieving at the good of our neighbor, and all inordinate motions and affections to anything that is his.

번역

문: 열 번째 계명에서는 무엇이 금지되나요?

답: 열 번째 계명은 우리 자신의 재산에 대한 모든 불만과 우리 이웃의 이익을 부러워하거나 배 아파하는 것과 그가 소유한 것에 대한 모든 과도한 활동들과 애착들을 금지합니다.

원문분석

Question: What is forbidden in the tenth commandment?

1. What is forbidden in the tenth commandment?

- What is forbidden ~? 수동태 질문이다. (제47문답의 원문분석을 참고하라.)

- What is forbidden in the tenth commandment? '열 번째 계명에서는 무엇이 금지되나요?'

Answer: The tenth commandment forbiddeth all discontentment with our own estate, envying or grieving at the good of our neighbor, and all inordinate motions and affections to anything that is his.

1. all discontentment with our own estate, envying or grieving at the good of our neighbor, and all inordinate motions and affections to anything that is his.

- all discontentment ~, envying ~, and all inordinate ~. A, B, and C의 구조로 열 번째 계명에서 금지하는 것을 크게 3가지로 나눠서 정리하고 있다.

2. all discontentment with our own estate

- discontentment with '~에 대한 불만'
- '우리 자신의 재산에 대한 모든 불만'

3. envying or grieving at the good of our neighbor

- envying or grieving '부러워하거나 마음 아파하는 것'
- at the good of our neighbor 명사로 사용된 good은 '복리,' '이익,' '행복'이라는 뜻이다. 이웃이 가진 물질에 대해 우리가 삼가야 할 반응을 다루는 내용이기에 grieving은 '~을 배 아파하는 것'으로, the good of our neighbor는 '이웃의 이익'으로 이해하면 된다.
- '이웃의 이익을 부러워하거나 배 아파하는 것'

4. all inordinate motions and affections to anything that is his

- motions '활동들' (behavior와 action의 번역과 관련하여 71문답의 원문분석을 참고하라.)
- inordinate motions and affections to '~에 대한 과도한 활동들과 애착들'
- anything that is his that은 anything을 선행사로 받는 주격 관계대명사이다. his는 '그의 것'이라는 뜻의 3인칭 단수 소유대명사이다. 따라서 anything that is his은 '그에게 속한 어떤 것이라도' 혹은 '그가 소유한 어떤 것이라도'가 된다.
- '그에게 속한 것에 대한 모든 과도한 활동들과 애착들'

문답의 키

1. 우리는 기본적인 의식주에 만족할 수 있어야 한다.
　"우리가 먹을 것과 입을 것이 있은즉 족한 줄로 알 것이니라"(딤전6:8)

2. 우리는 우리의 삶의 형편에 불만을 품어서는 안 된다.
　"그들 가운데 어떤 사람들이 원망하다가 멸망시키는 자에게 멸망하였나니 너희는 그들과 같이 원망하지 말라"(고전10:10)

3. 우리는 힘써서 탐심을 물리쳐야 한다.
　"그들에게 이르시되 삼가 모든 탐심을 물리치라 사람의 생명이 그 소유의 넉넉한 데 있지 아니하니라 하시고"(눅12:15)

4. 우리는 이웃이 이익을 얻는 것을 부러워해서는 안 된다.
　"헛된 영광을 구하여 서로 노엽게 하거나 서로 투기하지 말지니라"(갈5:26)

5. 우리는 이웃의 재산이나, 그들이 이익을 얻는 것을 보고 자괴감에 빠져서는 안 된다.
　"형제들아 서로 원망하지 말라 그리하여야 심판을 면하리라 보라 심판주가 문 밖에 서 계시니라"(약5:9)
　"이스르엘 사람 나봇이 아합에게 대답하여 이르기를 내 조상의 유산을 왕께 줄 수 없다 하므로 아합이 근심하고 답답하여 왕궁으로 돌아와 침상에 누워 얼굴을 돌리고 식사를 아니하니"(왕상21:4)

6. 우리는 이웃의 부와 재산을 저주해서도 안 되며, 그러한 마음을 가져서도 안 된다.
　"심중에라도 왕을 저주하지 말며 침실에서라도 부자를 저주하지 말라 공중의 새가 그 소리를 전하고 날짐승이 그 일을 전파할 것임이니라"(전10:20)

7. 이웃의 이익을 볼 때 우리가 취할 바른 자세는 여호와 앞에서 잠잠하고 참고 기다리는 것이다.

"여호와 앞에 잠잠하고 참고 기다리라 자기 길이 형통하며 악한 꾀를 이루는 자 때문에 불평하지 말지어다"(시37:7)

8. 우리는 이웃의 재산을 정당하지 않은 방법으로 소유하려 해서는 안 된다.

"네 이웃의 아내를 탐내지 말지니라 네 이웃의 집이나 그의 밭이나 그의 남종이나 그의 여종이나 그의 소나 그의 나귀나 네 이웃의 모든 소유를 탐내지 말지니라"(신5:21)

9. 우리는 이웃의 재산을 불법적으로 취득하려는 마음을 가져서는 안 된다.

"도둑을 본즉 그와 연합하고 간음하는 자들과 동료가 되며"(시50:18)

"그러한데 어찌하여 네가 여호와의 말씀을 업신여기고 나 보기에 악을 행하였느냐 네가 칼로 헷 사람 우리아를 치되 암몬 자손의 칼로 죽이고 그의 아내를 빼앗아 네 아내로 삼았도다"(삼하12:9)

내 말로 번역하기

문:

답:

<제82문답>

Question: Is any man able perfectly to keep the command-
ments of God?

Answer: No mere men, since the fall, is able in this life perfectly
to keep the commandments of God, but doth daily
break them in thought, word, and deed.

번역

문: 어느 사람이라도 하나님의 계명들을 완벽하게 지킬 수 있나요?

답: 타락 이후로부터 보통의 사람은 그 누구도 하나님의 계명을 이생에서 완벽하게
지킬 수 없고, 오히려 생각과 말과 행동에서 그것들을 매일 어깁니다.

원문분석

Question: Is any man able perfectly to keep the commandments of God?

1. Is any man able perfectly to keep the commandments of God?

- **Is any man able perfectly** is able to '~ 할 수 있다.' 다른 외부의 도움 없이 스
  스로 할 수 있는 능력이 충분하다는 뜻이다.
- **man** 웨스트민스터 소교리교육서는 '인간'(human being)을 나타내는 단어로
  man과 mankind를 사용한다. 이를 번역함에 있어서 본서는 두 단어의 혼동을
  피하기 위해 man은 '사람'으로, mankind는 '인류'로 통일하여 번역한다.
- **any man** '어떤 사람이라도'로 해석되는 any man은 '이 땅에 출생한 인류 중 무
  작위로 어느 한 사람을 뽑더라도'라는 뜻이다. 결국 '모든 사람'을 의미한다.
- **perfectly to keep the commandments of God** perfectly(완벽하게)는 is able
  to가 말하는 능력치를 나타낸다.
- '어느 누구라도 하나님의 계명을 완벽하게 지킬 수 있나요?'

Answer: No mere man, since the fall, is able in this life perfectly to keep the commandments of God, but doth daily break them in thought, word, and deed.

1. No mere man, since the fall, is able in this life perfectly to keep the commandments of God

- No mere man is able to keep the commandments of God No로 주어를 부정하고 있다. 이 문장을 동사를 부정하는 문장으로 바꾸면 mere man is not able to keep the commandments of God이 된다. 두 표현 모두 '보통의 사람은 그 어느 누구라도 하나님의 계명을 지킬 수 없다'라는 뜻으로 그 의미는 동일하나, 명사를 부정한 표현은 능력이 없는 존재가 무엇인지를 강조한다면, 동사를 부정한 것은 어떤 존재의 능력치에 문제가 있다는 사실을 강조하는 것이다. 결국 이 표현은 하나님의 계명을 지키는 부분에 있어서 사람이 가진 문제는 능력치가 아니라, 사람 자체에 있음을 부각시키는 것이다.

- since the fall '타락 이후로'라는 뜻이다. since가 '~이후로 줄곧'의 의미로 사용될 때에는 '현재완료 시제 + since + 과거시제'의 구조로 쓰일 때이다. 이 구조를 통해 과거에 발생한 사건 이후의 상태가 지금까지 어떠한지를 나타낸다. 그러나 이 문답은 '현재시제(is) + since + 과거시제(the fall)'의 구조로 사용되었다. since앞에 현재완료 시제가 아닌 현재시제가 왔다. 이와 같이 since가 현재시제와 함께 사용되는 경우는 그 내용이 어떤 특정한 상황에 한정된 것이 아니라, 객관적이고 일반적인 사실이라는 뜻을 가진다. 즉 타락 이후에 모든 인류에게 일어난 객관적인 사실을 나타낸다는 뜻이다.

- in this life '이생에서'의 뜻으로 시간의 범위를 나타내는 부사구이다. is able to keep이 발생하는 시간의 범위를 말한다. 이는 이 문답에서 다루는 내용은 한 사람이 태어나서 죽을 때까지의 한정된 기간에 해당된다는 것을 분명히 밝히는 장치라고 할 수 있다.

- perfectly '완벽하게'의 뜻으로 동사의 활동성의 강도를 나타내는 부사이다. is able to keep의 강도를 나타낸다.

2. , but doth daily break them in thought, word, and deed.

- **No mere man is ~, but doth ~.** 'not A but B'(A가 아니라 B) 구문에서 'not A' 부분을 'no A'로 표현한 것으로 이해하면 된다.

- **(mere man) doth daily break them** them은 the commandments of God을 받는 대명사이다. '보통의 사람은 매일 하나님의 계명들을 어긴다.'

- **in thought, word, and deed** 'in + 명사'는 수단이나 방법을 나타내는 것이 아니라, 범위를 나타낸다. 따라서 in thought, word, and deed는 '생각과 말과 행동으로'(by thought, word, and deed)가 아니라, '생각과 말과 행동에서'로 해석해야 한다.

문답의 키

1. 타락 이후로부터는 보통의 사람은 누구도 하나님의 계명들을 완벽하게 지킬 수 없다.

   "선을 행하고 전혀 죄를 범하지 아니하는 의인은 세상에 없기 때문이로다"(전7:20)

2. 타락 이전에 아담은 하나님의 법을 완벽하게 지킬 수 있었다.

   "내가 깨달은 것은 오직 이것이라 곧 하나님은 사람을 정직하게 지으셨으나 사람이 많은 꾀들을 낸 것이니라"(전7:29)

3. 예수 그리스도께서는 보통의 사람이 아니시기에 이생에서 하나님의 계명들을 완벽하게 지킬 수 있었다.

   "여호와께서 그의 의로 말미암아 기쁨으로 교훈을 크게 하며 존귀하게 하려 하셨으나"(사42:21)

4. 모든 사람은 이생에서 하나님의 계명을 매일 어긴다.

   "여호와께서 사람의 죄악이 세상에 가득함과 그의 마음으로 생각하는 모든 계획이 항상 악할 뿐임을 보시고"(창6:5)

5. 이 땅을 사는 사람 중 범죄하지 않는 사람은 없다.

"범죄하지 아니하는 사람이 없사오니 그들이 주께 범죄함으로 주께서 그들에게 진노하사 그들을 적국에게 넘기시매 적국이 그들을 사로잡아 원근을 막론하고 적국의 땅으로 끌어간 후에"(왕상8:46)

6. 이 땅을 사는 사람 중 선을 행하는 사람은 하나도 없다.

"다 치우쳐 함께 무익하게 되고 선을 행하는 자는 없나니 하나도 없도다"(롬3:12)

7. 이생을 떠나 거룩하게 된 자들은 하나님의 법을 완벽하게 지킨다.

"그들은 평안에 들어갔나니 바른 길로 가는 자들은 그들의 침상에서 편히 쉬리라"(사57:2)

8. 우리는 우리의 생각에서 매일 하나님의 계명을 어긴다.

"여호와께서 그 향기를 받으시고 그 중심에 이르시되 내가 다시는 사람으로 말미암아 땅을 저주하지 아니하리니 이는 사람의 마음이 계획하는 바가 어려서부터 악함이라 내가 전에 행한 것 같이 모든 생물을 다시 멸하지 아니하리니"(창8:21)

9. 우리는 우리의 말과 대화에서 매일 하나님의 계명을 어긴다.

"혀는 능히 길들일 사람이 없나니 쉬지 아니하는 악이요 죽이는 독이 가득한 것이라"(약3:8)

10. 우리는 우리의 행동에서 매일 하나님의 계명을 어긴다.

"내가 원하는 바 선은 행하지 아니하고 도리어 원하지 아니하는 바 악을 행하는도다"(롬7:19)

내 말로 번역하기

문:

답:

<제83문답>

> Question: Are all transgressions of the law equally heinous?
>
> Answer: Some sins in themselves, and by reason of several aggravations, are more heinous in the sight of God than others.

번역

문: 율법을 범하는 행위들은 모두 동등하게 가증스러운가요?

답: 어떤 죄들은 그것들 자체에 있어서, 또한 여러 가지 악화시키는 것들의 원인에 의해서 하나님 보시기에 다른 죄들보다 더욱 가증스럽습니다.

원문분석

Question: Are all transgressions of the law equally heinous?

1. Are all transgressions of the law equally heinous?

- transgression '죄를 짓는 행위, ' '범죄행위'
- all transgressions of the law '율법을 범하는 모든 행위들'
- equally '동등하게.' 참고로 '동일하게는' identical이다.
- heinous '가증스러운'
- '율법을 범하는 행위들은 모두 동등하게 가증스러운가요?'

Answer: Some sins in themselves, and by reason of several aggravations, are more heinous in the sight of God than others.

1. Some sins are more heinous

- Some sins '몇몇의 죄들'로 이 표현 자체가 죄들 사이에도 어떠한 구분이 있음

을 나타낸다.

- **more heinous** '더 가증스러운'의 뜻으로 형용사 비교급 표현이다. 만일 Some sins are heinous (어떠한 죄들은 가증스럽다)라면 죄 중에 가증스럽지 않은 죄도 있을 수 있다는 뜻이다. 그러나 Some sins are more heinous는 어떠한 죄도 가증스럽지 않은 것은 없다는 사실을 전제한 상태에서, 그 중에 어떤 것들은 다른 것들에 비해 더욱 가증스럽다는 것을 나타내는 표현이다.

- **Some sins are more heinous** are는 2형식 문장에서 주어의 상태를 설명할 때 사용하는 불완전 자동사 중 하나이다. 특히, 현재형으로 쓰인 are는 주어의 상태가 항상 그렇게 나타난다는 것을 의미한다. 따라서 이는 '어떠한 죄들은 더욱 가증스럽다'라는 것이 변하지 않는 진리에 해당된다는 것을 나타낸다. 뿐만 아니라 are가 주어의 현재 상태를 그대로 묘사하는 용도로 사용된다는 것은, 어떤 상태에서 변화된 것이나, 변화될 수 있는 종류의 것이 아니라는 것 또한 나타낸다. 다시 말해 '어떠한 죄들은 더욱 가증스러워진다'(some sins become more heinous)가 아니라는 것이다.

2. in themselves, and by reason of several aggravations

- **in themselves** '그것들 자체에 있어서' 혹은 '본질적으로'

- **by reason** by는 수단이나 방법을 나타내는 전치사이다. reason은 several aggravations을 따라 복수로 사용되지 않고, 단수 형태로 쓰였다. 이는 여기서 사용된 reason이 셀 수 없는 명사로 쓰였다는 것을 의미한다. 이 경우 reason은 '이성,' '이유,' '원인,' '사려,' '분별,' '상식' 등의 의미로 쓰인다. 이 중에서 reason of의 형태는 주로 '~의 원인'을 의미한다. 참고로 '~의 이유'는 reason for로 나타낸다. '이유'는 어떠한 결론이나 결과에 이른 까닭이나 근거를 이르는 말인 반면, '원인'은 어떤 사물이나 상태를 변화시키거나 일으키게 하는 근본이 된 일이나 사건을 이르는 말이다. 따라서 사전적인 의미를 따라 볼 때도 이 문답에서 사용된 reason은 '원인'으로 해석하는 것이 바람직하다. (reason에 관한 좀 더 자세한 설명은 제52문답의 원문분석을 참고하라.)

- **several** 숫자의 많고 적음을 나타낼 때는 '몇몇의,' '몇 개의'의 뜻으로 일반적으

로 3, 4 혹은 4, 5 정도를 의미한다. a few보다는 많고, many 보다는 적다는 뜻으로 사용된다. 그러나 종류의 다양성을 나타낼 때는 '여러 가지의,' '각기 다른'의 의미로 사용된다. 이 문답에서는 후자의 의미로 사용되었다.

- aggravations '더욱 악화시키는 것들'이다. aggravation은 셀 수 있는 명사와 셀 수 없는 명사 모두 사용가능하다.

- reason of several aggravations 문제는 '여러 가지 더욱 악화시키는 것들'이 아니라, 그것들의 원인이다. 사람의 죄가 더욱 가증스럽게 되는 것은 분명 그것을 더욱 악화시키는 어떠한 것들을 사람이 행했기 때문이다. 그러나 그렇다고 그 행위 자체가 죄를 더욱 가증스럽게 하는 것은 아니다. 사람의 죄를 더욱 가증스럽게 하는 것은 악화시키는 행위들을 유발하는 근본적인 원인 때문이다. 사람의 그러한 행위들은 죄를 더욱 가증스럽게 하는 수단이 되는 것이지 그 자체가 죄를 더욱 가증스럽게 하는 근본적인 원인은 아니다. 이 원인을 웨스트민스터 대교리교육서는 151문에서 'from the persons offending'(범죄를 행하는 사람들로부터), 'from the parties offended'(범죄를 당하는 대상들로부터), 'from the nature and quality of the offence'(범죄의 근본과 질로부터), 'from circumstances of time and place'(때와 장소의 상황으로부터)로 분류하여 밝히고 있다.[31]

- '그것들 자체에 있어서, 또한 여러 가지 악화시키는 것들의 원인에 의해서'

3. in the sight of God than others

- in the sight of God '하나님 보시기에'의 뜻으로 죄의 경중을 판단하는 기준이 하나님께 있음을 의미한다.

- than others '다른 죄들 보다'

---

31. 웨스트민스터 대교리교육서 151문은 악화시키는 것들의 종류를 설명하는 것이 아니라, 악화시키는 것들의 원인을 설명하는 문답이다.

문답의 키

1. 모든 죄는 다 가증스럽다. 그러나 모든 죄가 다 동등한 것은 아니다. 죄에는 분명 경중이 있다.

   "예수께서 대답하시되 위에서 주지 아니하셨더라면 나를 해할 권한이 없었으리니 그러므로 나를 네게 넘겨 준 자의 죄는 더 크다 하시니라"(요19:11)

2. 죄 중에는 형벌이 더 무거운 죄가 있다.

   "하물며 하나님의 아들을 짓밟고 자기를 거룩하게 한 언약의 피를 부정한 것으로 여기고 은혜의 성령을 욕되게 하는 자가 당연히 받을 형벌은 얼마나 더 무겁겠느냐 너희는 생각하라"(히10:29)

3. 죄 중에는 절대 용서받을 수 없는 죄가 있다.

   "누구든지 말로 인자를 거역하면 사하심을 받으려니와 성령을 모독하는 자는 사하심을 받지 못하리라"(눅12:10)

4. 어떤 죄들은 그 자체로 하나님 보시기에 다른 죄들에 비해 더욱 가증스럽다.

   "누구든지 형제가 사망에 이르지 아니하는 죄 범하는 것을 보거든 구하라 그리하면 사망에 이르지 아니하는 범죄자들을 위하여 그에게 생명을 주시리라 사망에 이르는 죄가 있으니 이에 관하여 나는 구하라 하지 않노라"(요일5:16)

5. 어떤 악화시키는 것들은 죄를 하나님 보시기에 더욱 가증스럽게 만든다.

   "화 있을진저 외식하는 서기관들과 바리새인들이여 너희는 천국 문을 사람들 앞에서 닫고 너희도 들어가지 않고 들어가려 하는 자도 들어가지 못하게 하는도다"(마23:13)

6. 모든 악화시키는 것들에는 원인이 있다. 하나님 보시기에 죄를 더욱 가증스럽게 만드는 것은 악화시키는 어떠한 행동 때문이 아니라, 악화시키는 행동들의 원인(the reason of several aggravations) 때문이다. 즉 악한 행동 자체가 아니라, 그 행동을 일으키는 원인 때문에 그 죄들이 더욱 가증스러운 것이다.

"그가 또 내게 이르시되 인자야 이스라엘 족속이 행하는 일을 보느냐 그들이 여기에서 크게 가증한 일을 행하여 나로 내 성소를 멀리 떠나게 하느니라 너는 다시 다른 큰 가증한 일을 보리라 하시더라"(겔8:6)

7. 인간의 죄는 하나님을 시험하고 반항하기까지 더욱 가증스러워질 수 있다.
   "그러나 그들은 지존하신 하나님을 시험하고 반항하여 그의 명령을 지키지 아니하며"(시78:56)

내 말로 번역하기

문:

답:

<제84문답>

> Question: What doth every sin deserve?
>
> Answer: Every sin deserveth God's wrath and curse, both in this
> life, and that which is to come.

번역

문: 모든 죄는 무엇을 마땅히 받을 만한가요?

답: 모든 죄는 이생과 오는 생 모두에서 하나님의 진노와 저주를 받기에 마땅합니다.

원문분석

Question: What doth every sin deserve?

1. What doth every sin deserve?

- **every sin** 죄에 해당되는 모든 것 하나하나를 다 말한다. every는 '어떤 것 하나를 무작위로 선택하더라도'의 의미이다. 83문에서 다룬 '죄의 경중'과는 상관없이 모든 죄들에 공통적으로 해당되는 사항을 다룬다는 것을 의미한다.

- **deserve** '~할 가치가 있다, ' '마땅히 ~할 만하다.' 'deserve + 명사'는 '~에 마땅하다, ' '~을 마땅히 받을 만하다'라는 뜻이다. deserve는 당연히 그럴 수 있는 가치를 말하는 것이지, 그렇게 해야 한다는 의무를 말하는 것은 아니다. 따라서 deserve를 '~을 마땅히 받아야 한다'로 번역하면 안 된다.

- **What doth every sin deserve?** every sin이 주어, deserve가 동사, what이 목적어인 3형식 구문의 의문문이다. 따라서 이 문장은 이 구조를 따라 '모든 죄는 무엇을 마땅히 받을 만한가요?'로 번역되어야 한다.

Answer: Every sin deserveth God's wrath and curse, both in this life, and that which is to come.

1. Every sin deserveth God's wrath and curse

- deserveth 현재형이다. 현재형은 다루는 내용이 과거, 현재, 미래에서 언제나 객관적인 사실이라는 것을 의미한다.
- God's wrath and curse '하나님의 진노와 저주'
- '모든 죄는 하나님의 진노와 저주를 받아 마땅하다.'

2. both in this life, and that which is to come.

- both in this life, and that which is to come Both A and B의 구문이다. A and B가 'A와 B'를 말하는 것이라면, Both A and B는 'A와 B 모두'로 A와 B를 동등하게 열거하는 것을 넘어, 이 둘을 하나의 개념으로 묶어서 표현하는 것이다.
- in this life '이생에서'
- that which is to come that은 앞의 life를 받는 지시대명사이다. which는 that(life)을 선행사로 받는 주격 관계대명사이다. is to는 '예정'을 의미하는 be to 용법이다. 따라서 that which is to come은 '오는 생'을 말한다. 이 문답에서 '이 생'과 '오는 생'을 구분하여 말하는 것은 우리의 생명이 이생에서 끝나는 것이 아니라, 그 이후에도 계속된다는 것을 말하고 있다. 그뿐 아니라 이는 죽음 이후에 우리가 맞을 생은 이생과는 분명히 구별되는 새로운 생이 될 것이라는 것 또한 함께 말해준다.

문답의 키

1. 모든 죄는 이생에서 하나님의 진노와 저주를 받기에 마땅하다.

"무릇 율법 행위에 속한 자들은 저주 아래에 있나니 기록된 바 누구든지 율법 책에 기록된 대로 모든 일을 항상 행하지 아니하는 자는 저주 아래에 있는 자라 하였음이라"(갈3:10)

2. 모든 죄는 오는 생에서 하나님의 진노와 저주를 영원히 받기에 마땅하다.

"죄의 삯은 사망이요 하나님의 은사는 그리스도 예수 우리 주 안에 있는 영생이니라"(롬6:23)

3. 죄에 대한 하나님의 진노와 저주는 분명히 있다.

"누구든지 헛된 말로 너희를 속이지 못하게 하라 이로 말미암아 하나님의 진노가 불순종의 아들들에게 임하나니"(엡5:6)

4. 누구도 다른 사람의 죄 때문에 벌을 받지 않는다. 모두가 다 자기 죄 때문에 벌을 받는다.

"살아 있는 사람은 자기 죄들 때문에 벌을 받나니 어찌 원망하랴"(애3:39)

5. 누구도 다른 사람의 죄 때문에 자신도 벌을 받는다고 불평할 수 없다.

"너희가 이스라엘 땅에 관한 속담에 이르기를 아버지가 신 포도를 먹었으므로 그의 아들의 이가 시다고 함은 어찌 됨이냐 주 여호와의 말씀이니라 내가 나의 삶을 두고 맹세하노니 너희가 이스라엘 가운데에서 다시는 이 속담을 쓰지 못하게 되리라 모든 영혼이 다 내게 속한지라 아버지의 영혼이 내게 속함 같이 그의 아들의 영혼도 내게 속하였나니 범죄하는 그 영혼은 죽으리라"(겔18:2~4)

6. 하나님께서 저주하신 자들은 영원한 지옥의 불을 피할 수 없다.

"또 왼편에 있는 자들에게 이르시되 저주를 받은 자들아 나를 떠나 마귀와 그 사자들을 위하여 예비된 영원한 불에 들어가라"(마25:41)

내 말로 번역하기

문:

답:

<제85문답>

Question: What doth God require of us, that we may escape his wrath and curse, due to us for sin?

Answer: To escape the wrath and curse of God, due to us for sin, God requireth of us faith in Jesus Christ, repentance unto life, with the diligent use of all the outward means whereby Christ communicateth to us the benefits of redemption.

번역

문: 하나님께서는 죄로 인해 우리에게 마땅한 그분의 진노와 저주를 모면하도록 우리에게 무엇을 요구하시나요?

답: 죄로 인해 우리에게 마땅한 하나님의 진노와 저주를 모면하도록 하나님께서는 우리에게 그리스도께서 우리에게 구속의 은덕들을 전달하시는 모든 외적인 수단들의 성실한 사용과 함께 그리스도 안에 있는 믿음과 생명으로의 회개를 요구하십니다.

원문분석

Question: What doth God require of us, that we may escape his wrath and curse, due to us for sin?

1. What doth God require of us ~ ?

- **require of us** '우리에게 요구하다.' what은 require의 목적어이다.

- **What doth God require of us** 현재시제 질문이다. 어떠한 조건이나 상황, 혹은 시기에 상관없이 하나님께서 우리에게 항상 요구하시는 것이 무엇인지를 묻고 있다.

2. that we may escape his wrath and curse

- **that we may escape** 'that + 주어 + may + 동사' 형태의 종속절은 '주어가 동사 하도록'라는 뜻이다. 이는 주절의 주어가 어떠한 행동을 하는 이유나 목적을 나타낸다. 따라서 that we may escape는 '우리가 ~을 모면하도록'의 뜻이 된다.

- **escape his wrath and curse** escape는 자동사로 사용되면 주로 escape from 이나 escape out of의 형태로 '~에서 빠져나오다,' '~로부터 자유롭게 되다,' '~로부터 탈출하다'라는 뜻을 나타낸다. 반면에 escape가 타동사로 사용되면 '~을 피하다,' '~을 모면하다'라는 뜻을 나타낸다. 이 둘의 차이는 언뜻 비슷해 보이지만, 그 의미는 본질적으로 큰 차이가 있다. escape from의 형태인 자동사로 사용된 경우는 이미 빠져 있는 속박의 상황을 탈출하여 자유를 얻게 되는 것을 말하는 반면, 타동사로 사용되는 경우는 빠질 수 있었던 속박의 상황을 피하거나 면해서 계속해서 자유를 누릴 수 있다는 것을 말하는 것이다.

  escape his wrath and curse에서 escape는 타동사로 사용되었다. 그래서 이는 '그의 진노와 저주를 면하다'라는 뜻이 된다. 이 표현은 그의 진노와 저주 아래 있다가 빠져 나오게 되는 것을 말하는 것이 아니라, 그의 진노와 저주 아래 들어갈 수 있었지만, 그것을 면하게 된다는 것을 의미한다. 참고로 이를 '그의 진로와 저주를 피하도록'으로도 번역할 수 있지만 그렇게 되면 avoid his wrath and curse의 의미가 강하게 부각될 수도 있다. 하나님의 진노와 저주는 우리가 피하는 것이 아니라, 우리가 받아야 될 벌을 면하게 되는 것이다.

- '우리가 그의 진노와 저주를 면하도록'

3. due to us for sin

- **due to us** due의 가장 기본적인 뜻은 '기간이 다 된' 혹은 '~이 예정되어 있는' 이다. 따라서 'be due to + 동사원형'은 '~할 예정이다'라는 뜻이 된다. 그리고 'due to + 명사'는 '~ 때문에'라는 뜻이다. 참고로 'be due to + 동사원형'에서 to 는 to 부정사로 사용된 경우이고, 'due to + 명사'에서의 to는 전치사이다.

  이 문답에서 사용된 due to us에서의 due와 to는 현대문법에서 숙어처럼 사용하는 due to(~ 때문에)의 형태가 아니라, due + to us로 보아야 한다. 즉

'which is due to us'에서 which is가 생략된 형태로 보아야 한다. 이를 좀 더 쉬운 현대문법으로 표현하면 which we deserve가 된다. 그래서 due to us는 '우리 때문에'가 아니라 '우리에게 예정되어 있는,' '우리에게 마땅한'으로 이해되어져야 한다.

- **for sin** '죄 때문에' 혹은 '죄로 인해.' for는 이유나 원인을 나타내는 전치사이다.

Answer: To escape the wrath and curse of God, due to us for sin, God requireth of us faith in Jesus Christ, repentance unto life, with the diligent use of all the outward means whereby Christ communicateth to us the benefits of redemption.

1. To escape the wrath and curse of God, due to us for sin

- **To escape the wrath and curse of God** 질문에서 사용된 that we may escape his wrath and curse를 to 부정사 구문으로 바꾼 표현이다. to 부정사의 동작의 주체는 그것이 본 주어와 일치하거나 일반적인 모든 사람들에 해당되는 경우에는 생략한다. 반면에 그 동작을 행하는 특정한 주체가 있을 경우에는 일반적으로 to 부정사 바로 앞에 'for + 목적격' 혹은 'of + 목적격'으로 나타내준다. 그리고 이를 to 부정사의 의미상 주어라고 하다.

여기서 사용된 to escape에는 의미상 주어가 없다. 따라서 to escape의 주어는 본 주어와 일치하거나, 일반적인 모든 사람들 중 하나가 된다. 이 답문은 하나의 문장으로 이 문장의 전체 주어는 God requireth의 God이다. 따라서 먼저 God이 to escape의 주어가 되는지 따져보아야 한다. God을 To escape the wrath and curse of God의 주어로 넣어보면 '하나님께서 하나님의 진노와 저주를 모면하기 위해서'가 된다. 해석을 보아 알 수 있듯이 이는 논리적으로 말이 되지 않는다. 간혹 이를 '하나님의 진노와 저주를 피하게 하시려고'나 '하나님의 진노와 저주를 피할 수 있도록 하기 위해서' 등으로 해석하는 경우들이 있는데, 이러한 해석은 escape가 '~을 탈출시켜 주다'나 '~을 면하게 해 주다'라는 식의 수여동사처럼 사용되지 않고, 주어가 직접 탈출을 행하거나, 어떠한 불행을 모면하는 상황을 나타내는 동사로 사용된다는 것을 살리지 못한 해석이다.

그렇다면 to escape의 주어를 모든 인류로 보아야 하는가? 이 답문에 쓰인 to escape처럼 to 부정사의 의미상 주어를 'for + 목적격'이나 'of + 목적격'으로 밝히지 않은 상태에서 그 주어를 문장 전체의 주어와 일치시킬 수 없는 경우에는 to 부정사의 주어를 모든 인류로 보는 것이 원칙이다. 따라서 문법적으로는 to escape의 주어를 모든 인류로 보는 것이 타당하다. 그러나 이 답문은 일반적인 문법적인 방식이 아니라, 논리적인 특별한 장치를 통해 to escape의 의미상 주어가 모든 인류가 아니라, 어떤 특별한 부류의 사람들로 한정된다는 것을 나타내고 있다. 바로 뒤에 따라나오는 due to us for sin(죄로 인해 우리에게 마땅한)이 바로 그것이다. 이를 통해 to escape의 행위를 하는 주체는 모든 인류라기보다는 이 교리교육서가 '우리(we)'라고 지목하고 있는 부류의 사람들만으로 한정된다는 것을 나타낸다. 이 교리교육서가 지칭하는 우리는 넓게는 인류 중에서 하나님께서 택하신 모든 사람들을 의미하고, 좁게는 현재 이 교리교육서를 함께 다루는 교리 선생님과 학생들을 의미한다. 따라서 이 답문은 이러한 표현 장치를 잘 살려서 이해하고 번역해야 한다.

2. God requireth of us faith in Jesus Christ, repentance unto life,

- **faith in Jesus Christ** faith (which is) in Jesus Christ로 '그리스도 안에 있는 믿음'을 나타낸다. 이는 그리스도에 대한 개인적인 확신이나 신념을 말하는 것이 아니라, 하나님께서 효력있게 부르실 때에 성령을 통해 선물로 받은 바로 그 믿음(faith)을 말한다.

- **repentance unto life** repentance (which is) unto life로 '생명으로의 회개'를 나타낸다. 이는 이미 구원 받은 자들이 매일 범하는 죄(transgressions)들을 자백하고 그것에서 돌아설 것을 약속하는 것이 아니라, 택자가 처음으로 자신이 죄인이라는 것을 자백하고, 또한 죄인인 자신이 얼마나 비참한 상태에 있는지를 깨닫고 인정하는 것을 의미한다.

- **faith in Jesus Christ, repentance unto life** faith in Jesus Christ(그리스도 안에 있는 믿음)과 repentance unto life(생명으로의 회개)는 분명 구별된 두 개의

개념이다. 그런데 이 교리교육서는 이를 faith in Jesus Christ and repentance unto life로 표현하지 않고, faith in Jesus Christ, repentance unto life로 표현하고 있다. 이는 이 두 가지가 서로 분명히 구별되거나, 각각 독립적으로 구분되어 존재하는 것은 아니라는 것을 의미한다. 즉 둘 중에 faith in Jesus Christ는 있는데, repentance unto life가 없다든지, repentance unto life는 있는데 faith in Jesus Christ가 없는 경우는 없다는 뜻이다. faith in Jesus Christ와 repentance unto life는 회심(conversion) 때에 하나님께서 택자들에게 요구하시는 두 가지이다. 그리고 성령을 통해 이 두 가지가 그 안에서 함께 어우러질 때 택자는 회심하게 된다. 한국어는 faith in Jesus Christ, repentance unto life와 같은 표현이 없다. 따라서 이는 두 가지를 나누어 '그리스도 안에 있는 믿음과 생명으로의 회개'로 번역할 수밖에 없다.

- '하나님께서는 우리에게 그리스도 안에 있는 믿음과 생명으로의 회개를 요구하신다.'

3. with the diligent use of all the outward means

- with '~을 가지고' 혹은 '~와 함께'
- '모든 외적인 수단들의 성실한 사용과 함께'
- faith in Jesus Christ, repentance unto life, with the diligent use of all the outward means는 A, B, and C의 구문이 아니다. 즉 faith in Jesus Christ(그리스도 안에 있는 믿음)와 repentance unto life(생명으로의 회개)와 the diligent use of all the outward means(외적인 수단들의 성실한 사용)의 3가지를 동등하게 열거한 것이 아니다.

　이 경우 with the diligent use of all the outward means는 앞의 faith in Jesus Christ, repentance unto life와 함께 병행되는 것에 대한 추가 정보를 제공하는 형식의 표현이다.

4. whereby Christ communicateth to us the benefits of redemption

- whereby 관계부사로 앞에 콤마(,)가 없으면 한정용법으로 '그로서 ~하는'의 뜻

으로 사용되고, 앞에 콤마(,)가 있으면 계속용법으로 '그로써' 혹은 '그것에 의해'의 뜻이 된다. 본 문답에 사용된 whereby는 한정용법으로 whereby 이하의 문장이 앞에 있는 all the outward means을 한정한다.

- **Christ communicateth to us** 'communicate A(사람) to B(사물)'는 '~에게 ~을 전달하다'라는 뜻이다.
- **the benefits of redemption** '구속의 은덕들'
- '구속의 은덕들을 우리에게 전달하는'

문답의 키

1. 하나님께서는 죄의 효력에서 벗어날 수 있는 길을 직접 마련하셨다.

    "하나님이 세상을 이처럼 사랑하사 독생자를 주셨으니 이는 그를 믿는 자마다 멸망하지 않고 영생을 얻게 하려 하심이라"(요3:16)

2. 죄의 효력에서 벗어날 수 있는 사람들은 어떠한 민족에 국한된 것이 아니라, 모든 민족들에 속해 있다.

    "유대인과 헬라인들에게 하나님께 대한 회개와 우리 주 예수 그리스도께 대한 믿음을 증언한 것이라"(행20:21)

3. 하나님의 진노와 저주를 모면하기 위해서는 그리스도 안에 있는 믿음이 필수적이다.

    "이르되 주 예수를 믿으라 그리하면 너와 네 집이 구원을 받으리라 하고"(행16:31)

4. 하나님을 믿음으로 심판을 피한다. 반면에 하나님을 믿지 않는 것은 그 자체가 바로 심판이다.

    "그를 믿는 자는 심판을 받지 아니하는 것이요 믿지 아니하는 자는 하나님의 독생자의 이름을 믿지 아니하므로 벌써 심판을 받은 것이니라"(요3:18)

5. 하나님의 진노와 저주를 모면하기 위해서는 생명으로의 회개가 필수적이다.

"너희에게 이르노니 아니라 너희도 만일 회개하지 아니하면 다 이와 같이 망하리라"(눅13:3)

6. 생명으로의 회개는 인간의 수고가 아니라 하나님께서 주시는 은혜이다.

"그들이 이 말을 듣고 잠잠하여 하나님께 영광을 돌려 이르되 그러면 하나님께서 이방인에게도 생명 얻는 회개를 주셨도다 하니라"(행11:18)

7. 믿음과 회개는 세례로 이어져야 한다.

"베드로가 이르되 너희가 회개하여 각각 예수 그리스도의 이름으로 세례를 받고 죄 사함을 받으라 그리하면 성령의 선물을 받으리니"(행2:38)

8. 하나님의 진노와 저주를 모면하려는 사람들에게는 은혜의 외적인 수단들을 부지런히 사용할 것이 요구된다.

"그러므로 나의 사랑하는 자들아 너희가 나 있을 때뿐 아니라 더욱 지금 나 없을 때에도 항상 복종하여 두렵고 떨림으로 너희 구원을 이루라"(빌2:12)

9. 은혜의 외적인 수단들을 부지런히 사용함으로 부르심과 택하심을 더욱 굳게 할 수 있다.

"그러므로 형제들아 더욱 힘써 너희 부르심과 택하심을 굳게 하라 너희가 이것을 행한즉 언제든지 실족하지 아니하리라"(벧후1:10)

10. 은혜의 외적인 수단들은 스스로 잘 사용할 뿐 아니라, 잘 가르쳐야 한다.

"네가 네 자신과 가르침을 살펴 이 일을 계속하라 이것을 행함으로 네 자신과 네게 듣는 자를 구원하리라"(딤전4:16)

11. 구원의 은덕들은 일반적으로 하나님께서 제정하신 규례들을 통해 죄인들에게 전달된다.

"그런즉 그들이 믿지 아니하는 이를 어찌 부르리요 듣지도 못한 이를 어찌 믿으리요 전파하는 자가 없이 어찌 들으리요"(롬10:14)

내 말로 번역하기

문:

답:

<제86문답>

> Question: What is faith in Jesus Christ?
>
> Answer: Faith in Jesus Christ is a saving grace, whereby we receive and rest upon him alone for salvation, as he is offered to us in the gospel.

번역

문: 예수 그리스도 안에 있는 믿음은 무엇인가요?

답: 예수 그리스도 안에 있는 믿음은 구원하는 은혜인데, 이를 통해 우리는 그분이 복음 안에서 우리에게 제시되는 대로 구원을 위해 그분만을 영접하고 의지합니다.

원문분석

Question: What is faith in Jesus Christ?

1. What is faith in Jesus Christ?

- **What ~?** 믿음에 대한 이 문답은 우리가 무엇을, 얼마나, 어떻게 믿어야 할지에 대한 내용을 다루지 않는다. 오히려 이 교리교육서는 '예수 그리스도 안에 있는 믿음'을 하나의 고정된 틀이나 개념으로 다룬다. 이를 통해 이 교리교육서는 믿음에 대해서 우리가 우선적으로 알아야 할 것은 '믿는 행위'(to believe)가 아니라 '믿음'(Faith)이라는 것을 분명히 알려준다.

- **faith in Jesus Christ** faith (which is) in Jesus Christ로 '예수 그리스도 안에 있는 믿음'을 나타낸다. 이는 예수 그리스도에 대한 개인적인 확신이나 신념을 말하는 것이 아니라, 하나님께서 효력있게 부르실 때에 성령을 통해 선물로 받은 바로 그 믿음(faith)을 말한다.

- '예수 그리스도 안에 있는 믿음은 무엇인가요?'

Answer: Faith in Jesus Christ is a saving grace, whereby we receive and rest upon him alone for salvation, as he is offered to us in the gospel.

1. Faith in Jesus Christ is a saving grace

- **a saving grace** '(하나의) 구원하는 은혜.' 부정관사(a)는 구원하는 은혜가 유일한 것이 아님을 나타낸다. 즉 '예수 그리스도 안에 있는 믿음'은 여러 구원하는 은혜 중에 하나라는 뜻이다.

2. , whereby we receive and rest upon him alone for salvation,

- **, whereby** 관계부사로 앞에 콤마(,)가 없으면 한정용법으로 '그로서 ~하는'의 뜻으로 사용되고, 앞에 콤마(,)가 있으면 계속용법으로 '그로써' 혹은 '그것에 의해'의 뜻이 된다. 이 답문에서는 계속용법으로 사용되어, 앞에 언급한 '구원하는 은혜를 통해서' 혹은 '구원하는 은혜를 수단으로'를 의미한다.
- **we receive and rest upon him alone for salvation** we receive him alone for salvation과 we rest upon him alone for salvation을 간략하게 줄인 표현이다.
- **we receive him alone for salvation** '우리는 구원을 위해 그분만을 영접합니다.'
- **we rest upon him alone for salvation** '우리는 구원을 위해 그분만을 의지합니다.'
- '우리는 구원을 위해 그분만을 영접하고 의지합니다.'

3. as he is offered to us in the gospel

- **as** 양태를 나타내는 접속사로 '~ 처럼,' '~ 대로,' '~ 와 같이' 등의 뜻이다.
- **he is offered to us in the gospel** '그는 복음 안에서 우리에게 제시된다.'
- '그가 복음 안에서 우리에게 제시되는 대로'

문답의 키

1. 예수 그리스도 안에 있는 믿음은 구원하는 은혜이다.

　"오직 이것을 기록함은 너희로 예수께서 하나님의 아들 그리스도이심을 믿게 하려 함

이요 또 너희로 믿고 그 이름을 힘입어 생명을 얻게 하려 함이니라"(요20:31)

2. 믿음은 하나님의 선물이다.

"너희는 그 은혜에 의하여 믿음으로 말미암아 구원을 받았으니 이것은 너희에게서 난
것이 아니요 하나님의 선물이라"(엡2:8)

3. 예수 그리스도를 구원자로 영접하는 유일한 수단은 예수 그리스도 안에 있는
믿음이다.

"영접하는 자 곧 그 이름을 믿는 자들에게는 하나님의 자녀가 되는 권세를 주셨으
니"(요1:12)

4. 우리가 구원을 위해 그리스도를 의지하는 수단은 오직 믿음 뿐이다.

"그러나 우리는 그들이 우리와 동일하게 주 예수의 은혜로 구원 받는 줄을 믿노라 하니
라"(행15:11)

5. 믿음을 통해 우리는 구원을 위해 오직 그리스도만을 의지하게 된다.

"사람이 의롭게 되는 것은 율법의 행위로 말미암음이 아니요 오직 예수 그리스도를 믿
음으로 말미암는 줄 알므로 우리도 그리스도 예수를 믿나니 이는 우리가 율법의 행위
로써가 아니고 그리스도를 믿음으로서 의롭다 함을 얻으려 함이라 율법의 행위로써는
의롭다 함을 얻을 육체가 없느니라"(갈2:16)

6. 믿음을 통해 우리는 그리스도를 복음에 소개된 대로 영접한다.

"그 안에서 너희도 진리의 말씀 곧 너희의 구원의 복음을 듣고 그 안에서 또한 믿어 약
속의 성령으로 인치심을 받았으니"(엡1:13)

7. 신자는 영혼을 구원함에 이르는 믿음을 가진 자들이다.

"우리는 뒤로 물러가 멸망할 자가 아니요 오직 영혼을 구원함에 이르는 믿음을 가진 자
니라"(히10:39)

8. 우리의 의는 믿음으로 하나님께로부터 난 의다.

"그 안에서 발견되려 함이니 내가 가진 의는 율법에서 난 것이 아니요 오직 그리스도를 믿음으로 말미암은 것이니 곧 믿음으로 하나님께로부터 난 의라"(빌3:9)

9. 칭의의 근거는 행위가 아니다. 칭의의 근거는 오직 믿음이다.

"사람이 의롭게 되는 것은 율법의 행위로 말미암음이 아니요 오직 예수 그리스도를 믿음으로 말미암는 줄 알므로 우리도 그리스도 예수를 믿나니 이는 우리가 율법의 행위로써가 아니고 그리스도를 믿음으로서 의롭다 함을 얻으려 함이라 율법의 행위로써는 의롭다 함을 얻을 육체가 없느니라"(갈2:16)

내 말로 번역하기

문:

답:

<제87문답>

> Question: What is repentance unto life?
>
> Answer: Repentance unto life is a saving grace, whereby a sinner, out of a true sense of his sin, and apprehension of the mercy of God in Christ, doth, with grief and hatred of his sin, turn from it unto God, with full purpose of, and endeavor after, new obedience.

번역

문: 생명으로의 회개는 무엇인가요?

답: 생명으로의 회개는 구원하는 은혜인데, 이를 통해 죄인은 자신의 죄에 대한 참된 지각과 그로 인한 하나님의 자비에 대한 그리스도 안에서의 이해 덕분에 자신의 죄를 비통해하고 혐오하면서, 새로운 순종에 대한 온전한 목적과 그것을 따르는 온전한 노력과 함께 죄에서 하나님께로 돌아섭니다.

원문분석

Question: What is repentance unto life?

1. What is repentance unto life?

- **What ~?** 생명으로의 회개를 어떻게 해야 하는지에 대한 방법을 묻는 것이 아니라, 생명으로의 회개가 무엇인지를 묻고 있다. '생명으로의 회개'를 하나의 고정된 틀이나 개념으로 보고 있다. 이 교리교육서는 이러한 방식의 질문을 통해 '생명으로의 회개' 자체가 갖는 의미를 다루고 있다. 이는 회개는 실천하는 것도 중요하지만, 그 전에 '생명으로의 회개'가 무엇이지를 바로 아는 것이 꼭 선행되어야 한다는 것을 분명히 알려준다.

- **repentance unto life** repentance (which is) unto life로 '생명으로의 회개'를

나타낸다. 이는 이미 구원 받은 자들이 매일 범하는 죄(transgressions)들을 자백하고 그것에서 돌아설 것을 약속하는 것이 아니라, 택자가 처음으로 자신이 죄인이라는 것을 자백하고, 또한 죄인인 자신이 얼마나 비참한 상태에 있는지를 깨닫고 인정하는 것을 의미한다.

Answer: Repentance unto life is a saving grace, whereby a sinner, out of a true sense of his sin, and apprehension of the mercy of God in Christ, doth, with grief and hatred of his sin, turn from it unto God, with full purpose of, and endeavor after, new obedience.

1. Repentance unto life is a saving grace

- **a saving grace** '(하나의) 구원하는 은혜.' 부정관사(a)는 하나님의 구원하는 은혜가 한 가지만 있는 것이 아니라 여러 종류로 표현된다는 것을 나타낸다. 즉 '생명으로의 회개'는 하나님의 여러 구원하는 은혜 중에 하나라는 뜻이다.

2. , whereby a sinner, out of a true sense of his sin, and apprehension of the mercy of God in Christ, doth, with grief and hatred of his sin, turn from it unto God

- **, whereby** 관계부사로 앞에 콤마(,)가 없으면 한정용법으로 '그로서 ~하는'의 뜻으로 사용되고, 앞에 콤마(,)가 있으면 계속용법으로 '그로써' 혹은 '그것에 의해'의 뜻이 된다. 이 답문에서는 계속용법으로 사용되어, 앞에 언급한 '구원하는 은혜를 통해서' 혹은 '구원하는 은혜를 수단으로'를 의미한다.
- **a sinner doth turn from it unto God** '죄인이 그것에서부터 하나님께로 돌아선다.'
- **a sinner** 죄인이 하나님께로 돌아서는 것은 개별적이다. 다시 말해 '생명으로의 회개'는 개별적이다. 모든 죄인이 개별적으로 '생명의 이르는 회개'를 통해 하나님께로 돌아선다. '생명으로의 회개'는 다른 사람을 위해 대신 해줄 수 있는 것이 아니다. 뿐만 아니라 이는 집단적으로 함께 되는 것도 아니다. 여러 명이 한

집단을 이루어 회개의 자리에 나아간다 할지라도 '생명으로의 회개'는 언제나 각각 개별적으로 적용된다.

3. out of a true sense of his sin, and apprehension of the mercy of God in Christ

- **out of** 일반적인 의미는 '~로부터'로 어떠한 공간 안에서 밖으로 나갈 때 원래 있었던 곳에 대한 정보를 제공하는 표현으로 사용된다. 뿐만 아니라 '~중에서'로 전체 중에 얼마를 나타낼 때 전체에 해당되는 정보를 제공하는 표현으로도 사용된다. 그리고 out of sight, out of mind처럼 '~이 없는'의 뜻으로도 사용된다.

  그런데 이 문답에서 사용된 out of는 일반적으로 많이 사용되는 용례로 사용된 것이 아니다. 여기서 사용된 out of는 현대에는 잘 사용되지 않는 옛 용법으로 '누군가가 무엇을 하는 이유'를 나타낸다. 현대 표현에서는 because of(~ 때문에)나 thanks to(~ 덕분에)와 유사하다. You might like to come and see what we're doing **out of interest**. ('관심이 있기 때문에' 당신은 우리가 무엇을 하는지 와서 보고 싶어 할 수도 있지 않을까 합니다.)[32]

- **out of a true sense of his sin** his는 앞의 a sinner를 받는다. sense가 부정관사 (a)와 함께 사용되면 '지각,' '감각,' '의식' 등을 의미한다. true는 '참된'의 의미로 '거짓되지 않다'(not false)는 것을 나타낸다. 여기서 사용된 true가 '바른'으로 번역된 경우들이 종종 있는데, 이는 true가 아니라, right에 가깝고, '틀리지 않다'(not wrong)는 것을 의미하는 것이라 이 문답이 말하고자 하는 것과는 다소 거리가 있는 번역이다. 따라서 out of a true sense of his sin은 '자신의 죄에 대한 참된 지각 때문에' 혹은 '자신의 죄에 대한 참된 지각에 의해서'로 이해할 수 있다.

- **apprehension of the mercy of God in Christ** out of apprehension of the mercy of God in Christ에서 중복되는 out of가 생략된 형태이다. 셀 수 없는 명사로 사용된 apprehension의 뜻은 '이해'이다. '그리스도 안에서 하나님의 자

---

32. Cambridge Dictionary

비에 대한 이해'

- **out of a true sense of his sin, and apprehension of the mercy of God in Christ** 이 교리교육서는 죄인이 자신의 죄와 하나님의 자비에 대해 어떻게 반응하는지를 구별해서 설명한다. 자신의 죄가 지각(sense)을 통해 인지하게 되는 것이라면, 하나님의 자비는 그리스도 안에서 이해(apprehension)되는 것이다.

  '자신의 죄에 대한 참된 지각'과 '그리스도 안에서 하나님의 자비에 대한 이해'는 콤마(,) and로 연결되어 있다. 즉 A, and B의 형태로 표현되었다. 이는 이 두 가지 내용이 분명 각각의 독립적인 정보로 구분되어 있기는 하지만 콤마(,) and 뒤에 따라오는 내용이 앞의 내용에 긴밀하게 연결되어 있다는 것을 의미한다. '자신의 죄에 대한 참된 지각'이 있을 때, '그리스도 안에서 하나님의 자비에 대한 이해'가 있을 수 있다는 뜻이다. 다른 말로는 '자신의 죄에 대한 참된 지각'이 없다면 '그리스도 안에서 하나님의 자비에 대한 이해' 또한 있을 수 없다는 뜻이다.

4. with grief and hatred of his sin

- **with** '~을 가지고, ' '~ 하는 상태로, ' '~함에 따라.' 여기서는 '~함에 따라'가 가장 적절하다.
- **grief** '큰 슬픔, ' '비통, ' '비탄'
- **hatred** '몹시 싫어함, ' '혐오'
- **with grief and hatred of his sin** '자신의 죄에 대한 비통함과 혐오감에 따라' 혹은 '자신의 죄를 비통해 하고 혐오 할수록'

5. turn from it unto God

- **it** 앞에 언급된 sin(죄)을 받는 대명사이다.
- '그것에서 하나님께로 돌아서다.'

6. with full purpose of, and endeavor after, new obedience

- **with full purpose of, and endeavor after, new obedience** with full purpose of new obedience and with full endeavor after new obedience를 줄인 표현이다.

- with 이 부분은 도구나 수단을 나타내는 의미로 '~을 써서,' '~에 의해,' '~을 통해' 등으로 해석한다.
- with full purpose of new obedience '새로운 순종에 대한 온전한 목적을 통해'
- with full endeavor after new obedience '새로운 순종을 따르는 온전한 노력을 통해'

문답의 키

1. 생명으로의 회개는 하나님의 구원하는 은혜 중 하나이다.

"하나님의 뜻대로 하는 근심은 후회할 것이 없는 구원에 이르게 하는 회개를 이루는 것이요 세상 근심은 사망을 이루는 것이니라"(고후7:10)

2. 생명으로의 회개 안에는 죄에 대한 진정한 각성이 있다.

"내가 주께만 범죄하여 주의 목전에 악을 행하였사오니 주께서 말씀하실 때에 의로우시다 하고 주께서 심판하실 때에 순전하시다 하리이다"(시51:4)

3. 생명으로의 회개 안에는 하나님의 자비에 대한 바른 이해가 있다.

"혹 네가 하나님의 인자하심이 너를 인도하여 회개하게 하심을 알지 못하여 그의 인자하심과 용납하심과 길이 참으심이 풍성함을 멸시하느냐"(롬2:4)

4. 죄인에 대한 하나님의 자비는 오직 그리스도 안에서만 드러난다.

"이 예수를 하나님이 그의 피로서 믿음으로 말미암는 화목제물로 세우셨으니 이는 하나님께서 길이 참으시는 중에 전에 지은 죄를 간과하심으로 자기의 의로우심을 나타내려 하심이니"(롬3:25)

5. 진정한 회개 안에는 죄에 대한 진술한 애통함이 있다.

"내가 돌이킨 후에 뉘우쳤고 내가 교훈을 받은 후에 내 볼기를 쳤사오니 이는 어렸을 때의 치욕을 지므로 부끄럽고 욕됨이니이다 하도다"(렘31:19)

6. 진정한 회개 안에는 죄를 진정으로 미워하는 마음이 있다.

"그 때에 너희가 너희 악한 길과 너희 좋지 못한 행위를 기억하고 너희 모든 죄악과 가증한 일로 말미암아 스스로 밉게 보리라"(겔36:31)

7. 진정한 회개를 통해 죄인은 자기의 죄에서 돌아선다.

"주 여호와의 말씀이니라 이스라엘 족속아 내가 너희 각 사람이 행한 대로 심판할지라 너희는 돌이켜 회개하고 모든 죄에서 떠날지어다 그리한즉 그것이 너희에게 죄악의 걸림돌이 되지 아니하리라"(겔18:30)

8. 진정한 회개를 통해 죄인은 하나님께로 돌아선다.

"우리가 스스로 우리의 행위들을 조사하고 여호와께로 돌아가자"(애3:40)

9. 진정한 회개는 하나님께 순종하고자 하는 마음의 목표를 낳는다.

"내가 내 행위를 생각하고 주의 증거들을 향하여 내 발길을 돌이켰사오며"(시119:59)

10. 진정한 회개를 하는 자는 하나님께 더욱 순종하도록 노력하게 된다.

"에브라임이 스스로 탄식함을 내가 분명히 들었노니 주께서 나를 징벌하시매 멍에에 익숙하지 못한 송아지 같은 내가 징벌을 받았나이다 주는 나의 하나님 여호와이시니 나를 이끌어 돌이키소서 그리하시면 내가 돌아오겠나이다"(렘31:18)

11. 진정한 회개를 따라 나타나는 순종은 이전과는 다른 완전히 새로운 순종이다.

"이제는 우리가 얽매였던 것에 대하여 죽었으므로 율법에서 벗어났으니 이러므로 우리가 영의 새로운 것으로 섬길 것이요 율법 조문의 묵은 것으로 아니할지니라"(롬7:6)

내 말로 번역하기

문:

답:

16

소망

제88~107문답

47

<제88문답>

Question: What are the outward and ordinary means whereby Christ communicateth to us the benefits of redemption?

Answer: The outward and ordinary means whereby Christ communicateth to us the benefits of redemption are, his ordinances, especially the Word, sacraments, and prayer; all which are made effectual to the elect for salvation.

번역

문: 그리스도께서 구속의 은덕들을 우리에게 전달하시는 외적이고 통상적인 수단들은 무엇인가요?

답: 그리스도께서 구속의 은덕들을 우리에게 전달하시는 외적이고 통상적인 수단들은 그의 규례들로서, 특히 말씀과 성례들과 기도인데, 이 모두는 택자들에게 구원을 위해 효력이 있게 됩니다.

원문분석

Question: What are the outward and ordinary means whereby Christ communicateth to us the benefits of redemption?

1. What are the outward and ordinary means ~?

- **outward and ordinary means** '외적이고 통상적인 수단들.' outward(외적인)는 사람이 누구나 오감을 통해 감지할 수 있다는 뜻이며, ordinary(통상적인)는 special(특별한)의 반대 개념으로 상식적이고 객관적이라는 뜻이다.

- **means** '수단,' '방법'의 뜻으로 사용될 때는 means의 형태로 단수와 복수 모두

를 나타낸다. 따라서 a means of living은 단수로 '생계 수단'을 나타내는 것이고, several means of living은 복수로 '다수의 생계 수단들'을 나타낸다. 이 문답에서는 복수 동사 are를 통해 means가 복수로 사용되고 있다는 것을 알 수 있다. 따라서 the outward and ordinary means는 '외적이고 통상적인 수단들'로 해석한다.

2. whereby Christ communicateth to us the benefits of redemption

- **whereby** 관계부사로 앞에 콤마(,)가 없으면 한정용법으로 '그로서 ~하는'의 뜻으로 사용되고, 앞에 콤마(,)가 있으면 계속용법으로 '그로써' 혹은 '그것에 의해'의 뜻이 된다. 이 답문에서는 한정용법으로 사용되어 앞에 언급한 '외적이고 통상적인 수단들'을 한정하며 수식한다.

- **Christ communicateth to us the benefits of redemption** communicate A to B는 'A를 B에게 전달하다'라는 뜻이다. communicateth는 현재형이다. 이는 그리스도께서 구속의 은덕들을 우리에게 전달하시는 것은 언제나 변함없이 발생하는 사실이라는 것을 의미한다.

- **the benefits of redemption** '구속의 은덕들'

- '그리스도께서 구속의 은덕들을 우리에게 전달하시는'

Answer: The outward and ordinary means whereby Christ communicateth to us the benefits of redemption are, his ordinances, especially the Word, sacraments, and prayer; all which are made effectual to the elect for salvation.

1. The outward and ordinary means whereby Christ communicateth to us the benefits of redemption are

- '그리스도께서 구속의 은덕들을 우리에게 전달하시는 수단들은 ~입니다.'

2. his ordinances, especially the Word, sacraments, and prayer

- **his ordinances** '그의 규례들'로, 그리스도께서 직접 제정하신 모든 규례들을

말한다.

- **especially the Word, sacraments, and prayer** A, B, and C의 구문이다. '특히 말씀과 성례들과 기도'

3. ; all which are made effectual to the elect for salvation

- **세미콜론(;)** 앞서 언급한 내용에 대한 추가 정보를 제공한다는 뜻이다. 즉 말씀과 성례들과 기도에 대해 좀 더 필요한 정보를 제공하겠다는 뜻이다.
- **all** 앞에 언급한 '말씀과 성례들과 기도'라는 세 가지를 총칭한 표현이다.
- **which** all을 선행사로 받는 주격 관계대명사로 의미상 '말씀과 성례들과 기도'를 말한다.
- **which are made effectual** 사역동사 make가 사용된 5형식 문장의 수동태 표현이다. 이 문장의 능동태는 'Christ makes all(the Word, sacraments, and prayer) effectual'(그리스도께서는 말씀과 성례들과 기도가 모두 효력을 발휘하게 하신다)이다. 이를 수동태로 표현한 것은 이 외적이고 통상적인 수단들은 그 자체로 효력이 있는 것이 아니라, 그리스도에 의해 효력이 있게 된다는 사실을 분명히 드러내기 위함이다. 즉 말씀과 성례들과 기도에 효력을 불어 넣는 분이 바로 그 규례들의 주인이신 그리스도라는 것이고, 그리스도께서 효력을 불어 넣지 않으면 이것들은 무용지물일 수밖에 없다는 것이다. 따라서 all which are made effectual은 '그 모든 것이 효력이 있게 된다'라는 뜻이다.
- **to the elect for salvation** elect(선출된, 선택된)의 형용사이다. the elect는 'the + 형용사'의 형태로 복수보통명사를 나타낸다. 따라서 the elect는 '선택된 사람들'이 된다. to는 효력이 발휘되는 대상을 지칭하는 전치사이다. for salvation에서 for는 용도나 목적을 나타내는 것으로 '구원을 위해'로 해석하면 된다.

문답의 키

1. 하나님의 백성들에게는 준수해야 할 은혜의 수단들이 있다.

  "그들이 사도의 가르침을 받아 서로 교제하고 떡을 떼며 오로지 기도하기를 힘쓰니라"(행2:42)

2. 은혜의 수단들을 지정하신 분은 그리스도이시다.

"내가 너희에게 분부한 모든 것을 가르쳐 지키게 하라 볼지어다 내가 세상 끝날까지 너희와 항상 함께 있으리라 하시니라"(마28:20)

3. 그리스도께서 취득하신 구속의 은덕들은 은혜의 수단들을 통해 전달된다.

"그가 어떤 사람은 사도로, 어떤 사람은 선지자로, 어떤 사람은 복음 전하는 자로, 어떤 사람은 목사와 교사로 삼으셨으니 이는 성도를 온전하게 하여 봉사의 일을 하게 하며 그리스도의 몸을 세우려 하심이라"(엡4:11, 12)

4. 하나님의 말씀은 은혜의 특별한 수단들 중 하나이다.

"오직 이것을 기록함은 너희로 예수께서 하나님의 아들 그리스도이심을 믿게 하려 함이요 또 너희로 믿고 그 이름을 힘입어 생명을 얻게 하려 함이니라"(요20:31)

5. 성례들은 은혜의 특별한 수단들이다.

"우리가 축복하는 바 축복의 잔은 그리스도의 피에 참여함이 아니며 우리가 떼는 떡은 그리스도의 몸에 참여함이 아니냐"(고전10:16)

6. 기도는 은혜의 특별한 수단 중 하나이다.

"그러므로 내가 너희에게 말하노니 무엇이든지 기도하고 구하는 것은 받은 줄로 믿으라 그리하면 너희에게 그대로 되리라"(막11:24)

7. 은혜의 수단들은 성령에 의해 하나님의 백성들에게 구원을 위해 효력 있게 된다.

"이는 우리 복음이 너희에게 말로만 이른 것이 아니라 또한 능력과 성령과 큰 확신으로 된 것임이라 우리가 너희 가운데서 너희를 위하여 어떤 사람이 된 것은 너희가 아는 바와 같으니라"(살전1:5)

내 말로 번역하기

문:

답:

〈제89문답〉

Question: How is the Word made effectual to salvation?

Answer: The Spirit of God maketh the reading, but especially the preaching, of the Word, an effectual means of convincing and converting sinners, and of building them up in holiness and comfort, through faith, unto salvation.

번역

문: 말씀은 어떻게 구원에 효력이 있게 되나요?

답: 하나님의 영은 말씀을 읽는 것, 특히 말씀을 설교하는 것이 죄인들을 깨닫고 회심 하게하고, 그로 인해 거룩함과 위로 안에서 믿음을 통해 구원에 이르도록 그들을 세우는 효력 있는 수단이 되게 합니다.

원문분석

Question: How is the Word made effectual to salvation?

1. How is the Word made effectual to salvation?

- is the Word made effectual 사역동사 make의 5형식 수동태 의문문이다. '주어 makes the Word effectual'(주어는 말씀을 효력 있게 만든다)을 수동태로 바꾼 'the Word is made effectual'(말씀은 효력 있게 된다)을 의문문으로 만들었다. 이러한 표현을 통해 이 교리교육서는 말씀이 효력을 발휘하게 되는 것은 그 말씀 자체가 스스로 효력을 발휘하는 것이 아니라, 그것이 효력을 발휘하게 하는 존재의 의지에 따른 것이라는 것을 나타낸다. 즉 말씀의 주인이신 그리스도에 의해 말씀이 효력을 발휘하게 된다는 것을 나타낸 것이다.

- How is the Word made effectual to salvation? 말씀이 구원에 효력 있게 되는

방식에 대해 묻고 있다. 말씀과 성례들과 기도가 모두 구원에 효력 있게 된다는
것은 88문에서 이미 다룬 내용이다. 여기서는 이 규례들 중에 말씀이 구원에 효
력 있게 되는 방식을 묻는 것이다. 결국 이는 그리스도께서 우리의 구원을 위해
자기의 말씀을 어떻게 효력 있게 만드시는지를 묻는 것이다.

Answer: The Spirit of God maketh the reading, but especially the preaching,
of the Word, an effectual means of convincing and converting
sinners, and of building them up in holiness and comfort, through
faith, unto salvation.

1. The Spirit of God maketh the reading, but especially the preaching, of the Word, an effectual means

- 사역동사 make의 5형식 문장이다. 문장의 목적어는 the reading, but
  especially the preaching, of the Word이고 목적보어는 an effectual means이
  다. 이 경우 목적어와 목적보어는 '~을 ~하게'나 '~을 ~이게'가 아니라, 2형식에
  서 주어와 보어의 관계처럼 '~이 ~하게'나 '~이 ~이게'로 해석한다.
- **The Spirit of God** '하나님의 영'
- **the reading, but especially the preaching, of the Word** the reading of the
  Word but especially the preaching of the Word를 줄인 표현이다.
- **the reading of the Word** reading은 read의 동명사로 보면 '읽기' 또는 '읽는
  것'으로 이해할 수도 있고, reading 자체를 고유명사로 보면 '낭독'으로 볼 수도
  있다. reading을 동명사로 보면 the reading of the Word는 '말씀을 읽는 것'이
  되고, 이를 고유명사로 보면 '말씀의 낭독'이 된다. 문법적으로는 두 해석이 모
  두 가능하나, 이 교리교육서가 여러 부분에서 'the + 동명사' 형태를 어떠한 특
  별한 동작을 행하는 것을 의미할 때 사용하고 있다는 점에서 the reading of the
  Word는 '말씀을 읽는 것'으로 해석되는 것이 바람직해 보인다.
- **but especially the preaching of the Word** preaching은 preach(설교하다)의
  동명사로 보아 '설교하기' 또한 '설교하는 것'으로 이해할 수 있고, preaching

자체를 고유명사로 보면 '설교'로 볼 수도 있다. 현대 영어에서 preaching은 '설교'를 나타내는 고유명사로 이미 정착되어 있다. 그러나 여기서 사용된 the preaching은 같은 문장 속에 있는 the reading이나, 그 외 이 교리교육서 여러 곳에서 사용된 'the + 동명사' 형태와 그 용례를 같이 보는 것이 바람직하다. 따라서 the preaching of the Word는 '말씀의 설교'보다는 '말씀을 설교하는 것'으로 번역하는 것이 이 교리교육서의 전체적인 흐름에 더욱 잘 어울릴 것으로 여겨진다.

- **but especially** but은 '완전히'나 '정말'의 뜻으로 사용된 부사로 뒤이어 오는 부사를 강조하는 역할을 한다. 따라서 but especially는 '정말 특히' 또는 '완전히 특히'로 해석할 수 있으나, 한국어 번역의 경우 뒤에 따라 오는 부사 자체가 충분히 그 의미를 전달할 수 있기에 한국어 문장의 흐름을 고려해 but의 번역을 생략해도 무관하다.

- **an effectual means** means는 단수로 '수단'을 의미할 수도 있고, 복수로 '수단들'을 의미할 수도 있다. 여기서는 부정관사(an)가 means가 단수라는 것을 나타내고 있다.

- '하나님의 영은 말씀을 읽는 것, 특히 말씀을 설교하는 것이 효력 있는 수단이 되게 하신다.'

2. an effectual means of convincing and converting sinners

- **an effectual means of convincing sinners** convince는 '납득시키다' 혹은 '깨닫게 하다'라는 뜻이다. convincing sinners는 '죄인들을 납득시키는 것' 혹은 '죄인들을 깨닫게 하는 것'으로 죄인들로 하여금 자신들이 죄인이라는 사실을 납득시킨다는 뜻이다. 즉 죄인들이 자신의 신분을 깨닫고 받아들여서 인정하게 끔 한다는 것이다. 따라서 an effectual means of convincing sinners은 '죄인들을 깨닫게 하는 효력 있는 수단'이 된다.

- **an effectual means of converting sinners** convert는 '회심하다'라는 뜻의 자동사로도 사용되고, '회심시키다'라는 뜻의 타동사로도 사용된다. 여기서는 뒤에 목적어인 sinners를 받는 타동사로 사용되었다. 따라서 an effectual means of converting sinners는 '죄인들을 회심케 하는 효력 있는 수단'이 된다.

- '죄인들을 깨닫고 회심하게 하는 효력 있는 수단'

3. , and of building them up

- **, and an effectual means of building them up** build up은 '~을 세우다'라는 뜻 이고, them은 앞의 sinners를 받는다. '그들을 세우는 효력 있는 수단'

- **of convincing and converting sinners, and of building them up** 'of A and B, and of C'의 구조이다. of의 목적어로 A, B, C 세 개를 말하지만, 이 세 개의 관계는 서로 동등하지 않다. 만일 이 세 개가 동등한 것이었다면 of convincing, converting sinners, and building them up으로 표현했어야 한다. 이 교리교육서는 A와 B를 하나로 묶은 후, C와 연결하고 있다. 다시 말해 convincing과 converting을 하나로 묶은 후, 콤마(,) and를 통해 뒤따라오는 building them up이 convincing과 converting과 긴밀하게 연결되어 있다는 것을 나타내고 있다. 즉 building them up도 convincing과 converting처럼 효력 있는 수단인 것은 분명하지만, building them up의 수단은 철저히 convincing과 converting 의 수단의 결과에 의존하고 있다는 것이다.

- **an effectual means of convincing and converting sinners, and of building them up** '죄인들을 깨닫고 회심하게 하고, 그로 인해 그들을 세우는 효력 있는 수단'

4. in holiness and comfort, through faith, unto salvation

- in holiness and comfort와 through faith, 그리고 unto salvation은 모두 building them up의 의미를 돕는 부사구들이다.

- **in holiness and comfort** holy의 부사형은 holily이다. 그러나 holily는 거의 사용되지 않고, in holiness가 '거룩하게'라는 뜻으로 사용된다. in holiness와 in comfort로 나누지 않고, holiness와 comfort를 하나로 묶어서 표현하고 있다. 이는 말씀이 은혜의 외적인 수단으로 사용될 때 죄인들은 언제나 거룩함과 위로를 함께 경험하면서 세워져 가게 된다는 것을 나타내는 표현이다. in holiness and

comfort는 '거룩함과 위로로' 혹은 '거룩함과 위로 안에서'로 해석할 수 있다.
- through faith '믿음을 통해서'
- unto salvation '구원으로' 혹은 '구원에 이르도록'

문답의 키

1. 오직 성령만이 말씀을 구원에 효력 있게 하신다.
   "너희가 진리를 순종함으로 너희 영혼을 깨끗하게 하여 거짓이 없이 형제를 사랑하기에 이르렀으니 마음으로 뜨겁게 서로 사랑하라"(벧전1:22)

2. 말씀을 읽는 것은 죄인들을 각성시키는 효력 있는 수단이다.
   "또 서기관 사반이 왕에게 말하여 이르되 제사장 힐기야가 내게 책을 주더이다 하고 사반이 왕의 앞에서 읽으매 왕이 율법책의 말을 듣자 곧 그의 옷을 찢으니라"(왕하 22:10, 11)

3. 말씀을 읽는 것은 죄인들을 회심시키는 효력 있는 수단이다.
   "여호와의 율법은 완전하여 영혼을 소성시키며 여호와의 증거는 확실하여 우둔한 자를 지혜롭게 하며"(시19:7)

4. 말씀을 읽는 것은 하나님의 백성들을 거룩하게 세우는 효력 있는 수단이다.
   "지금 내가 여러분을 주와 및 그 은혜의 말씀에 부탁하노니 그 말씀이 여러분을 능히 든든히 세우사 거룩하게 하심을 입은 모든 자 가운데 기업이 있게 하시리라"(행20:32)

5. 말씀을 읽는 것은 하나님의 백성들을 위로하는 효력 있는 하나의 수단이다.
   "무엇이든지 전에 기록된 바는 우리의 교훈을 위하여 기록된 것이니 우리로 하여금 인내로 또는 성경의 위로로 소망을 가지게 함이니라"(롬15:4)

6. 말씀을 읽는 것은 믿음으로 구원에 이르게 하는 효력 있는 수단이다.
   "또 어려서부터 성경을 알았나니 성경은 능히 너로 하여금 그리스도 예수 안에 있는 믿

음으로 말미암아 구원에 이르는 지혜가 있게 하느니라"(딤후3:15)

7. 말씀을 설교하는 것은 죄인들을 각성하는 데 특별히 효력 있는 수단이다.

"그들이 이 말을 듣고 마음에 찔려 베드로와 다른 사도들에게 물어 이르되 형제들아 우리가 어찌할꼬 하거늘"(행2:37)

8. 말씀을 설교하는 것은 죄인들을 회심시키는 특별히 효력 있는 수단이다.

"이스라엘과 이방인들에게서 내가 너를 구원하여 그들에게 보내어"(행26:17, 18)

9. 말씀을 설교하는 것은 하나님의 백성들을 거룩하게 세우는 특별히 효력 있는 수단이다.

"우리가 그를 전파하여 각 사람을 권하고 모든 지혜로 각 사람을 가르침은 각 사람을 그리스도 안에서 완전한 자로 세우려 함이니"(골1:28)

10. 말씀을 설교하는 것은 하나님의 백성들을 위로하는 데 특별히 효력 있는 수단이다.

"우리 형제 곧 그리스도의 복음을 전하는 하나님의 일꾼인 디모데를 보내노니 이는 너희를 굳건하게 하고 너희 믿음에 대하여 위로함으로"(살전3:2)

11. 말씀을 설교하는 것은 오직 믿음으로 구원에 이르게 하는 데 특별히 효력이 있는 수단이다.

"그들과 같이 우리도 복음 전함을 받은 자이나 들은 바 그 말씀이 그들에게 유익하지 못한 것은 듣는 자가 믿음과 결부시키지 아니함이라"(히4:2)

내 말로 번역하기

문:

답:

＜제90문답＞

Question: How is the Word to be read and heard, that it may become effectual to salvation?

Answer: That the Word may become effectual to salvation, we must attend thereunto with diligence, preparation, and prayer; receive it with faith and love, lay it up in our hearts, and practice it in our lives.

번역

문: 말씀은 구원에 효력 있게 되기 위해서 어떻게 읽혀지고 들려져야 하나요?

답: 말씀이 구원에 효력 있게 되기 위해서 우리는 근면과 준비와 기도로 그것에 주의를 기울이고, 그로 인해 그것을 믿음과 사랑으로 받고, 우리의 심정에 간직하며, 우리의 삶에서 실천해야 합니다.

원문분석

Question: How is the Word to be read and heard, that it may become effectual to salvation?

1. How is the Word to be read and heard ~?

- **is the Word to be read and heard ~?** The Word is to be read and heard의 의문문이다. 여기서 is to는 be to 용법이다. be to 용법은 '예정'(~할 것이다), '가능'(~할 수 있다), '의무'(~해야 한다), '의도'(~라면), '운명'(~할 운명이다) 중 하나를 의미한다. is to be read and heard로 보아 이 문장은 수동태이다. The Word is read and heard(말씀은 읽혀지고, 들려진다)를 be to 용법으로 그 의미를 구체화했다. 따라서 The Word is to be read and heard는 '말씀은 읽혀지고 들려질 것이다'(예정), '말씀은 읽혀지고 들려질 수 있다'(가능), '말씀은 읽혀지

고 들려져야 한다.'(의무), '말씀이 읽혀지고 들려지려면'(의도), '말씀은 읽혀지고 들려질 운명이다'(운명) 중 문맥에 맞게 하나를 선택해서 해석해야 한다.

- How ~? 이 질문의 핵심은 그런지 아닌지에 대한 사실 관계가 아니라 방법이다. 말씀이 읽혀지고 들려지는 것은 분명한 사실이다. 관심은 이것이 어떻게 읽혀지고 들려지느냐에 있다.

- that it may become effectual to salvation 'that 주어 may 동사원형'은 목적을 나타내는 종속절의 가장 대표적인 형태로 '주어가 동사원형 하기 위해서'로 해석한다. it은 이 문장의 본 주어인 the Word이다. 따라서 그 의미는 '말씀이 구원에 효력 있게 되기 위해서'이다.

- become effectual to salvation 89문답의 be made effectual(효력 있게 된다)이 효력 있게 만드는 주체를 부각시키는 표현이라면, become(~이 되다)은 효력 있게 되는 상태 변화 자체에 초점을 둔 표현이라 할 수 있다.

- How is the Word to be read and heard, that it may become effectual to salvation? 문맥상 be to는 '의무'(~해야 한다)로 해석되는 것이 가장 적절하다. 따라서 이 질문은 '말씀은 구원에 효력 있게 되기 위해서 어떻게 읽혀지고 들려져야 하나요?'이다.

Answer: That the Word may become effectual to salvation, we must attend thereunto with diligence, preparation, and prayer; receive it with faith and love, lay it up in our hearts, and practice it in our lives.

1. That the Word may become effectual to salvation
- 목적을 나타내는 종속절을 문장 앞에 배치했다. '말씀이 구원에 효력 있게 되기 위해서'

2. we must attend thereunto with diligence, preparation, and prayer; receive it with faith and love, lay it up in our hearts, and practice it in our lives.
- we must attend ~; receive ~, lay ~, and practice ~. 여기서 사용된 세미콜론

(;)은 일반적인 콤마(,)나 and와 구별되게 문장을 나누는 용도로 사용되었다. attend, receive, lay, practice의 주어는 모두 we이고 이 네 동사는 모두 조동사 must에 걸려 있다. 그러나 이 네 동사는 의미상 동등하지는 않다. 세미콜론(;) 뒤에 따라오는 세 동사는 A, B, and C의 구조로 배치되어서 세 동사가 동등하게 나열되었다는 것을 보여준다. 그러나 세미콜론(;)을 경계로 앞에 배치된 attend 는 뒤의 세 동사와는 명확히 구분된다.

이렇게 사용된 세미콜론(;)은 뒤에 따라오는 세 동사가 앞의 attend에 의미상 긴밀히 연결되어 있다는 것을 나타내준다. 'A, and B'가 'A and B'(A와 B)와는 달리 'A 그리고 그로 인해 B'로 해석되는 것과 같은 원리이다. 따라서 we must attend ~; receive ~, lay ~, and practice ~를 해석하는 틀은 '우리는 attend하고, 그로 인해 receive하고 lay하고 practice해야 한다,' 혹은 '우리는 attend함으로 써, receive하고 lay하고 practice해야 한다'가 된다.

3. we must attend thereunto with diligence, preparation, and prayer

- must 의무를 나타내는 조동사로 '~해야 한다'로 해석한다. 의무를 나타내는 조 동사로 많이 사용되는 것은 have to, must, should가 있고, 이 세 가지가 모두 한국어로는 '~해야 한다'로 번역된다. 이처럼 이 세 가지 조동사는 한국어로 번 역해 놓으면 의미의 차이를 전혀 알아 볼 수 없게 된다. 그러나 이 조동사들은 각각 나타내는 독특한 의미가 있다. 'have to'는 꼭 지켜야 할 규범이나 규칙을 나타낼 때 사용된다. 따라서 have to를 사용해서 표현한 의무 조항은 그것을 지 키지 않을 때는 그에 따른 벌칙이 있다. 'must'의 가장 대표적인 의미는 'It is necessary to ~'(~할 필요가 있다)이다. 이는 그 말을 하는 사람이 생각할 때 어 떠한 일이 꼭 일어나야 한다는 것을 의미한다. 다시 말해 그렇게 하는 것이 필수 적이라는 뜻이다. 'should'는 조언(advice)의 개념으로 '그렇게 하는 것이 좋을 것 같다'라는 의미로 사용되지만, had better(~하는 것이 낫다)이나 why don't you ~?(~하는 것이 어때)보다는 무게가 좀 더 있는 표현이다.

웨스트민스터 소교리교육서 저자들은 must를 사용함으로 말씀이 구원에 효 력 있게 되기 위해 어떻게 읽혀지고 들려져야 하는지에 대한 필수적인 방법을 다루고 있다는 것을 밝히고 있는 것이다.

- **attend thereunto** pay attention to(~에 주의를 기울이다)의 옛 표현으로 이해하면 된다. 참고로 thereunto는 thereto의 옛 표현으로 '그 곳에' 혹은 '거기에'라는 뜻이다.

- **with diligence, preparation, and prayer** 'with + 명사'의 틀로 부사적인 의미를 전달하는 방식이다. 따라서 with diligence는 '근면함으로', with preparation은 '준비함으로', with prayer는 '기도함으로'로 번역될 수 있다. with diligence, preparation, and prayer처럼 세 가지 명사를 하나의 전치사로 묶어서 'with A, B, and C'로 표현한 것은 이 세 가지가 언제나 동시에 작동해야 한다는 것과 이들의 작동이 서로 긴밀하게 연결되어 있다는 것을 나타낸다.

- '우리는 근면과 준비와 기도로 그것에 주의를 기울여야 한다.'

4. receive it with faith and love

- **(we must) receive it with faith and love** '우리는 믿음과 사랑으로 그것을 받아야 한다.'

5. lay it up in our hearts

- **lay it up in our hearts** lay up은 '~을 간직하다'이다.

- **(we must) lay it up in our hearts** '우리는 그것을 우리의 심정에 간직해야 한다.'

6. practice it in our lives

- **(we must) practice it in our lives** '우리는 그것을 우리의 삶에서 실천해야 한다.'

문답의 키

1. 하나님의 말씀은 이해될 수 있도록 신중히 다루어져야 한다.

   "빌립이 달려가서 선지자 이사야의 글 읽는 것을 듣고 말하되 읽는 것을 깨닫느냐"(행 8:30)

2. 하나님의 말씀은 부지런히 다루어져야 한다.

"베뢰아에 있는 사람들은 데살로니가에 있는 사람들보다 더 너그러워서 간절한 마음으로 말씀을 받고 이것이 그러한가 하여 날마다 성경을 상고하므로"(행17:11)

3. 하나님의 말씀을 바로 다루기 위해서는 철저한 준비가 필요하다.

"그러므로 모든 더러운 것과 넘치는 악을 내버리고 너희 영혼을 능히 구원할 바 마음에 심어진 말씀을 온유함으로 받으라"(약1:21)

4. 하나님의 말씀은 언제나 기도와 함께 다루어져야 한다.

"내 눈을 열어서 주의 율법에서 놀라운 것을 보게 하소서"(시119:18)

5. 하나님의 말씀은 믿음으로 받아야 한다.

"이러므로 우리가 하나님께 끊임없이 감사함은 너희가 우리에게 들은 바 하나님의 말씀을 받을 때에 사람의 말로 받지 아니하고 하나님의 말씀으로 받음이니 진실로 그러하도다 이 말씀이 또한 너희 믿는 자 가운데에서 역사하느니라"(살전2:13)

6. 하나님의 말씀은 사랑하는 마음으로 받아야 한다.

"내가 주의 법을 어찌 그리 사랑하는지요 내가 그것을 종일 작은 소리로 읊조리나이다"(시119:97)

7. 하나님의 말씀은 그리스도에 의해 중개되어야 한다.

"그리스도의 말씀이 너희 속에 풍성히 거하여 모든 지혜로 피차 가르치며 권면하고 시와 찬송과 신령한 노래를 부르며 감사하는 마음으로 하나님을 찬양하고"(골3:16)

8. 하나님의 말씀은 마음에 간직되어야 한다.

"그러므로 너희는 나의 이 말을 너희의 마음과 뜻에 두고 또 그것을 너희의 손목에 매어 기호를 삼고 너희 미간에 붙여 표를 삼으며"(신11:18)

9. 말씀의 진리는 우리의 삶 속에서 실천되어야 한다.

"너희는 말씀을 행하는 자가 되고 듣기만 하여 자신을 속이는 자가 되지 말라"(약1:22)

내 말로 번역하기

문:

답:

<제91문답>

> Question: How do the sacraments become effectual means of salvation?
>
> Answer: The sacraments become effectual means of salvation, not from any virtue in them, or in him that doth administer them; but only by the blessing of Christ, and the working of his Spirit in them that by faith receive them.

번역

문: 성례들은 어떻게 구원의 효력 있는 수단들이 되나요?

답: 성례들은 그것들 안이나 그것들을 시행하는 자 안에 있는 공덕이 아니라, 오직 그리스도의 축복하심과 그것들을 믿음으로 받는 자들 안에 있는 그의 영의 역사하심에 의해 효력 있는 구원의 수단들이 됩니다.

원문분석

Question: How do the sacraments become effectual means of salvation?

1. How do the sacraments become effectual means of salvation?
- do the sacraments become effectual means ~? do ~?는 복수형의 의문문이다.
- the sacraments '성례들'로 모든 성례들을 말한다.
- means 문맥에 따라 단수로 사용되기도 하고, 복수로 사용되기도 한다. 여기서는 the sacraments(성례들)를 따라 복수로 사용되었다. 따라서 '수단들'로 번역되어야 한다.
- How ~? 이 질문의 핵심은 그런지 아닌지에 대한 사실 관계가 아니라 방법이다. 성례들이 구원에 효력 있게 되는 것은 분명한 사실이다. 관심은 이것이 어떻게

구원에 효력 있는 수단들이 되는가에 있다.

참고로 웨스트민스터 소교리교육서는 은혜의 외적인 수단들인 말씀, 성례들, 기도가 효력 있게 되는 방식을 각각 다룬다. 그러나 그 방식을 다루는 틀은 조금씩 차이가 있다. 말씀은 제89문답에서 그것 자체가 구원에 효력 있게 되는 방식(how to be made effectual to salvation)으로, 성례들은 제91문답에서 그것들이 구원의 효력 있는 수단들이 되는 방식(how to become effectual means of salvation)으로, 기도는 제99문답에서 하나님께서 기도 안에서 우리가 나아갈 방향을 위해 주신 법칙(the rule which God has given to direct us in prayer)으로 다루고 있다.

- '성례들은 어떻게 구원의 효력 있는 수단들이 되나요?'

Answer: The sacraments become effectual means of salvation, not from any virtue in them, or in him that doth administer them; but only by the blessing of Christ, and the working of his Spirit in them that by faith receive them.

1. The sacraments become effectual means of salvation
- '성례들은 구원의 효력 있는 수단들이 됩니다.'

2. not from any virtue in them, or in him that doth administer them; but only by the blessing of Christ, and the working of his Spirit in them that by faith receive them.
- not from A or B; but only by C and D의 틀로 'A나 B로부터가 아니라, 오직 C와 D에 의해서'로 해석된다.
- **세미콜론(;)** but이 문장 전체에 영향을 미치는 not A but B의 큰 틀을 의미한다는 것을 표시하는 장치로 사용되었다.

3. not from any virtue in them, or in him that doth administer them
- from 원인이나 출처를 의미하는 전치사

- **any virtue in them** '그것들 안에 있는 어떠한 공덕.' not과 함께 사용된 any는 '어떠한 ~도' 혹은 '약간의 ~도'의 뜻이나, 이 경우는 I do not have any book(나는 책이 없다)과 같이 관사를 대신해서 사용되는 것이기에 한국어 번역에서는 굳이 any를 구분해서 표현할 필요는 없다. them은 the sacraments(성례들)를 받는다.

- **or (any virtue) in him that doth administer them** that은 him을 선행사로 받고 한정용법으로 사용된 주격 관계대명사이다. '그것들을 시행하는 자 안에 있는 (어떠한 공덕)'

- '그것들 안이나 혹은 그것들을 시행하는 자 안에 있는 공덕으로부터가 아니라'

4. but only by the blessing of Christ, and the working of his Spirit

- **by the blessing of Christ** '그리스도의 축복하심에 의해'[33]
- **(by) the working of his Spirit** '그의 영의 역사하심에 의해'

5. in them that by faith receive them.

- **them that by faith receive them** that은 바로 앞에 있는 them을 받는 한정용법의 주격 관계대명사이다. 현대 문법에서 대명사는 앞에 언급한 명사를 받는다. 따라서 이러한 대명사의 일반적인 용례를 따르면 여기에 사용된 them은 모두 the sacraments가 된다. 그러나 이러한 방식으로 them을 적용하면 '믿음으로 성례들을 받는 성례들'이라는 이상한 해석이 나온다. 이 부분을 바로 해석하기 위해서는 이 문서가 17세기에 작성되었다는 것을 감안해야 한다. 따라서 이는 현대 문법에서는 거의 다루지 않지만, 관계대명사의 선행사로 대명사가 올 때 그것을 한정하는 관계대명사절의 의미를 보고 선행사의 의미를 파악하는 방식으로 접근해야 한다. 따라서 that by faith receive them(그것들을 믿음으로 받는)을 보고 선행사로 사용된 them이 사람들(the people)이라는 것을 파악하는 것이다. receive 뒤에 따라온 them은 receive의 목적어로, 앞에 언급된 the sacraments로 보면 된다.

---

33. '축복하다'라는 '복은 기원하다'와 '신이 복을 내리다' 두 가지 모두로 사용된다. 참고, 표준국어대사전

- '그것들을 믿음으로 받는 자들 안에 있는'

문답의 키

1. 성례들 자체에 효력을 발휘하는 덕이 있는 것이 아니다.

   "시몬도 믿고 세례를 받은 후에 전심으로 빌립을 따라다니며 그 나타나는 표적과 큰 능력을 보고 놀라니라 … 내가 보니 너는 악독이 가득하며 불의에 매인 바 되었도다"(행 8:13, 23)

2. 성례들은 그것들을 시행하는 자의 덕에 의해 효력이 발휘되는 것이 아니다.

   "그런즉 심는 이나 물주는 이는 아무 것도 아니로되 오직 자라게 하시는 이는 하나님뿐이니라"(고전3:7)

3. 성례들은 그리스도의 축복하심에 의해 효력을 발휘하게 된다.

   "나는 너희로 회개하게 하기 위하여 물로 세례를 베풀거니와 내 뒤에 오시는 이는 나보다 능력이 많으시니 나는 그의 신을 들기도 감당하지 못하겠노라 그는 성령과 불로 너희에게 세례를 베푸실 것이요"(마3:11)

4. 성례들은 성령님의 작용으로 효력을 발휘하게 된다.

   "살리는 것은 영이니 육은 무익하니라 내가 너희에게 이른 말은 영이요 생명이라"(요 6:63)

5. 성례들은 오직 믿음으로 그것을 받은 자들에게만 효력을 발휘한다.

   "믿고 세례를 받는 사람은 구원을 얻을 것이요 믿지 않는 사람은 정죄를 받으리라"(막 16:16)

내 말로 번역하기

문:

답:

〈제92문답〉

> Question: What is a sacrament?
>
> Answer: A sacrament is a holy ordinance instituted by Christ; wherein, by sensible signs, Christ, and the benefits of the new covenant, are represented, sealed, and applied to believers.

번역

문: 성례는 무엇인가요?

답: 성례는 그리스도에 의해 제정된 거룩한 규례인데, 그 안에서 감각적인 표들에 의해 그리스도와 새 언약의 은덕들이 신자들에게 드러나고, 인쳐지며, 적용됩니다.

원문분석

Question: What is a sacrament?

1. What is a sacrament?

- **a sacrament** 성례는 하나만 있는 것이 아니다. 그래서 성례의 모든 종류를 한 번에 언급할 때는 성례들(sacraments)이라고 표현한다. 그런데 이 문답은 단수 형태인 a sacrament(성례)로 표현하고 있다. 여기서 사용된 'a + 단수명사'의 틀은 종족대표를 의미한다. 따라서 a sacrament는 여러 성례 중 '하나의 성례'를 말하는 것이 아니라 '성례에 해당되는 것은 어떤 것이나'를 의미한다. '성례라는 것 자체'라고도 할 수 있다. 참고로 종족대표를 나타내는 다른 방법은 'the + 단수명사'와 '복수명사'가 있다.

- '성례는 무엇인가요?'

Answer: A sacrament is a holy ordinance instituted by Christ; wherein, by sensible signs, Christ, and the benefits of the new covenant, are represented, sealed, and applied to believers.

1. A sacrament is a holy ordinance instituted by Christ.

- **A sacrament is a holy ordinance** A sacrament가 종족대표를 나타낸다면, a holy ordinance는 여러 거룩한 규례들 중 하나라는 것을 나타낸다. 거룩한 규례들은 여러 가지이다. 성례는 그 규례들 중 하나라는 것이다. '성례는 하나의 거룩한 규례이다.'

- **a holy ordinance instituted by Christ** a holy ordinance which was instituted by Christ에서 which was가 생략된 형태이다. 거룩한 규례들 중에서 그리스도에 의해 제정된 규례라는 뜻이다. 이는 그리스도께서 제정하시지 않는 규례들도 있다는 뜻이며, 그 규례들은 성례에 해당되지 않는다는 것을 뜻한다. '그리스도에 의해 제정된 거룩한 규례'

- **instituted by Christ** institute는 '법이나 규례를 제정하다'는 뜻이다. 참고로 appoint는 '어떠한 방식이나 수단을 지정하다'는 뜻이다.

2. ; wherein, by sensible signs, Christ, and the benefits of the new covenant, are represented, sealed, and applied to believers.

- **세미콜론(;)** 같은 문장 안에 있는 다른 콤마(,)들과 구별되어 문장 구조에 영향을 미치는 콤마(,)의 의미로 사용되었다. 뒤 따라오는 관계부사 wherein이 계속용법으로 사용되었다는 것을 나타내준다.

- **wherein** in which의 의미이다. 계속용법으로 사용되어 '그 안에서'로 해석한다.

- **by sensible signs** '감각적인 표들에 의해.' 여기서 사용된 'by + 명사'는 수동태 문장에서 사건을 발생시키는 주체가 됨을 나타낸다. sings는 복수로 '표들'이다. 성례는 여러 감각적인 표들로 신자들에게 드러나고 감지되어야 한다.

3. Christ, and the benefits of the new covenant, are represented, sealed, and applied to believers.

- Christ, and the benefits of the new covenant, 수동태 문장의 주어이다. and 앞에 있는 콤마(,)는 of the new covenant가 뒤에 있는 the benefits만 한정할 뿐, Christ와는 직접적인 관련이 없다는 것을 나타낸다. 즉 '그리스도와 새 언약의 은덕들'이지 '새 언약의 그리스도와 유익들'이 아니라는 것이다.

- are represented, sealed, and applied to believers 신자들에게 발생하는 3가지의 사건을 A, B, and C의 틀로 동등하게 표현했다. are represented to believers(신자들에게 드러난다), are sealed to believers(신자들에게 인쳐진다), are applied to believers(신자들에게 적용된다)

문답의 키

1. 성례들(sacraments)은 모두 거룩한 규례들(ordinances)이다.
"너희가 주의 잔과 귀신의 잔을 겸하여 마시지 못하고 주의 식탁과 귀신의 식탁에 겸하여 참여하지 못하리라"(고전10:21)

2. 성례들 중 하나인 세례는 그리스도에 의해 제정되었다.
"그러므로 너희는 가서 모든 민족을 제자로 삼아 아버지와 아들과 성령의 이름으로 세례를 베풀고"(마28:19)

3. 성례들 중 하나인 성찬은 그리스도에 의해 제정되었다.
"그들이 먹을 때에 예수께서 떡을 가지사 축복하시고 떼어 제자들에게 주시며 이르시되 받아서 먹으라 이것은 내 몸이니라 하시고"(마26:26)

4. 세례에서 그리스도께서는 감지할 수 있는 표들로 자신을 나타내신다.
"무릇 그리스도 예수와 합하여 세례를 받은 우리는 그의 죽으심과 합하여 세례를 받은 줄을 알지 못하느냐 그러므로 우리가 그의 죽으심과 합하여 세례를 받음으로 그와 함께 장사되었나니 이는 아버지의 영광으로 말미암아 그리스도를 죽은 자 가운데서 살리

심과 같이 우리로 또한 새 생명 가운데서 행하게 하려 함이라"(롬6:3, 4)

5. 성찬에서 그리스도께서는 감지할 수 있는 표들로 자신을 나타내신다.

"축사하시고 떼어 이르시되 이것은 너희를 위하는 내 몸이니 이것을 행하여 나를 기념하라 하시고"(고전11:24)

6. 성례들 안에서 그리스도와 새 언약의 은덕들이 신자들에게 드러난다.

"예수께서 이르시되 내가 진실로 진실로 너희에게 이르노니 인자의 살을 먹지 아니하고 인자의 피를 마시지 아니하면 너희 속에 생명이 없느니라 내 살을 먹고 내 피를 마시는 자는 영생을 가졌고 마지막 날에 내가 그를 다시 살리리니"(요6:53, 54)

7. 성례들 안에서 그리스도와 새 언약의 은덕들이 신자들에게 인쳐진다.

"그가 할례의 표를 받은 것은 무할례시에 믿음으로 된 의를 인친 것이니 이는 무할례자로서 믿는 모든 자의 조상이 되어 그들도 의로 여기심을 얻게 하려 하심이라"(롬4:11)

8. 성례들 안에서 그리스도와 새 언약의 은덕들이 신자들에게 적용된다.

"내 살을 먹고 내 피를 마시는 자는 내 안에 거하고 나도 그의 안에 거하나니 살아 계신 아버지께서 나를 보내시매 내가 아버지로 말미암아 사는 것 같이 나를 먹는 그 사람도 나로 말미암아 살리라"(요6:56, 57)

내 말로 번역하기

문:

답:

<제93문답>

> Question: Which are the sacraments of the New Testament?
> Answer: The sacraments of the New Testament are, Baptism, and the Lord's Supper.

번역
문: 신약의 성례들은 어떤 것들인가요?
답: 신약의 성례들은 세례와 성찬입니다.

원문분석
Question: Which are the sacraments of the New Testament?

1. Which are the sacraments of the New Testament?

- **Which ~?** 웨스트민스터 소교리교육서는 어떠한 것의 종류에 대해서 물을 때는 which를 사용한다. 특히 여러 종류가 있는 것들 중에 어떠한 것이 그것에 해당하는지를 묻는 질문에서 사용한다. 십계명의 각 계명이 어떤 것인지를 물을 때 what이 아니라, which를 사용했다. 반면에 어떠한 것의 본질이나 개념을 물을 때는 what을 사용한다. 따라서 which는 '어떠한 것(들)'으로 해석하고, what은 '무엇(들)'으로 해석한다.

- **Which are the sacraments of the New Testament?** 성례들은 여러 가지가 있다. 그중에서 신약의 성례들에 대한 종류들만 묻는 것이다. 따라서 이는 '신약의 성례들은 무엇들인가요?'가 아니라 '신약의 성례들은 어떤 것들인가요?'로 해석해야 이 교리교육서의 의도를 더욱 잘 살릴 수 있다.

- 이 질문은 신약의 성례들만을 한정해서 묻고 있다. 이는 신약의 성례에 비교할 수 있는 구약의 성례들 또한 있다는 것을 암시한다. 신약의 성례들과 비교되는 구약의 성례들은 할례와 유월절이다.

Answer: The sacraments of the New Testament are, Baptism, and the Lord's Supper.

1. The sacraments of the New Testament are, Baptism, and the Lord's Supper.

- '복수 주어 + are + 단수 보어 + and + 단수 보어'의 2형식 구조이다.
- **Baptism** '세례'
- **the Lord's Supper** '주님의 식사.' '성찬'
- '신약의 성례들은 세례와 성찬입니다.'

문답의 키

1. 세례는 신약의 성례이다.

"그러므로 너희는 가서 모든 민족을 제자로 삼아 아버지와 아들과 성령의 이름으로 세례를 베풀고"(마28:19)

2. 성찬은 신약의 성례이다.

"내가 너희에게 전한 것은 주께 받은 것이니 곧 주 예수께서 잡히시던 밤에 떡을 가지사 축사하시고 떼어 이르시되 이것은 너희를 위하는 내 몸이니 이것을 행하여 나를 기념하라 하시고 식후에 또한 그와 같이 잔을 가지시고 이르시되 이 잔은 내 피로 세운 새 언약이니 이것을 행하여 마실 때마다 나를 기념하라 하셨으니 너희가 이 떡을 먹으며 이 잔을 마실 때마다 주의 죽으심을 그가 오실 때까지 전하는 것이니라"(고전 11:23~26)

내 말로 번역하기

문:

답:

＜제94문답＞

> Question: What is Baptism?
>
> Answer: Baptism is a sacrament, wherein the washing with water in the name of the Father, and of the Son, and of the Holy Ghost, doth signify and seal our ingrafting into Christ, and partaking of the benefits of the covenant of grace, and our engagement to be the Lord's .

번역

문: 세례는 무엇인가요?

답: 세례는 성례인데, 그 안에서 아버지와 아들과 성령의 이름으로 물을 가지고 씻는 것은 우리가 그리스도에게로 접붙임으로 은혜언약의 유익들에 참여하는 것과 그로 인해 주님의 소유가 되겠다는 우리의 맹세를 표하고 인칩니다.

원문분석

Question: What is Baptism?

1. What is Baptism?

- What is Baptism? 세례의 본질을 묻는 질문이다. Baptism은 관사 없이 사용된다.

- '세례는 무엇인가요?'

Answer: Baptism is a sacrament, wherein the washing with water in the name of the Father, and of the Son, and of the Holy Ghost, doth signify and seal our ingrafting into Christ, and partaking of the benefits of the covenant of grace, and our engagement to be the Lord's .

1. Baptism is a sacrament

- a sacrament 성례들 중에 하나라는 뜻이다. 그러나 이렇게 사용된 부정관사(a)는 한국어로 번역해서 나타내지 않는다. I am a student(나는 학생입니다)에서 부정관사(a)를 번역하지 않는 것과 같은 원리이다.

2. , wherein the washing with water in the name of the Father, and of the Son, and of the Holy Ghost, doth signify and seal our ingrafting into Christ, and partaking of the benefits of the covenant of grace, and our engagement to be the Lord's .

- , wherein 관계부사로 콤마(,) in which를 의미한다. '~인데, 그 안에서'로 번역한다.

- 'the washing ~'이 주어, doth signify and seal이 서술어, 그리고 그 이하가 목적어인 3형식 구조의 문장이다. 따라서 wherein이 이끄는 부사절은 '~인데, 그 안에서 씻는 것은 ~을 표하고 인칩니다.'의 틀로 번역된다.

3. the washing with water in the name of the Father, and of the Son, and of the Holy Ghost,

- the washing '씻는 것'

- with water '물로' 혹은 '물을 가지고'

- in the name of the Father, and of the Son, and of the Holy Ghost 다수의 것들을 동등하게 나열하는 일반적인 방식은 A, B, and C이다. 그러나 여기에서는 in the name of the Father(아버지의 이름으로)와 in the name of the Son(아들의 이름으로), 그리고 in the name of the Holy Ghost(성령의 이름으로)라는 세 가지를 A, and B, and C의 구조로 배열하고 있다. 이것은 삼위일체 하나님의 세 위를 함께 언급하는 독특한 방식으로 이해하면 된다.

- '아버지와 아들과 성령의 이름으로 물을 가지고 씻는 것'

4. doth signify and seal

- **doth signify and seal** signify(표하다)와 seal(인치다)을 하나의 조동사인 doth 로 묶어서 표현하고 있다. 이는 두 가지의 동작이 발생한다는 단순한 정보 전달 을 넘어 이 두 가지가 서로 긴밀히 연결되어 있다는 것을 말한다. 뿐만 아니라 이 두 가지가 항상 동시에 발생한다는 것을 의미한다.

5. our ingrafting into Christ, and partaking of the benefits of the covenant of grace, and our engagement to be the Lord's .

- our ingrafting ~, partaking ~, and engagement가 아니라 our ingrafting ~, and partaking ~, and our engagement로 된 구조이다. 앞에 있는 and 는 ingrafting과 partaking을 묶고 있고, 뒤에 따라오는 and는 ingrafting과 partaking이 하나로 묶인 것과 our engagement를 연결하고 있다.

- **our ingrafting into Christ, and partaking of the benefits of the covenant of grace** ingrafting과 partaking을 and를 사용하여 하나의 our로 묶고 있다. 이는 이 두 동작이 서로 긴밀히 연결되어 있을 뿐 아니라, 동시에 발생한다는 것을 의 미한다. 이 두 가지 동작이 A and B가 아니라 A, and B로 연결된 것으로 보아, ingrafting이 partaking의 근거나 이유가 된다는 것을 알 수 있다. 따라서 여기 서 콤마(,) and는 '그로 인해'의 의미로 이해하는 것이 바람직하다.

- **our ingrafting into Christ** 소유격인 our는 동명사인 ingrafting의 의미상 주어 이다. 따라서 our과 ingrafting은 주어와 동사의 관계로 이해하고 번역해야 한 다. 즉 '우리의 그리스도께로의 접붙임'이 아니라, '우리가 그리스도께로 접붙여 지는 것'으로 해석해야 한다.

- **partaking of the benefits of the covenant of grace** partake는 partake in의 형태로 사용되면 '~에 참여하다'라는 뜻이 되고, partake of의 형태로 사용되면 '~에 참여하다'라는 뜻으로도 사용되지만, 동시에 '자기의 몫으로 ~을 받다'라는 의미도 있다. 따라서 '은혜언약의 은덕들에 참여하는 것'이라는 뜻은 그 은덕들 을 받기 위한 어떠한 행동에 우리가 참여한다는 것이 아니라, 그 은덕들을 배당

받고 수여하는 권리에 참여한다는 뜻이다.[34]

- **, and our engagement to be the Lord's** 콤마(,) and 이후에 our를 다시 명시
함으로 이 부분이 앞의 내용과 동등하게 연결되는 것이 아니라는 것을 나타낸
다. 이 부분이 문법적으로는 ingrafting과 partaking과 같이 doth signify and
seal의 목적어가 되지만, 그 의미에 있어서는 ingrafting이나 partaking과는 병
렬적으로 연결되지는 않는다는 것을 나타낸다. 따라서 여기에 사용된 콤마(,)
and는 '그로 인해'로 이해하는 것이 바람직하다.

- **our engagement to be the Lord's** engagement는 단순한 약속(promise)을
넘어 책임 있는 약속으로서 '서약'의 의미가 있다. 따라서 '약속'보다는 '서약'으
로 이해하는 것이 더 그 의미에 가깝다. 그러나 이를 '서약'으로 번역하게 되면
웨스트민스터 신앙고백서 제22장의 '합법적인 서약과 서원'(Lawful Oaths and
Vows)과 혼동 될 수 있다. 따라서 engagement는 서약의 의미를 가진 약속이라
는 뜻인 '맹세'로 번역하는 것이 좋겠다. 그리고 the Lord's는 '주님의 소유' 혹
은 '주님의 것'으로 이해하면 된다.

　　명사 뒤에 온 to be는 일반적으로 to 부정사의 형용사적 용법으로 앞에 있
는 명사를 한정한다. 'engage to + 동사원형'은 '~을 하겠다고 맹세하다'라는 뜻
이므로, 'engagement to + 동사원형'은 '~하겠다는 맹세'가 된다. 따라서 our
engagement to be the Lord's는 '주님의 소유가 되겠다는 우리의 맹세'가 되는
것이다.

문답의 키

1. 신약의 성례인 세례는 은혜언약의 표와 인으로서 구약의 할례와 같다.

　　"너희 중 남자는 다 할례를 받으라 이것이 나와 너희와 너희 후손 사이에 지킬 내 언약
이니라"(창17:10)

---

34. partake에 대한 좀 더 자세한 설명은 32문답의 원문분석을 참고하라.

2. 세례는 사람의 손으로 하지 않는 할례이다. 세례는 그리스도에 의해 받는 할례이다.

"또 그 안에서 너희가 손으로 하지 아니한 할례를 받았으니 곧 육의 몸을 벗는 것이요 그리스도의 할례니라"(골2:11)[35]

3. 물은 세례에서 사용되는 표이다.

"이에 베드로가 이르되 이 사람들이 우리와 같이 성령을 받았으니 누가 능히 물로 세례 베풂을 금하리요 하고"(행10:47)

4. 세례는 아버지와 아들과 성령의 이름으로 베풀어야 한다.

"그러므로 너희는 가서 모든 민족을 제자로 삼아 아버지와 아들과 성령의 이름으로 세례를 베풀고"(마28:19)

5. 세례는 신자가 그리스도에게 접붙임 받은 표이다.

"우리가 유대인이나 헬라인이나 종이나 자유인이나 다 한 성령으로 세례를 받아 한 몸이 되었고 또 다 한 성령을 마시게 하셨느니라"(고전12:13)

6. 세례는 신자가 그리스도에게 접붙임 받은 것을 인치는 성례이다.

"누구든지 그리스도와 합하기 위하여 세례를 받은 자는 그리스도로 옷 입었느니라"(갈3:27)

7. 세례는 그리스도로 옷 입은 자라는 것을 인치는 성례이다.

"누구든지 그리스도와 합하기 위하여 세례를 받은 자는 그리스도로 옷 입었느니라"(갈3:27)

---

35. In Him you were also circumcised with the circumcision made without hands, by putting off the body of the sins of the flesh, by the circumcision of Christ(KJV)

8. 세례는 우리가 은혜언약의 은덕들에 대한 권한이 있음을 나타내는 표이다.

"베드로가 이르되 너희가 회개하여 각각 예수 그리스도의 이름으로 세례를 받고 죄 사함을 받으라 그리하면 성령의 선물을 받으리니"(행2:38)

9. 세례를 통해 그리스도인은 주님의 소유가 될 것과 헌신을 맹세한다.

"무릇 그리스도 예수와 합하여 세례를 받은 우리는 그의 죽으심과 합하여 세례를 받은 줄을 알지 못하느냐 그러므로 우리가 그의 죽으심과 합하여 1)세례를 받음으로 그와 함께 장사되었나니 이는 아버지의 영광으로 말미암아 그리스도를 죽은 자 가운데서 살리심과 같이 우리로 또한 새 생명 가운데서 행하게 하려 함이라"(롬6:3, 4)

10. 세례는 자신의 몸을 하나님께 의의 무기로 드리겠다는 헌신의 서약이다.

"또한 너희 지체를 불의의 무기로 죄에게 내주지 말고 오직 너희 자신을 죽은 자 가운데서 다시 살아난 자 같이 하나님께 드리며 너희 지체를 의의 무기로 하나님께 드리라"(롬6:13)"

내 말로 번역하기

문:

답:

<제95문답>

Question: To whom is Baptism to be administered?

Answer: Baptism is not to be administered to any that are out of the visible church, till they profess their faith in Christ, and obedience to him; but the infants of such as are members of the visible church are to be baptized.

번역

문: 누구에게 세례가 시행되어야 하나요?

답: 세례는 보이는 교회 밖에 있는 자에게는 그들이 그리스도 안에서 자신들의 믿음과 그리스도에 대한 순종을 공언하기 전까지는 그 누구에게라도 시행되어서는 안 됩니다. 그러나 보이는 교회의 회원들의 유아들은 세례를 받아야 한다.

원문분석

Question: To whom is Baptism to be administered?

1. To whom is Baptism to be administered?

- **To whom ~?** 누구에게? to whom은 대상을 묻는 질문이다.

- **is Baptism to be administered?** 'Baptism is to be administered.'의 의문문이다. is to는 be to 용법으로, 이 문장만 본다면 여기서는 '의무'(~해야 한다)나 '가능'(~할 수 있다)으로 볼 수 있다. 즉 '세례는 누구에게 시행되어야 하나요?'나 '세례는 누구에게 시행될 수 있나요?'가 모두 가능하다. 그러나 세례가 본질적으로 그리스도께서 제정하신 규례라는 점으로 볼 때 '가능'이 아니라, '의무'로 보는 것이 바람직하다.[36]

---

36. be to 용법에 대한 좀 더 자세한 설명은 제60문답의 원문분석을 참고하라.

- '세례는 누구에게 시행되어야 하나요?'

Answer: Baptism is not to be administered to any that are out of the visible church, till they profess their faith in Christ, and obedience to him; but the infants of such as are members of the visible church are to be baptized.

1. Baptism is not to be administered to any that are out of the visible church

- **Baptism is not to be administered** is not to는 be to 용법에 대한 부정을 표현한 것이다. 따라서 이는 '세례는 시행되어서는 안 된다'로 번역된다. 그런데 문맥상 여기에 사용된 be to는 가능성을 나타내는 것으로도 해석이 가능해 보인다. 따라서 Baptism is not to be administered는 '세례는 시행될 수 없다'라는 의미 또한 함께 포함하고 있다고 볼 수 있다. 이러한 이유 때문에 '~ 해서는 안된다'를 직접적으로 나타낼 수 있는 must not이나 should not을 사용하지 않고 is not to를 사용한 것이다.

- **to any that are out of the visible church** to whom의 구조를 사용한 질문에 따라 세례를 받는 대상을 표현하고 있다. 관계대명사절을 사용하여 그 대상을 설명한다. '누구라도'의 의미를 가진 선행사로 any가 왔고, that이 주격 관계대명사로 사용되었다. 따라서 any that are out of the visible church는 '보이는 교회 밖에 있는 자는 누구라도'가 된다.

- '세례는 보이는 교회 밖에 있는 자는 그 누구에게도 시행되어서는 안 된다.'

2. till they profess their faith in Christ, and obedience to him

- **till** '~할 때까지'

- **profess** '고백하다'라는 뜻으로 마음으로 받아들일 뿐 아니라 공개적으로 공언하다는 의미가 강하다. 세례는 믿음에 대한 개인의 확신이 아니라, 공적인 신앙고백에 근거해서 시행한다는 차원에서 confess가 아닌 profess가 사용된 것으로 여겨진다. 따라서 세례의 근거와 관련된 이 문답에서 사용된 profess는 일반

적으로 '고백하다'라는 의미로 사용되는 confess와의 혼동을 피하기 위해 '공언
하다'로 번역하는 것이 좋을 것 같다.

- **their faith in Christ** profess의 목적어이다. '그들의 그리스도 안에 있는 믿음'
- **obedience to him** profess의 또 하나의 목적어이다. '그리스도에 대한 순종'
- '그들이 그리스도 안에 있는 자신들의 믿음과 그리스도에 대한 순종을 공언할
  때 까지'

3. **; but the infants of such as are members of the visible church are to be baptized.**

- **세미콜론(;)** 앞부분에서 언급한 내용에 대한 추가 정보를 제공한다는 의미이다.
- **infants ~ are to be baptized.** 여기서 사용된 be to도 앞에서 사용된 용례를 따
  라 '의무'로 보아야 한다. 세례는 그리스도께서 제정하신 거룩한 규례이다. 그리
  고 우리는 이 규례를 우리의 기호나 선택이 아니라 의무로 받고 따라야 한다. 유
  아세례 또한 그렇다. 따라서 이 문장은 '유아들은 세례를 받아야 한다'로 이해하
  고 번역해야 한다. 만일 이를 '유아들은 세례를 받을 수 있다'로 번역하게 되면
  유아세례의 조건은 그리스도께서 부여하신 것이지만, 유아세례의 시행에 대한
  결정은 사람에게 달려 있는 것이 된다.
- **the infants of such as are members of the visible church are to be baptized**
  infants앞에 정관사(the)가 있는 것은 이 세상의 모든 유아가 아니라 of 이하로
  한정되는 유아들만 해당된다는 것을 나타낸다. as는 유사 관계대명사로 선행사
  인 such를 따라 사용되었다. such as are members of the visible church는 '보
  이는 교회의 회원들'로 해석할 수 있다.[37]
- '그러나 보이는 교회의 회원들의 유아들은 세례를 받아야 한다.'

---

37. 유사 관계대명사 as에 대한 좀 더 자세한 설명은 제50문답의 원문분석을 참고하라.

문답의 키

1. 세례는 비록 가시적인 교회의 회원이라 할지라도 그리스도를 공적으로 고백하기 전에는 누구에게도 베풀어져서는 안 된다.

    "길 가다가 물 있는 곳에 이르러 그 내시가 말하되 보라 물이 있으니 내가 세례를 받음에 무슨 거리낌이 있느냐 [빌립이 이르되 네가 마음을 온전히 하여 믿으면 가하니라 대답하여 이르되 내가 예수 그리스도께서 하나님의 아들인 줄 믿노라] 에 명하여 수레를 멈추고 빌립과 내시가 둘 다 물에 내려가 빌립이 세례를 베풀고"(행8:36~38)[38]

2. 세례는 말씀을 믿음으로 받은 자들과 그들의 자녀들에게 베풀어야 한다.

    "이 약속은 너희와 너희 자녀와 모든 먼 데 사람 곧 주 우리 하나님이 얼마든지 부르시는 자들에게 하신 것이라 하고 또 여러 말로 확증하며 권하여 이르되 너희가 이 패역한 세대에서 구원을 받으라 하니 그 말을 받은 사람들은 세례를 받으매 이 날에 신도의 수가 삼천이나 더하더라"(행2:39~41)

3. 믿음으로 그리스도를 고백하고, 생명으로의 회개를 함으로 세례를 받을 준비가 된 자들은 이미 성령을 받은 자들이다. 세례는 이들이 성령의 인도를 받은 자들이라는 것을 표하고 인치는 성례이다.

    "이에 베드로가 이르되 이 사람들이 우리와 같이 성령을 받았으니 누가 능히 물로 세례 베풂을 금하리요 하고"(행10:47)

4. 세례는 그리스도에 대한 순종을 공적으로 맹세하는 자들에게만 베풀어야 한다.

    "물은 예수 그리스도께서 부활하심으로 말미암아 이제 너희를 구원하는 표니 곧 세례라 이는 육체의 더러운 것을 제하여 버림이 아니요 하나님을 향한 선한 양심의 간구니라"(벧전3:21)

---

38. 웨스트민스터 소교리교육서가 증거구절로 사용한 KJV와는 달리 개역개정은 37절이 없다. 참고로 ESV, NASB, NET, NLT는 37절이 있지만, RSV와 NIV는 없다.

5. 신자들의 자녀들은 하나님께서 세례가 표하는 많은 복들을 그들에게 주셨다는 점에서 세례를 받을 자격이 된다.

"예수께서 그 어린 아이들을 불러 가까이 하시고 이르시되 어린 아이들이 내게 오는 것을 용납하고 금하지 말라 하나님의 나라가 이런 자의 것이니라"(눅18:16)

6. 하나님께서 은혜언약의 약속들을 신자들뿐 아니라, 그들의 자녀들에게도 주셨다.

"이 약속은 너희와 너희 자녀와 모든 먼 데 사람 곧 주 우리 하나님이 얼마든지 부르시는 자들에게 하신 것이라 하고"(행2:39)

7. 신자들의 자녀들은 그들의 부모 중 한 명이라도 교회 회원권이 있고 신앙을 고백하면, 거룩할 뿐 아니라 은혜언약의 표를 받을 자격이 있는 것으로 간주된다.

"믿지 아니하는 남편이 아내로 말미암아 거룩하게 되고 믿지 아니하는 아내가 남편으로 말미암아 거룩하게 되나니 그렇지 아니하면 너희 자녀도 깨끗하지 못하니라 그러나 이제 거룩하니라"(고전7:14)

8. 신자의 유아들은 부모의 신앙고백과 세례에 기초하여 언약의 표를 받을 자격이 있다.

"그 밤 그 시각에 간수가 그들을 데려다가 그 맞은 자리를 씻어 주고 자기와 그 온 가족이 다 세례를 받은 후"(행16:33)

내 말로 번역하기

문:

답:

⟨제96문답⟩

> Question: What is the Lord's Supper?
>
> Answer: The Lord's Supper is a sacrament, wherein, by giving and receiving bread and wine, according to Christ's appointment, his death is showed forth; and the worthy receivers are, not after a corporal and carnal manner, but by faith, made partakers of his body and blood, with all his benefits, to their spiritual nourishment, and growth in grace.

번역

문: 성찬은 무엇인가요?

답: 성찬은 성례인데, 그 안에서 그리스도의 지정에 따라 떡과 포도주를 주고받음으로서 그의 죽음이 분명하게 드러나고, 그로 인해 가치 있게 받는 자들은 그의 모든 은덕들을 가지고 영적인 양육과 은혜 안에 있는 성장에 이르도록, 육체적이고 세속적인 방식을 따르지 않고 믿음으로, 그의 몸과 피의 참여자들이 됩니다.

원문분석

Question: What is the Lord's Supper?

1. What is the Lord's Supper?

- the Lord's Supper '주님의 만찬'으로 주님께서 차려 주시는 식사를 의미한다. 한국어 번역은 '성찬'이 일반적이다. '성찬'(the Lord's Supper)의 영어 표현에는 정관사(the)가 있지만, '세례'(Baptism)에는 관사가 없다.

Answer: The Lord's Supper is a sacrament, wherein, by giving and receiving bread and wine, according to Christ's appointment, his death is showed forth; and the worthy receivers are, not after a corporal and carnal manner, but by faith, made partakers of his body and blood, with all his benefits, to their spiritual nourishment, and growth in grace.

1. The Lord's Supper is a sacrament

- a sacrament 성례들 중에 하나라는 뜻이다. 그러나 여기서 사용된 부정관사(a)는 번역하지 않는다. I am a student를 '나는 학생입니다'로 번역하는 것과 같은 원리이다.

2. , wherein, by giving and receiving bread and wine, according to Christ's appointment, his death is showed forth; and the worthy receivers are, not after a corporal and carnal manner, but by faith, made partakers of his body and blood, with all his benefits, to their spiritual nourishment, and growth in grace.

- , wherein 콤마(,) in which의 의미로 '그런데 그 안에서'라는 뜻으로 사용되었다.
- his death is ~; and the worthy receivers are made partakers of ~. 관계 부사절에 두 문장이 세미콜론(;) and로 연결되어 있다. 여기서 사용된 세미콜론(;)은 이 문장 안에 사용된 다른 콤마(,)들과 구분되는 특별한 콤마(,)라는 의미로, and로 연결될 두 문장이 동등한 관계로 단순히 나열된 것이 아니라 두 문장의 내용이 서로 긴밀히 연결되어 있다는 것을 나타낸다. 즉 and 앞의 내용이 뒤에 따라오는 내용의 근원이나 원인이 된다는 것이다. 다시 말하면 and 앞의 내용이 있기 때문에 뒤에 따라오는 내용이 가능해진다는 것이다. 따라서 세미콜론(;) and는 '~하고 그로 인해'의 의미로 번역해야 한다.

3. by giving and receiving bread and wine

- **by giving and receiving** 'by ~ing'는 '~함으로써'로 어떠한 결과를 낳는 주어의 능동적인 동작을 나타낸다. 이때 동작의 시제는 본동사의 시제를 따르는데, 'by + 단순동명사(~ing)'의 형태는 본동사의 시제와 일치하는 경우이고, 'by + 완료동명사(having pp)'의 형태는 본동사보다 한 시제 전에 행한 행동을 말한다. 여기서 사용된 by giving and receiving은 단순동명사 형태로 주는 행동과 받는 행동이 성찬이 시행되는 바로 그 시점에서 행해지는 동작임을 나타낸다. 또한 'by ~ ing'는 그 동작 자체가 중요한 수단임을 나타내는 것으로 이는 성찬에서 '주는 것과 받는 것'이 절대 빠질 수 없는 중요한 수단적인 행위라는 것을 나타낸다. 'by giving and by receiving'(줌으로써 그리고 받음으로써)로 표현하지 않고 'by giving and receiving'(주고받음으로써)로 표현한 것은 성찬에서 주는 것과 받는 것이 그 가치에 있어서 동등할 뿐 아니라, 이 두 동작이 언제나 함께 행해져야 한다는 것을 나타낸다.

- **bread and wine** 'giving and receiving'의 목적어이다. bread and wine은 성찬이 시행될 때 빵과 포도주를 항상 함께 주고받아야 함을 의미한다. bread and wine은 일반적으로 '떡과 포도주'로 번역한다.

- '떡과 포도주를 주고받음으로써'

4. according to Christ's appointment

- **according to** '~에 따라서'로 지식이나 원리에 대한 소유권을 가진 존재나 그 권위를 나타내는 표현이다.

- **appointment** appoint는 '임명하다,' '지정하다'라는 뜻이다. 따라서 이 단어는 그리스도께서 어떠한 수단이나 방법을 직접 지정하셨다는 것을 의미할 때 사용한다. 웨스트민스터 문서를 한국어로 번역할 때 이 단어와 혼동되는 것이 바로 institute이다. institute는 '법이나 규례를 제정하다'는 뜻이다. 참고로 institute는 성례를 설명하는 제92문답에서 한 번 사용되었고, appoint는 십계명의 두 번째 계명을 설명하는 제50문답과 제51문답, 안식일을 설명하는 제58문답과 제59문답, 그리고 성찬의 방법을 설명하는 제96문답에서 사용되었다.

이러한 차원에서 보면 성례는 그리스도께서 제정하신 것이고(92문), 바른 예배의 방식(50~51문)과 안식일(58~59)은 하나님께서 지정하신 것이고, 성찬의 방식(96문)은 그리스도께서 지정하신 것이다.
- '그리스도의 지정에 따라' 혹은 '그리스도의 지정하심에 따라'

5. his death is showed forth

- his death '그의 죽음'이다. 참고로 '그의 죽으심' 혹은 '그가 죽는 것'은 his dying으로 표현할 수 있다.
- is showed forth show forth는 '전시하다, 설명하다'를 의미하는 옛 표현이다. 수동의 표현으로 '분명하게 나타내 보인다' 혹은 '설명된다'라는 뜻이다. 따라서 이러한 표현은 사용된 단어의 의도를 따라 '분명하게 나타내 보인다'로 해석하지만, 동시에 이 안에는 그것이 단지 눈으로 드러나는 것만을 넘어 그 의미가 충분히 설명되고 전달된다는 뜻이 있다는 것도 함께 생각해야 한다.
- '그의 죽음이 분명하게 드러나 보인다.'

6. the worthy receivers are made partakers of his body and blood

- the worthy receivers '합당하게 받는 사람들' 혹은 '가치 있게 받는 사람들' (worthy에 대한 자세한 설명은 97문답의 원문분석을 참고하라)
- the worthy receivers are made partakers of his body and blood 5형식 사역동사 make의 현재시제 수동태이다. '주어 makes the worthy receivers partakers of his body and blood'(주어가 가치 있게 받는 자들을 그의 몸과 피에 참여자들이 되게 한다)를 수동태로 바꾼 문장이다. 이러한 표현을 통해 떡과 포도주를 합당하게 받는 자들이 그리스도의 몸과 피에 참여자들이 되는 것이 그들의 의지나 힘으로 되는 것이 아니라, 전적으로 외부의 힘에 의해 그렇게 되는 것이라는 사실을 분명히 나타내준다.
- partakers of his body and blood partake는 partake in의 형태로 사용되면 '~에 참여하다'라는 뜻이 되고, partake of의 형태로 사용되면 '~에 참여하다'의 뜻으로도 사용되지만, 동시에 '자기의 몫으로 ~을 받다'라는 의미도 있다. 따라

서 '그리스도의 몸과 피에 참여자들이 된다는 것'은 그리스도의 몸과 피를 받기 위한 어떠한 노력이나 행위에 동참한다는 것이 아니라, 그것들을 배당받을 수 있는 권리에 참여한다는 뜻이다.[39]

7. not after a corporal and carnal manner, but by faith,

- **not after ~, but by ~** not A but B(A가 아니라 B) 구문이다. '~을 따라서가 아니라 ~에 의해'

- **a corporal and carnal manner** '육체적이고 세속적인 방식.' a manner는 단지 하나의 방식을 말하는 것이 아니라, 그러한 것에 해당하는 것 하나하나 모두를 나타낸다. 참고로 이 교리교육서에서 사용된 비슷한 뜻의 단어들 중 means는 '수단(들)'로, manner는 '방식'으로, way는 '방법'으로 번역한다.

- **by faith** '믿음으로'로 하나님께로부터 선물로 받은 믿음(faith)을 수단으로 한다는 뜻이지, '믿는 행동을 함으로(by believing)'를 말하는 것이 아니다.

- '육체적이고 세속적인 방식을 따르는 것이 아니라 믿음으로'

8. with all his benefits, to their spiritual nourishment, and growth in grace.

- **with all his benefits** 'with+ 명사'는 '~와 함께' 혹은 '~을 가지고'라는 뜻이다. 따라서 '그의 모든 은덕들과 함께' 혹은 '그의 모든 은덕들을 가지고' 중 문맥에 더 자연스러운 표현을 선택하면 된다.

- **to their spiritual nourishment** to는 최종 목적지를 타나내는 전치사이다. 제89문답과 90문답에서 사용된 to salvation에서 사용된 to와 같은 용례라고 할 수 있다. their는 the worthy receivers(합당하게 받는 자들)를 받는 대명사이다. nourishment는 '영양분,' '양분공급,' '양육,' '육성'을 뜻하다. 따라서 to their spiritual nourishment는 '그들의 영적 양육으로' 혹은 '그들이 영적인 양육에 이르도록' 정도로 이해할 수 있다.

- **, and growth in grace** , and to their growth in grace를 앞 내용과 연결하면서

---

39. partake에 대한 좀 더 자세한 설명은 32문답의 원문분석을 참고하라.

줄인 표현이다. and 앞에 있는 콤마(,)는 in grace가 growth만 한정하는 부사구라는 것을 나타낸다. 따라서 이는 '은혜 안에서 그들의 성장으로' 혹은 '그들이 은혜 안에서 성장에 이르도록'으로 이해하면 된다.

- '그의 모든 은덕들을 가지고, 그들이 영적인 양육과 은혜 안에서 성장에 이르도록'

문답의 키

1. 은혜언약의 표와 인으로서 구약의 유월절 만찬은 신약의 성찬으로 이어진다.

"때가 이르매 예수께서 사도들과 함께 앉으사 이르시되 내가 고난을 받기 전에 너희와 함께 이 유월절 먹기를 원하고 원하였노라 내가 너희에게 이르노니 이 유월절이 하나님의 나라에서 이루기까지 다시 먹지 아니하리라 하시고"(눅22:14~16)

2. 성찬은 그리스도께서 제정하신 신약의 성례이다.

"내가 너희에게 전한 것은 주께 받은 것이니 곧 주 예수께서 잡히시던 밤에 떡을 가지사 축사하시고 떼어 이르시되 이것은 너희를 위하는 내 몸이니 이것을 행하여 나를 기념하라 하시고 식후에 또한 그와 같이 잔을 가지시고 이르시되 이 잔은 내 피로 세운 새 언약이니 이것을 행하여 마실 때마다 나를 기념하라 하셨으니 너희가 이 떡을 먹으며 이 잔을 마실 때마다 주의 죽으심을 그가 오실 때까지 전하는 것이니라"(고전 11:23~26)

3. 성찬에 참여하는 것은 그리스도의 생명이 우리 안에 있음에 대한 표와 인이다.

"예수께서 이르시되 내가 진실로 진실로 너희에게 이르노니 인자의 살을 먹지 아니하고 인자의 피를 마시지 아니하면 너희 속에 생명이 없느니라 내 살을 먹고 내 피를 마시는 자는 영생을 가졌고 마지막 날에 내가 그를 다시 살리리니"(요6:53, 54)

4. 떡은 성찬의 한 요소로 지정되었다.

"또 떡을 가져 감사 기도 하시고 떼어 그들에게 주시며 이르시되 이것은 너희를 위하여 주는 내 몸이라 너희가 이를 행하여 나를 기념하라 하시고"(눅22:19)

5. 포도주는 성찬의 한 요소로 지정되었다.

"또 잔을 가지사 감사 기도 하시고 그들에게 주시며 이르시되 너희가 다 이것을 마시라"(마26:27)

6. 성찬에서 떡과 잔을 주고받음으로써 그리스도의 죽음이 드러난다.

"너희가 이 떡을 먹으며 이 잔을 마실 때마다 주의 죽으심을 그가 오실 때까지 전하는 것이니라"(고전11:26)

7. 성찬에서 그리스도의 몸과 피는 육적이거나 물질적인 방식으로 받는 것이 아니다.

"우리가 축복하는 바 축복의 잔은 그리스도의 피에 참여함이 아니며 우리가 떼는 떡은 그리스도의 몸에 참여함이 아니냐"(고전10:16)

8. 성찬에서 그리스도의 몸과 피는 믿음으로 받는다.

"예수께서 이르시되 나는 생명의 떡이니 내게 오는 자는 결코 주리지 아니할 터이요 나를 믿는 자는 영원히 목마르지 아니하리라"(요6:35)

9. 성찬을 통해 신자들은 그리스도의 몸과 피에 참여한다.

"우리가 축복하는 바 축복의 잔은 그리스도의 피에 참여함이 아니며 우리가 떼는 떡은 그리스도의 몸에 참여함이 아니냐"(고전10:16)

10. 성찬에서 신자들은 그리스도뿐 아니라 그의 모든 은덕들에 참여자가 된다.

"나는 하늘에서 내려온 살아 있는 떡이니 사람이 이 떡을 먹으면 영생하리라 내가 줄 떡은 곧 세상의 생명을 위한 내 살이니라 하시니라"(요6:51)

11. 성찬에서 영적인 양분이 실제로 공급된다.

"내 살은 참된 양식이요 내 피는 참된 음료로다"(요6:55)

12. 신자는 성찬에 합당하게 참여함으로 은혜 안에서 성장할 수 있게 된다.

"내가 주는 물을 마시는 자는 영원히 목마르지 아니하리니 내가 주는 물은 그 속에서
영생하도록 솟아나는 샘물이 되리라"(요4:14)

내 말로 번역하기

문:

답:

<제97문답>

> Question: What is required for the worthy receiving of the Lord's Supper?
>
> Answer: It is required of them that would worthily partake of the Lord's Supper, that they examine themselves of their knowledge to discern the Lord's body, of their faith to feed upon him, of their repentance, love, and new obedience; lest, coming unworthily, they eat and drink judgment to themselves.

번역

문: 성찬을 가치 있게 받기 위해서는 무엇이 요구되나요?

답: 성찬에 가치 있게 참여하려는 자들에게는 주님의 몸을 분별하는 지식에 대해서와, 그분을 양식으로 삼는 믿음에 대해서와, 회개와 사랑과 새로운 순종에 대해서 자신이 스스로를 점검할 것이 요구되는데, 이는 그들이 가치 없이 나와서 그들에게 임할 심판을 먹고 마시지 않도록 하기 위함입니다.

원문분석

Question: What is required for the worthy receiving of the Lord's Supper?

1. What is required for the worthy receiving of the Lord's Supper?

- What is required for ~? '~을 위해서는 무엇이 요구되나요?' require는 타동사로 전치사 없이 '~을 요구하다'라는 뜻이다. 따라서 이 문장에서 사용된 for는 require for로 사용된 것이 아니라, 방향이나 목적을 나타내는 전치사이다. 참고로 'require of(from) + 사람 + to 부정사' 혹은 'require of(from) + 사람 + that절'은 '~에게 to 부정사(that절) 할 것을 요구하다'라는 뜻이다.

- the worthy receiving of the Lord's Supper '성찬의 가치 있는 받음' 혹은 '성 찬을 가치 있게 받는 것.' worthy의 기본적인 의미는 '가치 있는'이다. 이 교리교 육서는 성찬을 받는 자세를 worthy(가치 있는)로 표현함으로 성찬을 통해 떡과 포도주를 주고받을 때 가시적으로 보이는 이 두 재료의 가치를 정확하고 분명 하게 인식하는 것이 중요하다는 것을 가르치고 있다. 참고로 이 문답에서 사용 된 worthy는 문맥상 right의 의미로 '바른' 혹은 '합당한'으로도 번역할 수 있다.
- '성찬을 가치 있게 받기 위해서는 무엇이 요구되나요?'

Answer: It is required of them that would worthily partake of the Lord's Supper, that they examine themselves of their knowledge to discern the Lord's body, of their faith to feed upon him, of their repentance, love, and new obedience; lest, coming unworthily, they eat and drink judgment to themselves.

1. It is required of them that would worthily partake of the Lord's Supper that they examine themselves of ~.
- It ~ that의 '가주어 – 진주어' 구문이다. 문장을 시작하는 It이 가주어이고, they examine 앞에 있는 that이 진주어이다. 따라서 이 문장의 전체 해석의 틀은 '그 들이 ~에 관해 스스로를 점검하는 것이 요구됩니다'이다.
- is required of them 'require of + 사람' 혹은 'require from + 사람'의 형태는 '~ 에게 요구하다'라는 뜻이다. 따라서 is required of them은 '그들에게 요구된다' 로 해석된다.
- them that would worthily partake of the Lord's Supper that은 them을 선 행사로 받는 주격 관계대명사이다. 관계대명사 that은 항상 콤마(,) 없이 사용 되어 한정용법으로만 쓰인다. would는 주어의 강한 의지를 나타내는 조동사이 다. worthily는 '가치 있게' 혹은 '합당하게'로 이해할 수 있다. partake of the Lord's Supper는 '성찬에 참여하다'라는 뜻이다. 여기서 성찬에 참여한다는 것 은 단지 성찬식에 동참한다는 뜻을 넘어 성찬의 유익에 대한 각자의 몫에 대한

권리에 참여한다는 뜻이다.[40] 그리고 성찬에 가치 있게(worthily) 참여하려 한다는 것은 성찬을 받는 자들 또한 그들 자체로 성찬의 가치에 상응하는 가치가 있다는 것을 말해준다. 이를 통해 이 문답은 바른 성찬을 시행한다는 것은 곧 성찬과 성찬에 임하는 신자들의 가치가 손상되지 않고 보존될 수 있게 성찬을 시행하는 것이라는 것을 가르쳐준다. 이러한 차원에서 worthily은 '합당하게'보다는 '가치 있게'로 번역하는 것이 적절하다고 여겨진다. 따라서 them that would worthily partake of the Lord's Supper는 '성찬에 가치 있게 참여하고자 하는 그들'이 된다.

'성찬에 가치 있게 참여하려고 하는 자들에게는 그들이 ~에 관해 자신들을 점검하는 것이 요구된다.'

2. they examine themselves of their knowledge to discern the Lord's body, of their faith to feed upon him, of their repentance, love, and new obedience

- **they examine themselves ~** they should examine themselves ~에서 should가 생략되었다. 명령, 요구, 제한의 내용이 되는 that은 'that 주어 + should + 동사원형'이지만, should를 생략하기도 한다. 따라서 'It is required ~ that they examine themselves of~'는 '그들이 스스로 ~에 관해 자신들을 점검할 것이 요구된다'를 의미한다.

- **they examine themselves of their knowledge ~, of their faith ~, of their repentance, (of their) love, and (of their) new obedience** 그들이 스스로 자신을 점검해야 할 내용 5가지를 A, B, C, D, and E의 구조로 나열하고 있다. 그 중에서 to 부정사로 한정해서 추가 정보를 제공하는 두 개는 각각 of를 사용하여 구분하고, 추가 정보가 없는 3가지는 한 개의 of로 묶어서 표현했다.

- **of their knowledge to discern the Lord's body** '주님의 몸을 분별하는 그들의 지혜에 관해'

---

40. partake에 대한 좀 더 자세한 설명은 32문답의 원문분석을 참고하라.

- of their faith to feed upon '주님을 양식으로 삼는 그들의 믿음에 관해.' him feed (up)on은 '~을 양식으로 삼다' 혹은 '~을 주식으로 하다'라는 뜻이다. the Lord's body를 통해 him은 주님(Lord)이라는 것을 알 수 있다. '주님을 양식으로 삼는 믿음'이라는 것은 우리의 믿음이 주님을 먹고 마심으로 자라게 된다는 뜻이다.

- of their repentance '그들의 회개에 관해'
- (of their) love '그들의 사랑에 관해'
- (of their) new obedience '그들의 새로운 순종에 관해'
- '그들은 주님의 몸을 분별하는 지식과 그분을 양식으로 삼는 믿음과 회개와 사랑과 새로운 순종에 관해 자신들 스스로를 점검해야 한다.'

3. ; lest, coming unworthily, they eat and drink judgment to themselves.
- 세미콜론(;) 앞의 내용에 대해 추가 정보를 제공한다는 뜻이다. 따라서 이 세미콜론(;)은 문맥에 따라 and, but, therefore등으로 다양하게 이해될 수 있다.
- lest they eat and drink judgment 'lest + 주어 + should + 동사원형'의 구문으로 '~하지 않기 위해서'를 의미한다. 여기서 should는 생략할 수 있다. '그들이 심판을 먹고 마시지 않도록 하기 위해서'
- coming unworthily As they come unworthily의 분사구문이다. '가치 없이 나와서.' 이는 떡과 잔의 가치와 성찬에 참여하는 자신의 가치를 제대로 보존하지 못했거나, 그것을 손상시킨 상태로 떡과 잔을 받으러 성찬대 앞으로 나가는 것을 말한다.
- to themselves '그들 자신에게로'
- '가치 없이 나와서 그들 자신에게로 임할 심판을 먹고 마시지 않기 위해서'

문답의 키
1. 성찬에 가치 있게 참여하고자 하는 자들은 항상 스스로를 점검해야 한다.
   "사람이 자기를 살피고 그 후에야 이 떡을 먹고 이 잔을 마실지니"(고전11:28)

2. 성찬에 참여하려는 자들은 그리스도의 몸을 분별할 수 있는 지혜가 있는지 스스로를 점검해야 한다.

　"주의 몸을 분별하지 못하고 먹고 마시는 자는 자기의 죄를 먹고 마시는 것이니라"(고전11:29)

3. 성찬은 오직 믿음으로 참여해야 한다.

　"그리스도 예수 안에서는 할례나 무할례나 효력이 없으되 사랑으로서 역사하는 믿음뿐이니라"(갈5:6)

4. 성찬에 참여하려는 자들은 자신들의 믿음을 스스로 점검해야 한다.

　"너희는 믿음 안에 있는가 너희 자신을 시험하고 너희 자신을 확증하라 예수 그리스도께서 너희 안에 계신 줄을 너희가 스스로 알지 못하느냐 그렇지 않으면 너희는 버림 받은 자니라"(고후13:5)

5. 성찬에 참여하려는 자들은 자신들의 회개를 스스로 점검해야 한다.

　"우리가 스스로 우리의 행위들을 조사하고 여호와께로 돌아가자"(렘3:40)

6. 성찬에 참여하려는 자들은 하나님께서 회개를 기쁘게 받으신다는 것을 확신해야 한다.

　"만일 우리가 우리 죄를 자백하면 그는 미쁘시고 의로우사 우리 죄를 사하시며 우리를 모든 불의에서 깨끗하게 하실 것이요"(요일1:9)

7. 성찬에 참여하려는 자들은 자신들의 사랑을 스스로 점검해야 한다.

　"사랑하지 아니하는 자는 하나님을 알지 못하나니 이는 하나님은 사랑이심이라"(요일4:8)

8. 성찬에 참여하려는 자들은 자신들이 새롭게 서약한 순종을 점검해야 한다.

　"이러므로 우리가 명절을 지키되 묵은 누룩으로도 말고 악하고 악의에 찬 누룩으로도

말고 누룩이 없이 오직 순전함과 진실함의 떡으로 하자"(고전5:8)

9. 성찬에 참여하려는 자들은 세례를 받을 때 자신들의 몸을 하나님께 드리겠다고 서약한 것을 항상 기억해야 한다.
"또한 너희 지체를 불의의 무기로 죄에게 내주지 말고 오직 너희 자신을 죽은 자 가운데서 다시 살아난 자 같이 하나님께 드리며 너희 지체를 의의 무기로 하나님께 드리라"(롬6:13)

10. 성찬에 참여하려는 자들이 자신을 스스로 점검하지 않는 것은 잘못된 것을 넘어 위험한 행위이다.
"우리가 우리를 살폈으면 판단을 받지 아니하려니와"(고전11:31)

11. 성찬에 참여하려는 자들은 죄의 지배를 벗어나기 위해 부단히 노력해야 한다.
"그러므로 너희는 죄가 너희 죽을 몸을 지배하지 못하게 하여 몸의 사욕에 순종하지 말고"(롬6:12)

12. 가치 없이 떡과 잔을 받기 위해 나가는 것은 스스로를 하나님의 심판의 자리에 내 놓는 것이다.
"주의 몸을 분별하지 못하고 먹고 마시는 자는 자기의 죄를 먹고 마시는 것이니라"(고전11:29)

내 말로 번역하기
문:
답:

<제98문답>

> Question: What is prayer?
>
> Answer: Prayer is an offering up of our desires unto God, for things agreeable to his will, in the name of Christ, with confession of our sins, and thankful acknowledgment of his mercies.

번역

문: 기도는 무엇인가요?

답: 기도는 하나님의 뜻에 부합하는 것들을 따라서, 그리스도의 이름으로, 우리들의 죄들에 대한 고백과 그의 자비에 대해 감사하는 마음을 담아서 우리의 소원들을 하나님께 올려드리는 것입니다.

원문분석

Question: What is prayer?

1. What is prayer?

- **prayer** pray(기도하다)의 명사형으로 두 가지의 뜻이 있다. 관사 없이 사용되면 '기도'(prayer)를 의미하고, 관사와 함께 사용되면 '기도하는 사람'(a prayer)이 된다. prayer가 '기도'를 나타낼 때는 '프레어'(prɛər)로 발음하며, '기도하는 사람'을 나타낼 때는 '프레이어'(préiər)로 발음한다. 이 문답에서 사용된 prayer는 '기도'를 의미한다.

- '기도는 무엇인가요?'

Answer: Prayer is an offering up of our desires unto God, for things agreeable to his will, in the name of Christ, with confession of our sins, and thankful acknowledgment of his mercies.

1. Prayer is an offering up of our desires unto God

- **an offering up** offer up은 '(신 등에게) ~을 바치다' 혹은 '(신 등에게) ~을 올려드리다'라는 뜻이다. 부정관사(an)는 기도가 하나님께 바치는 것들 중에 한 종류라는 것을 나타낸다. 즉 기도가 하나님께 바치는 유일한 것은 아니라는 것이다. 그러나 이 경우 '하나의'라고 구별해서 번역하지는 않는다. He is a student를 '그는 한 명의 학생입니다'로 번역하지 않고, '그는 학생입니다'로 번역하는 것과 같은 원리이다.

- **of our desires unto God** '우리의 소망들을 하나님께'

- '기도는 우리의 소망들을 하나님께 올려드리는 것이다.'

2. for things agreeable to his will

- **for things** for를 목적이나 의도를 나타내는 조동사로 보면 for things는 '어떤 것들을 목적으로' 혹은 '어떤 것들을 찾아서'가 된다. 반면에 여기서 사용된 for를 찬성과 지지를 나타내는 것으로 보면 for things는 '어떤 것들을 찬성하여' 혹은 '어떤 것들을 따라서'가 된다. 여기서 사용된 for는 문맥상 찬성과 지지를 나타내는 것으로 보는 것이 적절한 것으로 판단된다.

- **agreeable to his will** 'agree with + 사람'은 '~에게 동의하다'가 되고, 'agree to + 의견'은 '~한 의견에 동의하다'가 된다. 따라서 agreeable to his will은 '그의 뜻에 동의가 되는' 혹은 '그의 뜻에 부합하는'으로 이해할 수 있다.

- **for things (which are) agreeable to his will** '관계대명사 주격 + be 동사'가 생략된 형태이다. '그의 뜻에 부합하는 것들을 따라서'

3. in the name of Christ '그리스도의 이름으로'

4. with confession of our sins, and thankful acknowledgment of his mercies.

- with confession ~, and acknowledgment ~. with A, and B 구문이다. 'A와 B 를 담아서'

- with confession of our sins '우리의 죄들에 대한 고백을 담아서'

- thankful acknowledgment acknowledgment는 일반적으로 '시인,' '자백,' '승인'을 뜻한다. 그러나 acknowledgment가 thank와 함께 사용되면 '감사하는 마음'을 뜻한다. He made his acknowledgment with thanks.(그는 감사의 뜻을 표했다.)

- his mercies '그의 자비.' mercies는 mercy의 복수 형태이다. 이는 하나님의 성품으로서의 '자비하심'(mercifulness)을 말하는 것이 아니라, 하나님께서 베풀어주신 자비로운 은혜들을 총칭한 표현이다. mercies는 비록 복수 형태지만 단수 취급하는 것이 원칙이다. 따라서 his mercies는 '그의 자비들'이 아니라 '그의 자비'로 번역한다.

- thankful acknowledgment of his mercies '그의 자비에 대해 감사하는 마음'

문답의 키

1. 기도는 그리스도와 연합한 자들만이 누리는 은혜이다.

"너희가 내 안에 거하고 내 말이 너희 안에 거하면 무엇이든지 원하는 대로 구하라 그리하면 이루리라"(요15:7)

2. 기도는 우리의 소원을 하나님께 올려드리는 것이다.

"백성들아 시시로 그를 의지하고 그의 앞에 마음을 토하라 하나님은 우리의 피난처시로다 (셀라)"(시62:8)

3. 기도는 우리의 입으로 하나님을 고백하고 선포하는 것이다.

"내 하나님 여호와께 기도하며 자복하여 이르기를 크시고 두려워할 주 하나님, 주를 사랑하고 주의 계명을 지키는 자를 위하여 언약을 지키시고 그에게 인자를 베푸시는 이시여"(단9:4)

4. 기도는 오직 하나님께만 올려져야 한다.

"땅의 모든 끝이여 내게로 돌이켜 구원을 받으라 나는 하나님이라 다른 이가 없느니라 내가 나를 두고 맹세하기를 내 입에서 공의로운 말이 나갔은즉 돌아오지 아니하나니 내게 모든 무릎이 꿇겠고 모든 혀가 맹세하리라 하였노라"(사45:22, 23)

5. 기도는 진솔해야 한다.

"너희가 온 마음으로 나를 구하면 나를 찾을 것이요 나를 만나리라"(렘29:13)

6. 기도는 할 수 있는 한 자주 해야 한다.

"쉬지 말고 기도하라"(살전5:17)

7. 기도는 하나님의 뜻에 적합한 것들만을 따라서 해야 한다.

"그를 향하여 우리가 가진 바 담대함이 이것이니 그의 뜻대로 무엇을 구하면 들으심이라"(요일5:14)

8. 기도는 하나님의 격려를 통해 소원을 말하고자 하는 용기가 생길 때 하게 된다.

"여호와여 주는 겸손한 자의 소원을 들으셨사오니 그들의 마음을 3) 준비하시며 귀를 기울여 들으시고"(시10:17)

9. 기도는 예수 그리스도의 이름으로 해야 한다.

"그 날에는 너희가 아무 것도 내게 묻지 아니하리라 내가 진실로 진실로 너희에게 이르노니 너희가 무엇이든지 아버지께 구하는 것을 내 이름으로 주시리라"(요16:23)

10. 기도는 죄의 고백을 담아서 해야 한다.

"내 하나님 여호와께 기도하며 자복하여 이르기를 크시고 두려워할 주 하나님, 주를 사랑하고 주의 계명을 지키는 자를 위하여 언약을 지키시고 그에게 인자를 베푸시는 이시여"(단9:4)

11. 기도는 감사하는 마음을 담아서 해야 한다.

"내 하나님 여호와께 기도하며 자복하여 이르기를 크시고 두려워할 주 하나님, 주를 사랑하고 주의 계명을 지키는 자를 위하여 언약을 지키시고 그에게 인자를 베푸시는 이시여"(빌4:6)

12. 예수님의 이름으로 하는 기도는 언제나 응답이 있다.

"지금까지는 너희가 내 이름으로 아무 것도 구하지 아니하였으나 구하라 그리하면 받으리니 너희 기쁨이 충만하리라"(요16:24)

내 말로 번역하기

문:

답:

<제99문답>

> Question: What rule hath God given for our direction in prayer?
> Answer: The whole Word of God is of use to direct us in prayer;
> but the special rule of direction is that form of prayer
> which Christ taught his disciples, commonly called the
> Lord's Prayer.

번역

문: 하나님께서는 기도에 있어서 우리를 위한 지침으로 무슨 법칙을 주셨나요?

답: 하나님의 말씀 전체가 기도에 있어서 우리를 지도하기에 유용하지만, 지침의 특별한 법칙은 그리스도께서 그의 제자들에게 가르치신 바로 그 기도의 형식인데, 그것은 보통 주님의 기도라고 불립니다.

원문분석

Question: What rule hath God given for our direction in prayer?

1. What rule hath God given ~ ?

- **what rule ~ ?** 'Which rule ~?'이라면 여러 법칙들 중에 해당되는 법칙이 어떤 것인지를 묻는 것이다. 그러나 이 문답은 'What rule ~?'을 사용하여 독특하고 독립된 하나의 법칙이 무엇인지를 묻고 있다.

- **hath God given** 현재완료 시제(has pp)로 표현한 것은 하나님께서 과거에 주신 것의 결과가 현재까지도 그대로 영향을 미치고 있다는 것을 나타낸다. 즉 하나님께서는 과거에 무슨 법칙을 주셨고, 그 법칙은 그것을 주셨던 그 때 뿐 아니라 지금까지도 여전히 그리고 동일하게 유효하다는 뜻이다.

2. for our direction in prayer

- **for our direction** for는 의도나 목적, 또는 용도를 나타내는 전치사이다. 그리고 direction은 방향을 의미하기도 하지만, 여기에서는 어떠한 가르침을 위한 '지침'을 나타낸다. 따라서 for our direction은 하나님께서 주신 법칙의 목적이나 용도로 '우리의 지침으로'가 된다.
- **in prayer** '기도 안에서' 혹은 '기도에 있어서'
- 참고로 대교리문답(186문)에서는 동일한 내용을 'in the duty of prayer'(기도의 의무에 있어서)로 묻고, 답하고 있다.

Answer: The whole word of God is of use to direct us in prayer; but the special rule of direction is that form of prayer which Christ taught his disciples, commonly called The Lord's prayer.

1. The whole word of God is of use to direct us in prayer

- **The whole word of God** '하나님의 말씀 전체'
- **is of use** is useful과 같은 의미로 '유용하다'라는 뜻이다.
- **to direct us in prayer** to direct는 '정도'를 나타내는 부사적 용법으로 '지도하기에' 혹은 '방향을 제시하기에'로 해석된다.
- '하나님의 말씀 전체는 기도에 있어서 우리를 지도하기에 유용하다.'

2. but the special rule of direction is that form of prayer which Christ taught his disciples

- **but the special rule of direction is ~** '그러나 지침의 특별한 법칙은 ~ 이다'
- **that form of prayer** that은 지시대명사로 현대의 the very(바로 그)와 같은 의미로 사용되었다. 따라서 that form of prayer은 '바로 그 기도의 형식'이 된다.
- **which Christ taught his disciples** which는 that form of prayer를 선행사로 받는 목적격 관계대명사이다. 따라서 '그리스도께서 그의 제자들에게 가르치신'으로 해석하면 된다.

3. , commonly called The Lord's prayer.

- , (which is) commonly called The Lord's prayer에서 '관계대명사 + be 동사'
가 생략된 형태이다. 여기서 사용된 콤마(,)는 생략된 관계대명사(which)가 계
속용법이라는 것을 나타낸다. 따라서 이 부분은 '~ 하는데, 그것은 ~'의 틀로 해
석해야 한다.

- commonly '객관적으로 많이 알려진'의 의미로 이 문답에서는 '보통'으로 번역
한다. general(일반적인)이 special(특별한)의 반대 개념이라면, common(통상
적인)은 독특한(pecular)의 반대 개념이다. 참고로 이 교리교육서는 '객관적으
로 잘 알려진' 혹은 '일반적으로 통용되는'의 의미로 commonly(18문, 99문)와
ordinary(16문, 88문)을 사용한다. 두 단어의 혼동을 피하기 위해 commonly는
'보통'으로, ordinary는 16문에서는 '일반적인'으로, 88문에서는 '통상적인'으로
번역한다.

- '~ 인데, 그것은 보통 주님의 기도라고 불린다.'

문답의 키

1. 우리는 기도를 배워야 한다.

   "예수께서 한 곳에서 기도하시고 마치시매 제자 중 하나가 여짜오되 주여 요한이 자기
   제자들에게 기도를 가르친 것과 같이 우리에게도 가르쳐 주옵소서"(눅11:1)

2. 바른 방향으로 지도를 받은 기도가 바른 기도이다.

   "이와 같이 성령도 우리의 연약함을 도우시나니 우리는 마땅히 기도할 바를 알지 못하
   나 오직 성령이 말할 수 없는 탄식으로 우리를 위하여 친히 간구하시느니라"(롬8:26)

3. 우리가 기도를 배워야 하는 이유는 하나님의 뜻에 맞는 기도를 하기 위해서이다.

   "그를 향하여 우리가 가진 바 담대함이 이것이니 그의 뜻대로 무엇을 구하면 들으심이
   라"(요일5:14)

4. 하나님의 말씀 전체가 기도 안에서 우리를 지도하기에 유용하다.

"모든 성경은 하나님의 감동으로 된 것으로 교훈과 책망과 바르게 함과 의로 교육하기에 유익하니 이는 하나님의 사람으로 온전하게 하며 모든 선한 일을 행할 능력을 갖추게 하려 함이라"(딤후3:16, 17)

5. 주기도문은 기도 안에서 우리의 방향을 지도하도록 주어진 특별한 규칙이다.

"그러므로 너희는 이렇게 기도하라 하늘에 계신 우리 아버지여 이름이 거룩히 여김을 받으시오며"(마6:9)

내 말로 번역하기

문:

답:

<제100문답>

Question: What doth the preface of the Lord's Prayer teach us?

Answer: The preface of the Lord's Prayer, which is, Our Father which art in heaven, teacheth us to draw near to God with all holy reverence and confidence, as children to a father, able and ready to help us; and that we should pray with and for others.

번역

문: 주기도문의 서언은 우리에게 무엇을 가르쳐주나요?

답: 주기도문의 서언, 즉 "하늘에 계신 우리 아버지여"는 우리를 도울 수 있고 동시에 그렇게 할 준비가 되어 있는 아버지에게 자녀들이 다가가듯이 우리가 완벽히 거룩한 공경과 확신을 가지고 하나님께 다가가도록 가르칠 뿐 아니라, 우리가 우리의 이웃들과 함께 그리고 그들을 위해서 기도해야 한다는 것을 우리에게 가르쳐줍니다.

원문분석

Question: What doth the preface of the Lord's Prayer teach us?

1. What doth the preface of the Lord's prayer teach us?

- **What doth ~ ?** 현재형 질문이다. 이는 이 질문의 내용이 과거, 현재, 그리고 미래에서도 언제나 불변하는 진리에 해당한다는 것을 의미한다.

- **the preface of the Lord's prayer** '주님의 기도의 서언' 혹은 '주기도문의 서언'

- **What doth the preface of the Lord's prayer teach us?** '주어 + teach + 사람 + 사물'의 형태로 4형식 구문이다. 4형식으로 사용된 동사는 수여동사들로 '~에게 ~을 해주다'라는 뜻이다. 따라서 여기서 사용된 teach도 '가르치다'보다는

'가르쳐주다'로 번역하는 것이 좋다.

- '주기도문의 서언은 우리에게 무엇을 가르쳐주나요?'

Answer: The preface of the Lord's Prayer, which is, Our Father which art in heaven, teacheth us to draw near to God with all holy reverence and confidence, as children to a father, able and ready to help us; and that we should pray with and for others.

1. The preface of the Lord's Prayer, which is, Our Father which art in heaven,

- , which is, '콤마(,) which is 콤마(,)'는 동격을 나타내는 표현이다. '즉' 혹은 '다시 말해'를 의미하는 '콤마(,) namely 콤마(,)'나 '콤마(,) that is 콤마(,)'와 같은 뜻이다.

- Our Father which art in heaven 'Our Father who is in heaven'의 옛 표현이다.

- '주기도문의 서언, 즉 하늘에 계시 우리 아버지'

2. teacheth us to draw near to God

- teacheth us to draw near to God 'teach + 사람 + to 부정사'의 형태로 5형식 구조이다. '사람이 to 부정사 하도록 가르치다' 혹은 '사람을 가르쳐서 to 부정사 하도록 하다'를 의미한다. 따라서 이 구문은 '우리가 하나님께로 다가가도록 가르친다' 혹은 '우리를 가르쳐서 하나님께로 다가가도록 한다'로 번역한다.

- to draw near to God draw near는 '다가가다' 혹은 '접근하다'라는 뜻이다. 따라서 to draw near to God은 '하나님께로 다가가는 것'을 말한다.

3. with all holy reverence and confidence

- all holy reverence all은 '완벽히'(completely)라는 뜻의 부사로 형용사인 holy를 수식한다. 따라서 all holy reverence는 '완벽히 거룩한 공경'을 의미한다.

- '완벽히 거룩한 공경과 확신을 가지고'

4. as children to a father

- as children (draw near) to a father 중복되는 표현인 draw near를 생략했다. 한국어 번역에서는 문맥의 이해를 위해 생략된 draw near를 살려서 표현해야 할 수도 있다. a father를 보아 children은 단순히 어린 아이들을 말하는 것이 아니라, 자녀들을 의미한다는 것을 알 수 있다.
- '자녀들이 아버지에게 다가가는 것처럼'

5. , able and ready to help us

- a father, (who is) able and ready to help us '우리를 도울 수 있고, 동시에 그럴 준비가 되어 있는 아버지'의 뜻으로 아버지의 성품 중에서 말하고자 하는 한 가지를 추가 정보로 제공하고 있다.

6. ; and that we should pray with and for others.

- teacheth us to draw near ~; and that we should pray ~. 'teacheth us to draw ~'와 'teacheth us that we should ~'를 세미콜론(;) and로 연결시키고 있다. 여기서 세미콜론(;)은 and를 중심으로 앞부분과 뒷부분이 구조적으로 확연한 차이가 있음을 나타낸다. 두 내용이 모두 같은 동사와 같은 목적어를 사용하고 있지만, 앞부분의 'teacheth us to draw near ~'는 5형식 틀이고, 뒷부분의 'teacheth us that we should ~'는 4형식 틀이다. 따라서 문맥의 이해를 돕기 위해 한국어 번역에서는 뒷부분에 생략된 teacheth us를 살려서 번역할 필요가 있다. 또한 '세미콜론(;) and'도 앞뒤의 내용을 서로 분명하게 구분하기 위해 '~뿐만 아니라'로 번역하는 것이 좋을 듯하다.
- we should pray with and for others '우리는 다른 사람들과 함께 그리고 그들을 위해서 기도해야 한다.'
- (teacheth us) that we should pray with and for others. '우리가 다른 사람들을 위해서 또한 그들을 위해서 기도해야 한다는 것을 우리에게 가르쳐준다.'

문답의 키

1. 우리는 기도 안에서 거룩한 공경으로 하나님께 나아간다.

"그는 자기를 경외하는 자들의 소원을 이루시며 또 그들의 부르짖음을 들으사 구원하시리로다"(시145:19)

2. 우리는 기도 안에서 거룩한 확신을 가지고 하나님께 나아간다.

"우리가 그 안에서 그를 믿음으로 말미암아 담대함과 확신을 가지고 하나님께 나아감을 얻느니라"(엡3:12)

3. 우리는 기도 안에서 우리를 보호하실 수 있는 능력을 가지신 하나님께 나아간다.

"여호와는 나의 반석이시요 나의 요새시요 나를 건지시는 이시요 나의 하나님이시요 내가 그 안에 피할 나의 바위시요 나의 방패시요 나의 구원의 뿔이시요 나의 산성이시로다"(시18:2)

4. 우리는 기도 안에서 우리의 아버지이신 하나님께 나아간다.

"너희는 다시 무서워하는 종의 영을 받지 아니하고 양자의 영을 받았으므로 우리가 아빠 아버지라고 부르짖느니라"(롬8:15)

"너희가 아들이므로 하나님이 그 아들의 영을 우리 마음 가운데 보내사 아빠 아버지라 부르게 하셨느니라"(갈4:6)

5. 우리는 기도 안에서 우리를 도울 수 있는 능력이 있는 분이신 하나님께 나아간다.

"우리 가운데서 역사하시는 능력대로 우리가 구하거나 생각하는 모든 것에 더 넘치도록 능히 하실 이에게"(엡3:20)

6. 우리는 기도 안에서 우리를 기꺼이 도우시려는 분이신 하나님께 나아간다.

"너희가 악한 자라도 좋은 것으로 자식에게 줄 줄 알거든 하물며 하늘에 계신 너희 아버지께서 구하는 자에게 좋은 것으로 주시지 않겠느냐"(마7:11)

7. 우리는 기도 안에서 우리에게 성령을 주시는 분이신 하나님께 나아간다.

"너희가 악할지라도 좋은 것을 자식에게 줄 줄 알거든 하물며 너희 하늘 아버지께서 구하는 자에게 성령을 주시지 않겠느냐 하시니라"(눅11:13)

8. 우리는 성령 안에서 기도해야 한다.

"모든 기도와 간구를 하되 항상 성령 안에서 기도하고 이를 위하여 깨어 구하기를 항상 힘쓰며 여러 성도를 위하여 구하라"(엡6:18)

9. 우리는 기도 안에서 다른 사람들과 교제한다.

"깨닫고 마가라 하는 요한의 어머니 마리아의 집에 가니 여러 사람이 거기에 모여 기도하고 있더라"(행12:12)

10. 우리는 다른 사람들을 위해 기도해야 한다.

"그러므로 내가 첫째로 권하노니 모든 사람을 위하여 간구와 기도와 도고와 감사를 하되"(딤전2:1)

11. 우리는 함께 기도하기를 서로 독려해야 한다.

"이 성읍 주민이 저 성읍에 가서 이르기를 우리가 속히 가서 만군의 여호와를 찾고 여호와께 은혜를 구하자 하면 나도 가겠노라 하겠으며"(슥8:21)

12. 우리는 세상의 평화를 위해 위정자들을 위해서도 기도해야 한다.

"그러므로 내가 첫째로 권하노니 모든 사람을 위하여 간구와 기도와 도고와 감사를 하되 임금들과 높은 지위에 있는 모든 사람을 위하여 하라 이는 우리가 모든 경건과 단정함으로 고요하고 평안한 생활을 하려 함이라"(딤전2:1, 2)

내 말로 번역하기

문:

답:

＜제101문답＞

Question: What do we pray for in the first petition?

Answer: In the first petition, which is, Hallowed be thy name, we pray that God would enable us, and others, to glorify him in all that whereby he maketh himself known; and that he would dispose all things to his own glory.

번역

문: 첫 번째 간구에서 우리는 무엇을 기도하나요?

답: 첫 번째 간구, 즉 "이름이 거룩히 여김을 받으시오며"에서 우리는 하나님께서 스스로 자신을 알리시는 모든 것 안에서 우리와 다른 이들이 하나님께 영광을 돌릴 수 있도록 해주실 것과 그가 자기 자신의 영광을 위해서 모든 것들을 조정하시기를 기도합니다.

원문분석

Question: What do we pray for in the first petition?

1. What do we pray for in the first petition?

- we 웨스트민스터 소교리교육서에서 말하는 '우리'(we, our, us)는 넓게는 이 땅의 신자들을 말하고, 좁게는 이 교리교육서를 가르치는 교사와 이를 배우는 학생들을 말한다. 이 표현을 통해 이 교리교육서는 기도를 할 수 있는 자들은 오직 '우리' 안에 있는 사람들만 해당된다는 것을 가르쳐준다. 기도는 오직 신자의 몫이기에 신자만이 기도할 수 있고, 신자만이 바른 기도를 배울 수 있다. 초대교회에서 세례를 받지 않아 아직 교회로부터 신자로 인정받지 못한 자들에게는 주

기도문을 가르치지 않은 것도 바로 이런 이유 때문이다.[41]

- pray for '~을 위해 기도하다'
- in the first petition '첫 번째 간구에서'
- What do we pray for in the first petition? '첫 번째 간구에서 우리는 무엇을 기도하나요?'

Answer: In the first petition, which is, Hallowed be thy name, we pray that God would enable us, and others, to glorify him in all that whereby he maketh himself known; and that he would dispose all things to his own glory.

1. In the first petition, which is, Hallowed be thy name

- , which is, '콤마(,) which is 콤마(,)'는 동격을 나타내는 표현이다. '즉' 혹은 '다시 말해'를 의미하는 '콤마(,) namely 콤마(,)'나 '콤마(,) that is 콤마(,)'와 같은 뜻이다.
- Hallowed be thy name '당신의 이름이 거룩히 여김을 받으시오며'[42]
- '첫 번째 간구, 즉 "당신의 이름이 거룩히 여김을 받으시오며"에서'

2. we pray that God would enable us, and others, to glorify him

- we pray that ~ 3형식 구문으로 '우리는 that ~을 기도한다'의 틀로 해석한다.
- would 현재시제와 함께 사용되면 주로 가정법 과거의 틀로 사용되는 것으로, '~할 텐데'라는 뜻이 된다. 그러나 would가 미래를 나타내는 동사들과 함께 사용되면 will을 대신한다고 볼 수 있다. 이때 will과 would의 차이는, will이 주어의 분명한 의지를 나타낸다면, would는 그보다 조금 약한 의향 정도를 나타내거나 현재는 그렇지 않지만 앞으로 그렇게 되기를 기원한다는 것을 나타내는 것이다. 여기서 pray와 함께 사용된 would는 pray의 주어인 we가 기원하고 있는 것을

---

41. 정두성, 『교리교육의역사』 (서울:세움북스, 2016), 89~90.
42. '당신'은 문어체에서 상대편을 높여 이르는 이인칭 대명사로 사용됨. 참고, 표준국어대사전.

나타내는 표현이다.

- **God would enable us to glorify him** '주어 enable A to B'는 '주어는 A가 B할 수 있게 해 주다'로 번역하는데, 그 속뜻은 A가 B할 수 있게 되는 것이 전적으로 주어 덕분이라는 것이다. '하나님께서 우리가 그에게 영광을 돌릴 수 있게 해주실 것이다.'

- **God would enable others to glorify him** '하나님께서 다른 사람들이 그에게 영광을 돌릴 수 있게 해주실 것이다.'

- '우리는 하나님께서 우리와 다른 사람들이 하나님께 영광을 돌릴 수 있게 해주시기를 기도한다.'

3. in all that whereby he maketh himself known

- **whereby** 관계부사로 앞에 콤마(,)가 없으면 한정용법으로 '그로써 ~하는'의 뜻으로 사용되고, 앞에 콤마(,)가 있으면 계속용법으로 '그로써' 혹은 '그것에 의해'의 뜻이 된다. 본 문답에서 whereby는 한정용법으로 사용되어 뒤에 나오는 문장이 all that을 수식한다는 것을 나타낸다.

- **all that** all은 '모든'의 뜻으로 사용된 형용사이고 that은 지시대명사인데, 이 문장에서는 앞에 나온 어떤 명사를 다시 받은 것이 아니라, whereby he maketh himself known으로 한정되는 것을 의미한다.

- **he maketh himself known** 사역동사 make의 5형식 문장이다. 목적어인 himself와 목적보어인 known이 수동의 관계로 연결되어 있다. 따라서 he maketh himself known는 '그가 자신이 알려지도록 하다' 혹은 '그 스스로가 자신을 알리다'로 번역할 수 있다.

- '그가 스스로 자신을 알리는 모든 것 안에서'

4. ; and that he would dispose all things to his own glory.

- **세미콜론(;) and** 문장 전체의 구조를 나타내는 장치로, 문장에 사용된 다른 콤마(,)나 and와 혼동을 피하기 위해 세미콜론(;)이 사용된 경우이다. 'that he would dispose ~'가 'we pray that God would enable ~'과 문법상 동등하게 연

결되고 있음을 나타낸다. 즉 'that he would dispose ~' 또한 pray의 목적절이라는 것이다.

- **dispose** '배치하다' 혹은 '조정하다'
- **to his own glory** to는 최종 목적지를 의미하는 전치사이다. '자기 자신의 영광으로' 혹은 '자기 자신의 영광을 위해'
- '뿐만 아니라 그가 자기 자신의 영광을 위해 모든 것들을 조정하시기를'

문답의 키

1. 우리의 삶의 목적은 하나님을 영화롭게 하는 것이다.

   "그런즉 너희가 먹든지 마시든지 무엇을 하든지 다 하나님의 영광을 위하여 하라"(고전10:31)

2. 우리는 하나님의 도움이 없이는 하나님을 영화롭게 할 수 없다.

   "우리가 무슨 일이든지 우리에게서 난 것 같이 스스로 만족할 것이 아니니 우리의 만족은 오직 하나님으로부터 나느니라"(고후3:5)

3. 우리는 그리스도를 통하지 않고는 하나님께 감사할 수 없다.

   "또 무엇을 하든지 말에나 일에나 다 주 예수의 이름으로 하고 그를 힘입어 하나님 아버지께 감사하라"(골3:17)

4. 우리는 하나님의 말씀이 더 많은 곳에서 영광을 받도록 기도해야 한다.

   "끝으로 형제들아 너희는 우리를 위하여 기도하기를 주의 말씀이 너희 가운데서와 같이 퍼져 나가 영광스럽게 되고"(살후3:1)

5. 우리의 기도는 만물의 영광이 하나님께 있음을 고백하는 것이어야 한다.

   "이는 만물이 주에게서 나오고 주로 말미암고 주에게로 돌아감이라 그에게 영광이 세세에 있을지어다 아멘 "(롬11:36)

6. 우리는 하나님께서 합당한 영광을 받으시도록 기도해야 한다.

   "우리 주 하나님이여 영광과 존귀와 권능을 받으시는 것이 합당하오니 주께서 만물을
   지으신지라 만물이 주의 뜻대로 있었고 또 지으심을 받았나이다 하더라"(계4:11)

7. 우리는 하나님께서 우리가 하나님을 영화롭게 할 수 있는 능력을 주시기를 기
   도해야 한다.

   "내가 죄악 중에서 출생하였음이여 어머니가 죄 중에서 나를 잉태하였나이다"(시51:5)

8. 우리는 하나님께서 다른 사람들이 하나님을 영화롭게 할 수 있는 능력을 주시
   기를 기도해야 한다.

   "하나님이여 민족들이 주를 찬송하게 하시며 모든 민족들이 주를 찬송하게 하소서"(시
   67:3)

9. 우리는 하나님께서 자신을 스스로 영화롭게 하도록 그가 모든 것을 적절히 조
   정하시기를 기도해야 한다.

   "아버지여, 아버지의 이름을 영광스럽게 하옵소서 하시니 이에 하늘에서 소리가 나서
   이르되 내가 이미 영광스럽게 하였고 또다시 영광스럽게 하리라 하시니"(요12:28)

내 말로 번역하기
문:
답:

＜제102문답＞

Question: What do we pray for in the second petition?

Answer: In the second petition, which is, Thy kingdom come, we pray that Satan's kingdom may be destroyed; and that the kingdom of grace may be advanced, ourselves and others brought into it, and kept in it; and that the kingdom of glory may be hastened.

번역

문: 두 번째 간구에서 우리는 무엇을 위해 기도하나요?

답: 두 번째 간구, 즉 "나라가 임하옵시며"에서 우리는 사탄의 나라가 파괴되기를 기도하며, 은혜의 나라가 흥왕해지고, 우리와 다른 이들이 그 안으로 데려가져서 그 안에서 머물게 되기를 기도하며, 영광의 나라가 속히 임하기를 기도합니다.

원문분석

Question: What do we pray for in the second petition?

1. What do we pray for in the second petition?

- we와 pray for에 대한 설명은 101문답 원문분석을 참고하라.

- '두 번째 간구에서 우리는 무엇을 위해 기도하나요?'

Answer: In the second petition, which is, Thy kingdom come, we pray that Satan's kingdom may be destroyed; and that the kingdom of grace may be advanced, ourselves and others brought into it, and kept in it; and that the kingdom of glory may be hastened.

1. In the second petition, which is, Thy kingdom come

- , which is, '즉' (101문답 원문분석을 참고하라)
- Thy kingdom come 'May thy kingdom come'의 기원문에서 May가 생략된 형태이다. thy는 thou(you)의 소유격이다. 따라서 Thy kingdom come은 '당신의 나라가 오기를'이라는 뜻이다. 이는 하나님의 나라가 우리에게 오기를 소망하며 하나님께 간구하는 것을 말한다.
- '두 번째 간구, 즉 "나라가 임하옵시며"에서'

2. we pray that Satan's kingdom may be destroyed; and that the kingdom of grace may be advanced, ourselves and others brought into it, and kept in it; and that the kingdom of glory may be hastened.

- we pray that Satan's kingdom may ~; and that the kingdom of grace may ~; and that the kingdom of glory may ~. pray의 목적어로 세 개의 that절이 왔다. 이 세계의 목적절은 '세미콜론(;) and'를 통해 서로 분명히 구분되어 있다. 그러나 여기서 사용된 '세미콜론(;) and'는 세 목적절의 단순한 구분을 넘어 각 목적절의 내용이 서로 긴밀히 연계되고 있다는 것을 말해준다. 사탄의 나라에 대한 기도와 은혜의 나라에 대한 기도, 그리고 영광의 나라에 대한 기도가 각각 따로 분리해서 할 수 있는 내용이 아니라는 것이다. 문맥의 이해를 돕기 위해 두 번째와 세 번째 목적절에 생략된 we pray는 각각 살려서 해석해 주는 것이 좋을 듯하다.

3. we pray that Satan's kingdom may be destroyed

- we pray that Satan's kingdom may be destroyed 'we pray that + 주어 + 동사'는 '주어가 동사하기를 우리는 기도한다'의 틀로 해석한다.
- may '허락'(~해도 된다), '불확실한 추측'(~일지도 모른다)의 의미가 일반적이나, 여기서는 pray와 함께 사용되어 '기원'(~이기를)의 의미로 사용되었다.
- '사탄의 나라가 파괴되기를 우리는 기도한다.'

4. that the kingdom of grace may be advanced, ourselves and others brought into it, and kept in it

- the kingdom of grace(은혜의 나라)에 대한 기도내용 3가지를 A, B, and C의 틀로 정리했다.

- that the kingdom of grace may be advanced, ourselves and others (may be) brought into it, and (ourselves and others may be) kept in it에서 중복되는 단어들을 최대한 생략해서 문장을 줄였다.

- **the kingdom of grace may be advanced** '하나님의 나라가 흥왕하게 되기를' 은 수동태 기원문이다. 이는 은혜의 나라가 스스로 흥왕해지는 것이 아니라, 하나님께서 그렇게 해주셔야 가능하다는 것을 의미한다. 따라서 우리는 이를 위해 기도해야 한다.

- **ourselves and others (may be) brought into it** '우리들과 다른 이들이 그 안으로 데려가지기를'은 수동태 기원문이다. 이는 우리와 다른 이들이 자발적으로 혹은 스스로의 힘으로 그 나라에 들어가는 것이 아니라, 하나님께서 데려가 주셔야 가능하다는 것을 의미한다. 따라서 우리는 이를 위해 기도해야 한다.

- **(ourselves and others may be) kept in it** '우리와 다른 이들이 그 안에 머물기를'은 수동태 기원문이다. 이는 우리와 다른 이들이 자발적으로 혹은 스스로의 힘으로 은혜의 나라에 머무는 것이 아니라, 하나님께서 그렇게 해주셔야만 가능하다는 것을 의미한다. 따라서 우리는 이를 위해 기도해야 한다.

- '은혜의 나라가 흥왕하게 되고, 우리와 다른 이들이 그 안으로 데려가져서 그 안에서 머물게 되기를'

5. that the kingdom of glory may be hastened

- hasten '재촉하다' 혹은 '~을 앞당기다'
- '영광의 나라가 재촉되기를' 혹은 '영광의 나라가 속히 임하기를'

문답의 키

1. 온 우주 왕국의 주인은 하나님이시다.

"여호와께서 그의 보좌를 하늘에 세우시고 그의 왕권으로 만유를 다스리시도다"(시 103:19)

2. 사탄은 이 세상에서 자기의 왕국을 갖고 있다.

"이 후에는 내가 너희와 말을 많이 하지 아니하리니 이 세상의 임금이 오겠음이라 그러나 그는 내게 관계할 것이 없으니"(요14:30)

3. 우리는 사탄의 권세와 왕국이 파괴되길 기도해야 한다.

"하나님이 일어나시니 원수들은 흩어지며 주를 미워하는 자들은 주 앞에서 도망하리이다"(시68:1)

4. 우리는 하나님께서 사탄의 권세와 왕국을 속히 파괴하시기를 기도해야 한다.

"평강의 하나님께서 속히 사탄을 너희 발 아래에서 상하게 하시리라 우리 주 예수의 은혜가 너희에게 있을지어다"(롬16:20)

5. 하나님께서는 그리스도 안에서 이 세상에 은혜의 왕국을 세우셨다.

"영원히 야곱의 집을 왕으로 다스리실 것이며 그 나라가 무궁하리라"(눅1:33)

6. 우리는 은혜의 왕국의 번영을 위해 기도해야 한다.

"또 여호와께서 예루살렘을 세워 세상에서 찬송을 받게 하시기까지 그로 쉬지 못하시게 하라"(사62:7)

7. 우리는 우리가 그리스도의 왕국에 적합해지길 기도해야 한다.

"이르되 예수여 당신의 나라에 임하실 때에 나를 기억하소서 하니"(눅23:42)

8. 우리는 다른 사람들이 은혜의 왕국에 들어갈 수 있기를 기도해야 한다.

"형제들아 내 마음에 원하는 바와 하나님께 구하는 바는 이스라엘을 위함이니 곧 그들로 구원을 받게 함이라"(롬10:1)

9. 우리는 하나님의 말씀을 통해 은혜의 왕국이 흥왕해지기를 기도해야 한다.

"끝으로 형제들아 너희는 우리를 위하여 기도하기를 주의 말씀이 너희 가운데서와 같이 퍼져 나가 영광스럽게 되고"(살후3:1)

10. 우리는 하나님께서 은혜의 왕국 안에서 우리를 지키시도록 기도해야 한다.

"나를 붙드소서 그리하시면 내가 구원을 얻고 주의 율례들에 항상 주의하리이다"(시 119:117)

11. 우리는 하나님께서 은혜의 왕국 안에서 다른 사람들을 지키시도록 기도해야 한다.

"평강의 하나님이 친히 너희를 온전히 거룩하게 하시고 또 너희의 온 영과 혼과 몸이 우리 주 예수 그리스도께서 강림하실 때에 흠 없게 보전되기를 원하노라"(살전5:23)

12. 하나님의 백성들을 위한 영광의 나라가 도래하고 있다.

"다시 밤이 없겠고 등불과 햇빛이 쓸 데 없으니 이는 주 하나님이 그들에게 비치심이라 그들이 세세토록 왕 노릇 하리로다"(계22:5)

13. 우리는 영광의 나라가 임하기를 바라보고 간절히 사모해야 한다.

"하나님의 날이 임하기를 바라보고 간절히 사모하라 그 날에 하늘이 불에 타서 풀어지고 물질이 뜨거운 불에 녹아지려니와 우리는 그의 약속대로 의가 있는 곳인 새 하늘과 새 땅을 바라보도다"(벧후3:12, 13)

14. 우리는 영광의 나라가 속히 임하기를 기도해야 한다.

"이것들을 증언하신 이가 이르시되 내가 진실로 속히 오리라 하시거늘 아멘 주 예수여 오시옵소서"(계22:20)

내 말로 번역하기

문:

답:

⟨제103문답⟩

Question: What do we pray for in the third petition?

Answer: In the third petition, which is, Thy will be done in earth, as it is in heaven, we pray that God, by his grace, would make us able and willing to know, obey, and submit to his will in all things, as the angels do in heaven.

번역

문: 세 번째 기원에서 우리는 무엇을 위해 기도하나요?

답: 세 번째 기원, 즉 "뜻이 하늘에서 이루어진 것 같이 땅에서도 이루어지이다"에서 우리는 하늘에서 천사들이 하듯이 하나님께서 그의 은혜로 우리가 모든 것에서 그의 뜻을 알고, 순종하고, 복종할 수 있을 뿐 아니라, 기꺼이 그렇게 하게 해주실 것을 기도합니다.

원문분석

Question: What do we pray for in the third petition?

1. What do we pray for in the third petition?

- we와 pray for에 대한 설명은 101문답 원문분석을 참고하라.

- '세 번째 간구에서 우리는 무엇을 위해 기도하나요?'

Answer: In the third petition, which is, Thy will be done in earth, as it is in heaven, we pray that God, by his grace, would make us able and willing to know, obey, and submit to his will in all things, as the angels do in heaven.

1. In the third petition, which is, Thy will be done in earth, as it is in heaven

- , which is, '즉' (101문답 원문분석을 참고하라)
- in earth '땅에서'의 뜻으로 earth의 의미가 미치는 모든 공간을 말한다. 이는 보이는 공간뿐 아니라 보이지 않는 영적인 공간까지도 포함하는 표현이다. 102문답의 내용과 연결하면 in earth는 사탄의 나라(the kingdom of Satan)와 은혜의 나라(the kingdom of grace)가 존재하는 공간이 된다. 참고로 지구의 표면 위라는 뜻의 '땅에서'는 on earth로 표현한다.
- Thy will be done in earth '당신의 뜻이 땅에서 이루어지기를'
- in heaven '하늘에서'의 뜻으로 heaven의 의미가 미치는 모든 공간을 말한다. 이 공간은 마지막 때까지 물리적으로는 보이지 않게 숨겨져 있다. 즉 heaven은 영적인 공간이다. 따라서 in heaven(하늘에서)에서 말하는 heaven은 102문답에서 언급한 영광의 나라(the kingdom of glory)라고 할 수 있다. 참고로 지구의 대기권 안의 공간을 말하는 '하늘에서'는 in the sky로 표현하고, 대기권을 넘어선 공간은 in space(우주에서)로 표현한다. in the space of는 '~한 공간'이라는 뜻이다.
- as it is in heaven as it is (done) in heaven에서 done이 생략된 표현이다. it은 앞의 thy will(당신의 뜻)을 받는 지시대명사이다. '그것이 하늘에서 이루어지는 것처럼'

2. we pray that God, by his grace, would make us able and willing to know, obey, and submit to his will in all things

- would pray와 함께 사용되어 기원(~ 하도록)을 의미하는 미래시제로 사용되었다. (would에 대한 자세한 설명은 101문답 원문분석을 참고하라)
- we pray that God would ~. '하나님께서 ~하시도록 우리는 기도한다.'
- by his grace '그의 은혜로'
- make us able and willing to ~. 'make us able to ~'와 'make us willing to~'는 모두 사역동사 make의 5형식 구문이다. 이 두 문장은 주어, 동사, 목적어가 일치하고, 목적보어만 다르다. 따라서 서로 다른 목적보어 두 개만 and를 통해 연

결하면서 문장의 전체 길이를 줄였다.

- to know, obey, and submit to his will in all things to 부정사 세 개를 A, B, and C의 형태로 동등하게 연결했다. '모든 것에 있어서 그의 뜻을 알고, 순종하며, 복종하는 것'

- God would make us able to know, obey, and submit to his will in all things '하나님께서 우리가 모든 것에 있어서 그의 뜻을 알고, 순종하고, 복종할 능력이 있게 해주시기를'

- God would make us willing to know, obey, and submit to his will in all things '하나님께서 우리가 모든 것에 있어서 그의 뜻을 기꺼이 알고, 순종하고, 복종하게 해주시기를'

- '우리는 하나님께서 그의 은혜로 우리가 모든 것에 있어서 그의 뜻을 알고, 순종하고, 복종할 수 있을 뿐만 아니라, 기꺼이 그렇게 하게 해주시기를 기도한다.'

3. as the angels do in heaven.

- as '~처럼' 혹은 '~듯이'라는 뜻을 가진 접속사이다. like(~처럼)과 구별하기 위해 여기서는 '~듯이'으로 번역한다.

- the angels in heaven(하늘에서)로 한정되었기에 정관사(the)가 붙었다. 여기서 말하는 천사들(the angels)은 하늘에 속한 천사들만을 말한다. 세상(the world)과 땅(in earth)에 속한 타락한 천사들은 해당되지 않는다.

- do 대동사로 앞에 언급된 know와 obey와 submit to를 모두 받는다.

- '하늘에서 천사들이 하듯이'

문답의 키

1. 모든 일은 하나님의 뜻대로 실행된다.

"조금 나아가사 얼굴을 땅에 대시고 엎드려 기도하여 이르시되 내 아버지여 만일 할 만하시거든 이 잔을 내게서 지나가게 하옵소서 그러나 나의 원대로 마시옵고 아버지의 원대로 하옵소서 하시고…다시 두 번째 나아가 기도하여 이르시되 내 아버지여 만일 내가 마시지 않고는 이 잔이 내게서 지나갈 수 없거든 아버지의 원대로 되기를 원하나

이다 하시고"(마26:39, 42)

2. 우리는 스스로 하나님의 뜻을 알 수도 없고, 행할 수도 없다.
"누가 주의 마음을 알아서 주를 가르치겠느냐 그러나 우리가 그리스도의 마음을 가졌느니라 "(고전2:14)

3. 하나님의 뜻은 하나님께서 보게 해주셔야만 알 수 있다.
"내 눈을 열어서 주의 율법에서 놀라운 것을 보게 하소서"(시119:18)

4. 우리는 하나님께서 주시는 지혜와 계시의 영을 통해 하나님의 뜻을 알게 된다.
"우리 주 예수 그리스도의 하나님, 영광의 아버지께서 지혜와 계시의 영을 너희에게 주사 하나님을 알게 하시고 너희 마음의 눈을 밝히사 그의 부르심의 소망이 무엇이며 성도 안에서 그 기업의 영광의 풍성함이 무엇이며"(엡1:17)

5. 오직 하나님만이 우리가 하나님의 뜻에 순종할 마음을 갖게 하실 수 있을 뿐 아니라, 그렇게 할 수 있는 능력을 주실 수 있다.
"너희 안에서 행하시는 이는 하나님이시니 자기의 기쁘신 뜻을 위하여 너희에게 소원을 두고 행하게 하시나니"(빌2:13)

6. 우리는 하나님의 뜻이 이 땅 모든 곳에 알려지고, 순종되기를 기도해야 한다.
"주의 도를 땅 위에, 주의 구원을 모든 나라에게 알리소서"(시67:2)

7. 우리는 하나님께서 우리가 하나님의 뜻을 알고자 하고, 또한 알 수 있도록 해주시길 기도해야 한다.
"너희 마음의 눈을 밝히사 그의 부르심의 소망이 무엇이며 성도 안에서 그 기업의 영광의 풍성함이 무엇이며"(엡1:18)

8. 우리는 하나님께서 우리가 하나님의 뜻을 순종하고자 하고, 또한 순종할 수 있도록 해주시길 기도해야 한다.

"나로 하여금 주의 계명들의 길로 행하게 하소서 내가 이를 즐거워함이니이다"(시 119:35)

9. 우리는 하나님께서 우리가 하나님의 뜻에 복종하고자 하고, 또한 복종할 수 있도록 해주시길 기도해야 한다.

"네가 이방에 있는 모든 유대인을 가르치되 모세를 배반하고 아들들에게 할례를 행하지 말고 또 관습을 지키지 말라 한다 함을 그들이 들었도다"(행21:14)

10. 우리는 모든 것에서 하나님의 뜻에 순종해야 한다.

"내 길을 굳게 정하사 주의 율례를 지키게 하소서 내가 주의 모든 계명에 주의할 때에는 부끄럽지 아니하리이다"(시119:5, 6)

11. 우리는 모든 것에서 하나님의 뜻에 복종해야 한다.

"사무엘이 그것을 그에게 자세히 말하고 조금도 숨기지 아니하니 그가 이르되 이는 여호와이시니 선하신 대로 하실 것이니라 하니라"(삼상3:18)

12. 타락하지 않은 천사들과 육체를 벗고 낙원에 있는 성도들은 하나님의 뜻을 온전히 행할 수 있다.

"능력이 있어 여호와의 말씀을 행하며 그의 말씀의 소리를 듣는 여호와의 천사들이여 여호와를 송축하라 그에게 수종들며 그의 뜻을 행하는 모든 천군이여 여호와를 송축하라"(시103:20, 21)

13. 우리는 천사들이 하늘에서 하는 것처럼 하나님의 뜻을 겸허하게 순종해야 한다.

"이르되 내가 모태에서 알몸으로 나왔사온즉 또한 알몸이 그리로 돌아가올지라 주신 이도 여호와시요 거두신 이도 여호와시오니 여호와의 이름이 찬송을 받으실지니이다 하고"(욥1:21)

14. 우리는 즐거운 마음으로 하나님의 뜻을 순종해야 한다.

"기쁨으로 여호와를 섬기며 노래하면서 그의 앞에 나아갈지어다"(시100:2)

15. 우리는 부지런히 하나님의 뜻을 순종해야 하다.

"내 눈을 돌이켜 허탄한 것을 보지 말게 하시고 주의 길에서 나를 살아나게 하소서"(시 119:37)

16. 우리는 지속적으로 하나님의 뜻을 순종해야 한다.

"내가 주의 율례들을 영원히 행하려고 내 마음을 기울였나이다"(시119:112)

내 말로 번역하기

문:

답:

<제104문답>

> Question: What do we pray for in the fourth petition?
>
> Answer: In the fourth petition, which is, Give us this day our daily bread, we pray that of God's free gift we may receive a competent portion of the good things of this life, and enjoy his blessing with them.

번역

문: 네 번째 기원에서 우리는 무엇을 위해 기도하나요?

답: 네 번째 기원, 즉 "오늘 우리에게 일용할 양식을 주시옵고"에서 우리는 우리가 하나님의 값없는 선물에 속하는 이생에서의 좋은 것들에 대한 충분한 몫을 받고, 그로 인해 그것들을 가지고 그의 복을 누리기를 기도합니다.

원문분석

Question: What do we pray for in the fourth petition?

1. Question: What do we pray for in the fourth petition?

- we와 pray for에 대한 설명은 101문답 원문분석을 참고하라.
- '네 번째 간구에서 우리는 무엇을 위해 기도하나요?'

Answer: In the fourth petition, which is, Give us this day our daily bread, we pray that of God's free gift we may receive a competent portion of the good things of this life, and enjoy his blessing with them.

1. In the fourth petition, which is, Give us this day our daily bread

- , which is, '즉' (101문답 원문분석을 참고하라)

- Give us this day our daily bread '~에게 ~을 해 주다'의 4형식 구문이다. '오늘 우리에게 우리의 매일의 빵을 주시기를'
- '네 번째 간구, 즉 "오늘 우리에게 일용할 양식을 주시옵고"에서'

2. we pray that of God's free gift we may receive a competent portion of the good things of this life, and enjoy his blessing with them.

- we pray that we may receive ~, and enjoy ~. 이 간구에서 우리가 소망하는 내용의 핵심은 '우리가 받는 것'과 '즐기는 것'이다. 이 두 가지의 소망은 '콤마(,) and'로 연결되어 있다. 이는 두 가지의 소원이 각각 독립된 내용이 아니라, 서로 긴밀히 연결되어 있다는 것을 나타낸다. 이 경우는 '우리가 받는 것'이 '즐기는 것'의 근거가 된다는 것을 말해준다고 할 수 있다. 따라서 we pray that we may receive ~, and enjoy ~.는 '우리는 우리가 ~을 받고, 그로 인해 ~을 즐기기를 기도한다'의 틀로 해석된다.

- of God's free gift 여기서 사용된 of는 소속(~에 속한)을 나타내는 전치사이다. 따라서 of God's free gift은 '하나님의 값없는 선물에 속하는'을 의미한다. 이는 receive의 목적어인 a competent portion of the good things of this life와 enjoy의 목적어인 his blessing에 대한 설명으로 그것들이 모두 하나님의 값없는 선물에 속한다는 사실을 말해주는 것이다. 즉 이 표현은 '오늘 우리에게 일용할 양식을 주시옵고'를 통해 우리가 간구하는 것은 모두 하나님의 값없는 선물에 속한 것들이지, 우리의 노력에 대한 보상이나 간구의 진솔함에 대한 응답이 아니라는 것을 나타내는 것이다.

3. we may receive a competent portion of the good things of this life

- a competent portion a portion은 1인분의 몫을 의미한다. 따라서 a competent portion은 '각자에게 충분한 몫'을 나타낸다고 할 수 있다.
- the good things of this life 정관사(the)는 good things(좋은 것들)가 이생(of this life)으로 한정된다는 것을 나타낸다. 따라서 이는 모든 좋은 것들을 말하는 것이 아니라, 이생에서의 좋은 것들만을 말하는 것이다.

- '우리가 이생에서의 좋은 것들에 대한 충분한 몫을 받게 되기를'

4. and enjoy his blessing with them.

- and (we may) enjoy his blessing with them them은 the good things of this life(이생에서의 좋은 것들)을 받는 지시대명사이다. 복수대명사인 them은 먼저 언급된 복수명사를 받는다. 따라서 이것을 a competent portion(충분한 몫)을 받은 것으로 판단해서는 안 된다. 우리가 기도하는 것은 우리가 받을 충분한 몫을 가지고 하나님의 복을 누리는 것이 아니라, 이생에서의 좋은 것들을 가지고 하나님의 복을 누리는 것이다.

문답의 키

1. 우리는 일용할 양식을 간구함으로 하나님께서 주신 은혜에 대한 만족을 매일 고백한다.

"그러나 자족하는 마음이 있으면 경건은 큰 이익이 되느니라 우리가 세상에 아무 것도 가지고 온 것이 없으매 또한 아무 것도 가지고 가지 못하리니 우리가 먹을 것과 입을 것이 있은즉 족한 줄로 알 것이니라"(딤전6:6~8)

2. 하나님께부터 받은 일용할 양식은 기도를 통해 우리의 삶 속에서 거룩해진다.

"하나님께서 지으신 모든 것이 선하매 감사함으로 받으면 버릴 것이 없나니 하나님의 말씀과 기도로 거룩하여짐이라"(딤전4:4, 5)

3. 우리에게 당장 유익한 것들은 모두 우리의 기도제목이 될 수 있다.

"야곱이 서원하여 이르되 하나님이 나와 함께 계셔서 내가 가는 이 길에서 나를 지키시고 먹을 떡과 입을 옷을 주시어"(창28:20)

4. 우리가 즐기는 모든 것들은 우리에게서 나온 것이 아니라, 모두 하나님께서 값없이 주신 선물이다.

"나는 주께서 주의 종에게 베푸신 모든 은총과 모든 진실하심을 조금도 감당할 수 없사

오나 내가 내 지팡이만 가지고 이 요단을 건넜더니 지금은 두 떼나 이루었나이다"(창
32:10)

5. 우리는 현재 꼭 필요한 것들만을 구해야지, 미래에 대한 걱정이 간구의 내용이
되어서는 안 된다.
"그러므로 내일 일을 위하여 염려하지 말라 내일 일은 내일이 염려할 것이요 한 날의
괴로움은 그 날로 족하니라"(마6:34)

6. 하나님께서는 우리에게 가장 좋은 것들이 무엇인지 다 아신다. 따라서 우리는
우리의 생명에 꼭 유익한 것들만을 구해야 한다.
"곧 헛된 것과 거짓말을 내게서 멀리 하옵시며 나를 가난하게도 마옵시고 부하게도 마
옵시고 오직 필요한 양식으로 나를 먹이시옵소서"(잠30:8)

7. 우리는 우리에게 유익한 것들을 더욱 가치 있게 만드는 하나님의 복을 간구해
야 한다.
"여호와께서 주시는 복은 사람을 부하게 하고 근심을 겸하여 주지 아니하시느니라"(잠
10:22)

내 말로 번역하기
문:
답:

<제105문답>

Question: What do we pray for in the fifth petition?
Answer: In the fifth petition, which is, And forgive us our debts, as we forgive our debtors, we pray that God, for Christ's sake, would freely pardon all our sins; which we are the rather encouraged to ask, because by his grace we are enabled from the heart to forgive others.

번역

문: 다섯 번째 기원에서 우리는 무엇을 위해 기도하나요?

답: 다섯 번째 간구, 즉 "그리고 우리가 우리의 빚진 자들을 사해주는 것과 같이 우리와 우리의 빚을 사해주시고"에서 우리는 하나님께서 그리스도에 의해서만 우리의 모든 죄들을 값없이 용서해주시기를 기도하는데, 우리가 그것을 간구하도록 어느 정도 용기를 얻을 수 있는 것은 하나님의 은혜로 우리가 진심으로 다른 사람들을 사해줄 수 있게 되기 때문입니다.

원문분석

Question: What do we pray for in the fifth petition?

1. What do we pray for in the fifth petition?

- we와 pray for에 대한 설명은 101문답 원문분석을 참고하라.

- '다섯 번째 간구에서 우리는 무엇을 위해 기도하나요?'

Answer: In the fifth petition, which is, And forgive us our debts, as we forgive our debtors, we pray that God, for Christ's sake, would freely pardon all our sins; which we are the rather encouraged to ask, because by his grace we are enabled from the heart to forgive others.

1. In the fifth petition, which is, And forgive us our debts, as we forgive our debtors[43]

- , which is, '즉' (101문답 원문분석을 참고하라)
- forgive us our debts forgive는 3형식 동사로 'forgive + 사람'(사람을 사해주다)과 'forgive + 죄'(죄를 사해주다)의 형태로 모두 사용가능하다. 뿐만 아니라 'forgive + 사람 + 죄'처럼 목적어를 두 개 동시에 받아 '사람이 죄지은 것을 사해주다'로도 사용된다. 주기도문에서 사용된 forgive us our debts가 바로 여기에 해당된다. 따라서 forgive us our debts는 '우리를 사해주고 우리의 빚을 탕감해주다'라는 뜻이다. 그러나 한국어에는 이러한 구조의 문장이 없기 때문에 이를 한국어로 번역할 때는 보통 사람은 생략하고 '우리의 빚을 사해주다'로 표기한다.
- as we forgive our debtors '우리가 우리의 빚진 자들을 사해주는 것과 같이'
- '다섯 번째 간구, 즉 "그리고 우리가 우리의 빚진 자들을 사해주는 것과 같이 우리의 빚을 사해주시고"에서'

2. we pray that God, for Christ's sake, would freely pardon all our sins
- would pray와 함께 사용되어 기원(~ 하도록)을 의미하는 미래시제로 사용되었다. (would에 대한 자세한 설명은 101문답 원문분석을 참고하라)
- for Christ's sake '그리스도를 위해서', '그리스도에 의해서만', '그리스도 때문에'
- pardon '사면해주다' 혹은 '용서하다'
- '우리는 하나님께서 그리스도를 위해서 우리의 모든 죄들을 값없이 용서해주시기를 기도한다.'

---

43. 웨스트민스터 소교리교육서는 KJV의 표현을 따른다. 따라서 이 부분에 대한 원문분석 또한 저자들의 방식을 그대로 따르는 것을 원칙으로 한다. 참고로 이 부분에 대한 개역개정의 표현은 '우리가 우리에게 죄 지은 자를 사하여 준것 같이 우리 죄를 사하여 주옵시고'다.

3. ; which we are the rather encouraged to ask

- 세미콜론(;) which 앞 문장인 'we pray that God, for Christ's sake, would freely pardon all our sins' 전체를 선행사로 받는 관계대명사로, 이 경우는 언제나 계속용법이다. 목적격으로 관계대명사절에서는 to ask의 목적어가 된다.
- **are encouraged to** '~하도록 격려받다' 혹은 '~하도록 장려받다'
- **the rather** '다소' 혹은 '어느 정도는'
- '~인데, 우리는 그것을 간구할 수 있도록 어느 정도 장려받는다.'

4. because by his grace we are enabled from the heart to forgive others.

- **by his grace** '그의 은혜로'
- **from the heart** '심정으로부터' 혹은 '진심으로'(sincerely)
- **we are enabled to forgive others** '우리가 다른 사람들을 용서할 수 있게 된다.'
- '그의 은혜로 우리가 다른 사람들을 진심으로 용서할 수 있게 되기 때문에'

문답의 키

1. 우리는 죄를 용서해 달라고 기도해야 한다.

"너는 말씀을 가지고 여호와께로 돌아와서 아뢰기를 모든 불의를 제거하시고 선한 바를 받으소서 우리가 수송아지를 대신하여 입술의 열매를 주께 드리리이다"(호14:2)

2. 죄의 용서를 비는 기도는 자비하신 하나님을 찬양하는 것이다.

"하나님이여 주의 인자를 따라 내게 은혜를 베푸시며 주의 많은 긍휼을 따라 내 죄악을 지워 주소서"(시51:1)

3. 죄의 자백이 없이는 죄를 용서받을 수 없다.

"만일 우리가 우리 죄를 자백하면 그는 미쁘시고 의로우사 우리 죄를 사하시며 우리를 모든 불의에서 깨끗하게 하실 것이요"(요일1:9)

4. 죄의 용서는 오직 예수 그리스도를 통해서만 기대할 수 있다.

"우리는 그리스도 안에서 그의 은혜의 풍성함을 따라 그의 피로 말미암아 속량 곧 죄 사함을 받았느니라"(엡1:7)

5. 우리는 다른 사람들을 용서해야 한다.
"누가 누구에게 불만이 있거든 서로 용납하여 피차 용서하되 주께서 너희를 용서하신 것 같이 너희도 그리하고"(골3:13)

6. 하나님만이 우리가 다른 사람을 진정으로 용서할 수 있게 하신다.
"오직 성령의 열매는 사랑과 희락과 화평과 오래 참음과 자비와 양선과 충성과 온유와 절제니 이같은 것을 금지할 법이 없느니라"(갈5:22, 23)

7. 우리가 다른 사람들을 용서할 수 있다는 사실은 우리가 우리 자신을 위해 하나님께 용서를 간구할 수 있는 용기를 준다.
"우리가 우리에게 죄 지은 모든 사람을 용서하오니 우리 죄도 사하여 주시옵고 우리를 시험에 들게 하지 마시옵소서 하라"(눅11:4)

8. 우리가 다른 사람들을 용서한다면, 하나님께서도 우리를 용서하실 것이다.
"너희가 사람의 잘못을 용서하면 너희 하늘 아버지께서도 너희 잘못을 용서하시려니와 너희가 사람의 잘못을 용서하지 아니하면 너희 아버지께서도 너희 잘못을 용서하지 아니하시리라"(마6:14, 15)

9. 우리가 다른 사람들을 용서하지 못한다면, 하나님께서도 우리를 용서하지 않으실 것이다.
"너희가 각각 마음으로부터 형제를 용서하지 아니하면 나의 하늘 아버지께서도 너희에게 이와 같이 하시리라"(마18:35)

내 말로 번역하기
문:
답:

<제106문답>

> Question: What do we pray for in the sixth petition?
> Answer: In the sixth petition, which is, And lead us not into temptation, but deliver us from evil, we pray that God would either keep us from being tempted to sin, or support and deliver us when we are tempted.

번역

문: 여섯 번째 간구에서 우리는 무엇을 위해 기도하나요?

답: 여섯 번째 간구, 즉 "그리고 유혹으로 이끌지 마시고, 악으로부터 건져 주소서"에서 우리는 하나님께서 우리가 죄에 유혹되는 것을 막아 주시거나, 혹은 우리가 유혹에 빠졌을 때에 우리를 지원해주고 건져주시기를 기도합니다.

원문분석

Question: What do we pray for in the sixth petition?

1. What do we pray for in the sixth petition?

- we와 pray for에 대한 설명은 101문답 원문분석을 참고하라.
- '여섯 번째 간구에서 우리는 무엇을 위해 기도하나요?'

Answer: In the sixth petition, which is, And lead us not into temptation, but deliver us from evil, we pray that God would either keep us from being tempted to sin, or support and deliver us when we are tempted.

1. In the sixth petition, which is, And lead us not into temptation, but deliver us from evil

- , which is, '즉' (101문답 원문분석을 참고하라)

- And lead us not into temptation but deliver us from evil not A but B(A가 아니라 B)의 틀이다. '그리고 우리를 유혹으로 이끌지 마시고 악으로부터 우리를 건져 주소서'

2. we pray that God would either keep us from being tempted to sin, or support and deliver us when we are tempted.

- would pray와 함께 사용되어 기원(~ 하도록)을 의미하는 미래시제로 사용되었다. (would에 대한 자세한 설명은 101문답 원문분석을 참고하라)

- either keep us ~, or support and deliver us ~ either A or B(A 이거나 혹은 B)의 구문으로 keep이 A에 해당한다면, support and deliver는 B에 해당된다.

- keep us from being tempted to sin keep A from B(A가 B하지 못하도록 막다) 구문이다. being tempted to sin은 '죄에 유혹되는 것'이다. 따라서 keep us from being tempted to sin은 '우리가 죄에 유혹되는 것을 막다'라는 뜻이다.

- support and deliver us when we are tempted '우리가 유혹에 빠졌을 때 우리를 지원해주고 건져주다'

문답의 키

1. 우리는 스스로의 힘으로는 죄의 유혹을 벗어날 수 없다. 오직 하나님만이 죄가 우리를 주장하지 못하게 하실 수 있다.

"또 주의 종에게 고의로 죄를 짓지 말게 하사 그 죄가 나를 주장하지 못하게 하소서 그리하면 내가 정직하여 큰 죄과에서 벗어나겠나이다"(시19:13)

2. 예수님께서도 우리가 악에 빠지지 않도록 하나님께 기도하셨다.

"내가 비옵는 것은 그들을 세상에서 데려가시기를 위함이 아니요 다만 악에 빠지지 않게 보전하시기를 위함이니이다"(요17:15)

3. 우리가 시험을 피할 수 있는 길을 내시는 분은 오직 하나님이시다.

"사람이 감당할 시험 밖에는 너희가 당한 것이 없나니 오직 하나님은 미쁘사 너희가 감당하지 못할 시험 당함을 허락하지 아니하시고 시험 당할 즈음에 또한 피할 길을 내사 너희로 능히 감당하게 하시느니라"(고전10:13)

4. 우리는 하나님께서 우리가 시험에 빠지지 않도록 해주시기를 기도해야 한다.

"시험에 들지 않게 깨어 기도하라 마음에는 원이로되 육신이 약하도다 하시고"(마26:41)

5. 우리는 시험에 빠져 있을 때에 하나님께서 시험을 이길 수 있도록 도와주실 것을 기도해야 한다.

"나의 발걸음을 주의 말씀에 굳게 세우시고 어떤 죄악도 나를 주관하지 못하게 하소서"(시119:133)

6. 우리는 하나님께서 시험에서 건져내 주실 것을 기도해야 한다.

"이것이 내게서 떠나가게 하기 위하여 내가 세 번 주께 간구하였더니"(고후12:8)

내 말로 번역하기

문:

답:

\<제107문답\>

Question: What doth the conclusion of the Lord's Prayer teach us?

Answer: The conclusion of the Lord's Prayer, which is, For thine is the kingdom, and the power, and the glory, for ever. Amen, teacheth us to take our encouragement in prayer from God only, and in our prayers to praise him, ascribing kingdom, power, and glory to him; and, in testimony of our desire, and assurance to be heard, we say, Amen.

번역

문: 주기도문의 결어는 우리에게 무엇을 가르치나요?

답: 주기도문의 결어, 즉 "왜냐하면 나라와 권세와 영광이 영구히 당신의 것이기 때문입니다. 아멘"은 우리에게 기도 안에서 오직 하나님께로부터 용기를 얻어서, 나라와 권세와 영광을 그분께 돌리면서 우리의 기도들 안에서 그분을 찬양하도록 가르칩니다. 그리고 들려질 것이라는 우리의 소원과, 그에 따른 확신에 대한 간증으로 우리는 "아멘"이라고 말합니다.

원문분석

Question: What doth the conclusion of the Lord's Prayer teach us?

1. What doth the conclusion of the Lord's Prayer teach us?

- '주어 + teach + 사람 + 사물'의 구조로 4형식 문장이다. 따라서 teach는 3형식인 '~을 가르치다'가 아니라 '~에게 ~을 가르쳐 주다'로 해석해야 한다.

- '주기도문의 결어는 우리에게 무엇을 가르쳐 주나요?'

Answer: The conclusion of the Lord's Prayer, which is, For thine is the kingdom, and the power, and the glory, for ever. Amen, teacheth us to take our encouragement in prayer from God only, and in our prayers to praise him, ascribing kingdom, power, and glory to him; and, in testimony of our desire, and assurance to be heard, we say, Amen.

1. The conclusion of the Lord's Prayer, which is, For thine is the kingdom, and the power, and the glory, for ever. Amen,

- The conclusion of the Lord's Prayer '주기도문의 결어'

- , which is, '즉' (101문답 원문분석을 참고하라)

2. For thine is the kingdom, and the power, and the glory, for ever. Amen,

- for 전치사로 사용되면 '왜냐하면 ~ 때문에' 그리고 접속사로 사용되면 '왜냐하면 ~ 때문이다'가 된다. 여기서는 접속사로 사용되었다. 이는 우리가 주기도문으로 기도 할 수 있는 근거에 대해 말해주겠다는 뜻으로 사용되었다.

- thine is the kingdom thine은 yours(당신의 것)를 의미하는 소유대명사의 옛 표현이다. 'The kingdom is thine'(나라는 당신의 것입니다)에서 주어와 보어를 도취시킨 표현이다.

- and the power and (thine is) the power에서 thine is를 생략했다. '권세도 당신의 것입니다.'

- and the glory and (thine is) the glory에서 thine is를 생략했다. '영광도 당신의 것입니다.'

- for ever. Amen '영구히, 아멘'

- '나라도 권세도 영광도 영구히 당신의 것이기 때문입니다. 아멘'

3. teacheth us to take our encouragement in prayer from God only

- 'teach A to B'는 'A에게 B하도록 가르치다'라는 뜻이다. 따라서 teacheth us

to take our encouragement는 '우리에게 우리의 용기를 취하도록 가르치다' 가 된다.

- **in prayer** '기도에서' 셀 수 없는 명사로 사용된 prayer(기도)는 보편적인 '기도' 그 자체를 의미한다.

- **from God only** from은 출처나 근원을 의미하는 전치사이다. '오직 하나님께로 부터'

- '우리가 기도 안에서 오직 하나님께로부터 우리의 용기를 얻도록 가르친다.'

4. , and in our prayers to praise him

- **, and in our prayers (teacheth us) to praise him** 중복된 단어들인 teacheth us 를 생략했다.

- **, and** 콤마(,) and는 and 앞과 뒤의 내용이 서로 긴밀하게 연결되어 있음을 나타낸다. 여기서는 '~해서'로 해석하는 것이 자연스럽다.

- **in our prayers** prayers은 prayers의 복수 형태이다. 이는 우리가 한 번씩 횟수를 셀 수 있는 기도행위들을 말하는 것이다. 따라서 in our prayers는 '우리의 기도들에서는'으로 해석하지만, 그 본래 의미는 '우리가 기도할 때마다'이다.

- **(teacheth us) to praise him** '우리에게 그분을 찬양하도록 가르친다.'

5. ascribing kingdom, power, and glory to him

- **ascribing kingdom, power, and glory to him** 'ascribe A to B'는 'A를 B의 탓으로 돌리다' 혹은 'A를 B에게 돌리다'라는 뜻이다.

- **ascribing ~** 동시동작의 용례로 사용된 분사구문이다. 따라서 '~의 탓으로 돌리면서'로 해석한다. 이 분사구문의 주절은 in our prayers (teacheth us) to praise him이다.

- '나라와 권세와 영광을 그분에게 돌리면서'

6. ; and, in testimony of our desire, and assurance to be heard, we say, Amen.

- ; and, 세미콜론(;) and 콤마(,)는 이어지는 문장이 앞 문장과 분리된 독립된 문장이라는 것을 나타낸다. and를 통해 앞 문장과 동일한 주제를 다루고 있다는 것을 밝히면서도, and 뒤에 있는 콤마(,)를 통해 문법적으로는 완전히 분리되었다는 것을 나타낸다.

- in testimony of our desire, and assurance to be heard in testimony of our desire to be heard와 in testimony of our assurance to be heard를 and를 통해 하나로 묶으면서 중복되는 단어들인 to be heard와 in testimony of our를 하나 씩 생략한 형태이다. , and assurance to be heard에서 and 앞에 콤마(,)는 desire와 assurance가 단순한 단어의 나열을 넘어 두 단어가 의미상 긴밀히 연결되어 있다는 것을 나타낸다. 즉 '소망'을 통해 '확신'에 이르게 된다는 것을 나타낸다.

- in testimony of our desire (to be heard) '(들려질 것이라는) 우리의 소망에 대한 간증으로' 여기서 testimony(간증)는 우리가 객관적으로 드러낸다는 것을 말한다. 따라서 이는 '우리의 소망을 객관적으로 드러내는 차원에서'를 의미한다. 또한 여기서의 소망(desire)은 우리가 소원하는 것들(desires)을 말하는 것이 아니라, 우리의 기도가 하나님께 들려지기를 소원하는 것을 말한다.

- (in testimony of our) assurance to be heard '들려질 것이라는 우리의 확신에 대한 간증으로'라고 번역할 수 있는데, 이는 '우리가 하는 기도를 하나님께서 분명히 들으실 것이라는 확신을 우리가 객관적으로 드러내는 차원에서'라는 뜻이다.

7. we say, Amen.

- '우리는 아멘이라고 말한다.'

문답의 키

1. 우리는 기도 중에 오직 하나님께로부터만 용기를 공급받아야 한다.

"나의 하나님이여 귀를 기울여 들으시며 눈을 떠서 우리의 황폐한 상황과 주의 이름으로 일컫는 성을 보옵소서 우리가 주 앞에 간구하옵는 것은 우리의 공의를 의지하여 하는 것이 아니요 주의 큰 긍휼을 의지하여 함이니이다"(단9:18)

2. 우리의 기도는 언제나 감사와 찬양이 함께 병행되어야 한다.

"다윗이 온 회중 앞에서 여호와를 송축하여 이르되 우리 조상 이스라엘의 하나님 여호와여 주는 영원부터 영원까지 송축을 받으시옵소서"(대상29:10)

3. 우리는 기도 안에서 나라와 세상 모든 만물을 오직 하나님께만 돌려야 한다.

"여호와여 위대하심과 권능과 영광과 승리와 위엄이 다 주께 속하였사오니 천지에 있는 것이 다 주의 것이로소이다 여호와여 주권도 주께 속하였사오니 주는 높으사 만물의 머리이심이니이다"(대상29:11)

4. 우리는 기도 안에서 모든 능력과 영광을 오직 하나님께만 돌려야 한다.

"여호와여 위대하심과 권능과 영광과 승리와 위엄이 다 주께 속하였사오니 천지에 있는 것이 다 주의 것이로소이다 여호와여 주권도 주께 속하였사오니 주는 높으사 만물의 머리이심이니이다"(대상29:11)

5. 우리는 기도할 때 하나님께서 들으시기를 열렬히 고대해야 한다.

"주여 들으소서 주여 용서하소서 주여 귀를 기울이시고 행하소서 지체하지 마옵소서 나의 하나님이여 주 자신을 위하여 하시옵소서 이는 주의 성과 주의 백성이 주의 이름으로 일컫는 바 됨이니이다"(단9:19)

6. 우리는 하나님께서 우리를 들으실 것이라는 희망과 겸허한 확신을 가지고 기도해야 한다.

"우리가 마음에 뿌림을 받아 악한 양심으로부터 벗어나고 몸은 맑은 물로 씻음을 받았

으니 참 마음과 온전한 믿음으로 하나님께 나아가자"(히10:22)

7. 우리의 기도는 "아멘"으로 끝맺어야 한다.

"여호와 이스라엘의 하나님을 영원부터 영원까지 찬양할지어다 모든 백성들아 아멘할지어다 할렐루야"(시106:48)

8. '아멘'은 오직 하나님의 영을 받은 자들만이 사용할 수 있는 말이다.

"그러면 어떻게 할까 내가 영으로 기도하고 또 마음으로 기도하며 내가 영으로 찬송하고 또 마음으로 찬송하리라 그렇지 아니하면 네가 영으로 축복할 때에 2)알지 못하는 처지에 있는 자가 네가 무슨 말을 하는지 알지 못하고 네 감사에 어찌 아멘 하리요"(고전14:15, 16)

9. 우리가 우리의 모든 기도를 아멘으로 끝맺는 것은 말씀이 아멘으로 끝맺는 것과 같다.

"이것들을 증언하신 이가 이르시되 내가 진실로 속히 오리라 하시거늘 아멘 주 예수여 오시옵소서 주 예수의 은혜가 모든 자들에게 있을지어다 아멘"(계22:20, 21)

내 말로 번역하기

문:

답:

<웨스트민스터 소교리교육서 원문의 유사 단어 번역의 틀>

appoint / institute

단어	번역		사용된 곳과 의미
appoint	지정하다	50문	God hath appointed in his Word(하나님께서 그의 말씀 안에서 지정하셨다.)
		51문	way not appointed in his Word(그의 말씀 안에 지정되어 있지 않은 방법)
		58문	such set times as he hath appointed(하나님께서 지정하신 때들)
		59문	God appointed the seventh day(하나님께서 일곱 번째 날을 지정하셨다.)
		96문	according to Christ's appointment(그리스도의 지정에 따라)
institute	제정하다	92문	a holy ordinance instituted by Christ(그리스도에 의해 제정된 거룩한 규례)

obtain / purchase / procure

단어	번역		사용된 곳과 의미
purchase	취득하다	29문	the redemption purchased by Christ(그리스도에 의해 취득된 구속)
		30문	
procure	(힘을 다하여) 얻다 (힘을 다하여) 자기의 소유로 만들다	74문	the lawful procuring(합법적으로 얻는 것)
obtain	획득하다	WLC81문	they obtain it(은혜와 구원의 확신을 획득하다)
		WCF22	the obtaining of what we want(우리가 원하는 것을 획득하는 것)

behavior / action / motion

단어	번역		사용된 곳과 의미
behavior	행동	71문	in heart, speech, and behavior(심정과 말과 행동에서)
action	행위	11문	all their actions(그것들의 모든 행위들)
		72문	all unchaste thoughts, words, and actions(순결하지 않은 모든 생각들과 말들과 행위들)
motion	활동	81문	inordinate motions(과도한 활동들)

act / work

단어	번역		사용된 곳과 의미
act	하나님의 행위	12문	special act of providence(특별한 섭리적인 행위)
		33문	an act of God's free grace '하나님의 값없는 은혜의 행위'
		34문	an act of God's free grace '하나님의 값없는 은혜의 한 행위
work	하나님의 사역	8문	works of creation and providence(창조와 섭리의 사역들)
		9문	the work of creation(창조의 사역)
		11문	works of providence(섭리의 사역들)
		30문	by working faith in us(우리 안에서 믿음을 일으키시므로써)
		31문	the work of God's Spirit (하나님의 영의 사역)
		35문	the work of God's free grace (하나님의 값없는 은혜의 사역)
		54문	God's works (하나님의 사역들)
		91문	the working of his Spirit (그의 영의 역사하심)
	인간의 일	57문	all thy work(너의 모든 일)
		60문	the works of necessity and mercy(필수적인 일들과 자비의 일들)
		61문	unnecessary thoughts, words, or works(불필요한 생각들이나, 말들이나 일들)

foreordain / predestinate

단어	번역	사용된 곳과 의미	
foreordain	미리정하다	7문	he hath foreordained (그가 미리 정하셨다)
		WLC 12문, 13문.	
		WCF 3.3; 3.4; 3.6.	
predestinate	예정하다	WCF 3.3; 3.4; 3.5; 10.1.	

furthering / promoting

단어	번역	사용된 곳과 의미	
furthering	늘리는 것	74문	lawful procuring and furthering(합법적으로 얻고 늘리는 것)
promoting	증진시키는 것	77문	the maintaining and promoting(유지하고 증진시키는 것)

honor / good name

단어	번역	사용된 곳과 의미	
honor	명예	64문	the preserving the honor(명예를 보존하는 것)
good name	명성	77문	our own and our neighbor's good name(우리 자신과 우리 이웃의 명성)
		78문	our own, or our neighbor's good name(우리 자신이나 우리 이웃의 명성)

man / mankind

단어	번역	사용된 곳과 의미
man	사람	1문, 3문,10문, 12문, 18문, 19문, 21문, 22문, 35문, 39문, 40문, 77문, 82문
mankind	인류	16문, 17문, 19문, 20문

means / manner / way

단어	번역		사용된 곳과 의미
means	수단, 수단들	85문	all the outward means (모든 외적인 수단들)
		88문	The outward and ordinary means(외적이고 통상적인 수단들)
		89문	an effectual means (효력 있는 수단)
		91문	effectual means (효력 있는 수단들)
manner	방식	96문	a corporal and carnal manner (육체적이고 세속적인 방식)
way	방법	51문	way not appointed in his Word(그의 말씀 안에 지정되어 있지 않은 방법)

administer / exercise / execute

단어	번역		사용된 곳과 의미
administer	시행하다	91문	in him that doth administer them(그것들을 시행하는 자 안에 있는)
		95문	To whom is Baptism to be administered?(세례는 누구에게 시행되어야 하나요?)
exercise	행사하다	12문	What special act of providence did God exercise? (어떠한 특별한 섭리적인 행위를 행사하셨나요?)
	예배, 예식	60문	in the public and private exercises of God's worship(하나님의 예배의 공적인 예식들과 사적인 예식들)
execute	수행하다	8문	God executeth his decrees(하나님께서 그의 작정들을 수행하신다.)
		23문	Christ, as our Redeemer, executeth the offices of a prophet, of a priest, and of a king.(우리의 구속자로서 그리스도는 왕, 선지자, 제사장의 직무들을 수행하신다.)
		24문	Christ executeth the office of a prophet(그리스도께서는 선지자의 직무를 수행하신다)
		25문	Christ executeth the office of a priest(그리스도께서는 제사장의 직무를 수행하신다.)
		26문	Christ executeth the office of a king(그리스도께서는 왕의 직무를 수행하신다.)
perform	이행하다	61문	careless performance, of the duties required,(요구되는 의무들의 부주의한 이행)
		64문	performing the duties(의무들을 이행하는 것)

sin / transgression

단어	번역	사용된 곳과 의미	
sin	죄	sin	14문, 15문, 17문, 18문, 20문, 22문, 31문, 35문, 48문, 84문, 85문, 87문, 106문
		sins	33문, 83문, 98문, 105문
		sinner(s)	87문, 89문
		sinful	61문
		sinfullness	18문
		sinning	13문
		sinned	16문
transgression	범죄행위	transgression	14문, 16문
		transgressions	18문, 83문

commonly / ordinary

단어	번역	사용된 곳과 의미	
commonly	보통	18문	which is commonly called original sin(보통 원죄라고 불리는)
		99문	commonly called the Lord's Prayer(보통 주님의 기도라고 불린다.)
ordinary	일반적인	16문	by ordinary generation(일반적인 출생을 통해)
	통상적인	88문	The outward and ordinary means(외적이고 통상적인 수단들)

estate

단어	번역		사용된 곳과 의미
estate	상태	12문	in the estate wherein he was created(그가 창조된 그 상태에서)
		13문	in the estate wherein they were created(그들이 창조된 그 상태에서)
		15문	from the estate wherein they were created(그들이 창조된 그 상태로부터)
		17문	into an estate of sin and misery(죄와 비참함의 상태 안으로)
		18문	that estate whereinto man fell(사람이 타락해서 빠진 그 상태)
		19문	the misery of that estate whereinto man fell (사람이 타락해서 빠진 그 상태의 비참함)
		20문	in the estate of sin and misery(죄와 비참함의 상태에서)
			out of the estate of sin and misery(죄와 비참함의 상태로부터)
			into an estate of salvation(구원의 상태 안으로)
		23문	both in his estate of humiliation and exaltation(그의 낮아지신 상태와 높아지신 상태에서)
	재산	74문	the wealth and outward estate of ourselves and others(우리 자신들과 다른 사람들의 부와 재산)
		75문	our own, or our neighbor's, wealth or outward estate(우리 자신이나 우리 이웃의 부나 재산)
		81문	all discontentment with our own estate(우리 자신의 재산에 대한 모든 불만)

escape / escape from

단어	번역		사용된 곳과 의미
escape	피하다, 모면하다	56문	may escape punishment from men(사람들로부터는 형벌을 모면할 수 있을지는 몰라도)
			the Lord our God will not suffer them to escape his righteous judgment(우리 주 하나님께서는 그들이 그의 의로운 심판을 모면하는 것을 결코 참지 않으실 것이다.)
		85문	To escape the wrath and curse of God(하나님의 진노와 저주를 모면하도록)
escape from	~에서 빠져 나가다. 탈출하다.		WCF, WLC, WSC 세 문서 모두 이 표현은 사용하지 않음.

conformity / obedience / submission

단어	번역		사용된 곳과 의미
conformity	순응	14문	of conformity unto the law of God (하나님의 율법에 대한 순응에 있어서)
submission	복종		WSC에서는 사용되지 않고, WLC 104문, 127문, 185문에 사용됨.
obedience	순종	12문	upon condition of perfect obedience '완전한 순종을 조건으로'
		39문	obedience to his revealed will (그의 계시된 뜻에 대한 순종)
		40문	for the rule of his obedience (그의 순종의 법칙으로)
		87문	new obedience (새로운 순종)
		95문	obedience to him (그에 대한 순종)
		97문	new obedience (새로운 순종)

eternal / everlating / for ever

단어	번역	사용된 곳과 의미	
eternal (eternity)	영원한 (eternal)	4문	eternal(영원한)
		7문	his eternal purpose(자신의 영원한 목적)
		21문	the eternal son of God(하나님의 영원한 아들)
	영원 (eternity)	20문	from all eternity(영원 전부터)
		38문	to all eternity(영원까지)
everlasting	영속적인	20문	to everlasting life(영속적인 생명)
for ever	영구히	1문	for ever(영구히)
		19문	for ever(영구히)
		21문	for ever(영구히)
		107문	for ever(영구히)